W0083877

BASTEI
LÜBBE
TASCHENBUCH

Über die Autorin:

Louise Monaghan wuchs in Irland auf. Ihr Beruf als Touris-
mus-Managerin führte sie nach Zypern, wo sie einen Syrer
heiratete und mit ihm eine Tochter bekam. Die Ehe wurde
bald geschieden, aufgrund der Gewalttätigkeit ihres Exmanns
erhielt Louise das alleinige Sorgerecht für ihr Kind. 2011 bis
2012 fand die Entführung und Flucht aus Syrien statt, heute
lebt Louise mit ihrer Tochter wieder in Irland.

Louise Monaghan und
Yvonne Kinsella

Dein Vater, mein Feind

Der Kampf einer Mutter um
ihr entführtes Kind

Aus dem Englischen von
Isabell Lorenz

BASTEI
LÜBBE
TASCHENBUCH

BASTEI LÜBBE TASCHENBUCH
Band 60760

1. Auflage: November 2013

Der Titel ist auch als E-Book erschienen

Deutsche Erstausgabe

Für die Originalausgabe:
Copyright © 2013 by Louise Monaghan and Yvonne Kinsella
Titel der englischen Originalausgabe:
»Stolen: Escape From Syria«
Originalverlag: Thomas Dunne Books

Für die deutschsprachige Ausgabe:
Copyright © 2013 by Bastei Lübbe AG, Köln
Textredaktion: Dr. Ulrike Strerath-Bolz, Friedberg
Titelbild: © Ruby Del Angel/arcangel-images.com;
Elisabeth Pollaert Smith/Getty Images
Umschlaggestaltung: Tanja Østlyngen
Satz: hanseatensatz-bremen, Bremen
Gesetzt aus der Stempel Garamond
Druck und Verarbeitung: GGP Media GmbH, Pößneck
Printed in Germany
ISBN 978-3-404-60760-0

Sie finden uns im Internet unter
www.luebbe.de
Bitte beachten Sie auch: www.lesejury.de

Inhalt

Vorwort

Meine Welt geriet im September 2011 aus den Fugen, als mein Exmann Mostafa Assad, der Vater meiner sechsjährigen Tochter May, bei einem seiner regelmäßigen Besuche sein eigenes Kind brutal entführte.

So unwahrscheinlich es auch war, er schaffte es, sie von Zypern, wo wir lebten, in die Türkei und von der Türkei in sein Heimatland Syrien zu bringen. Und das, obwohl er keinen gültigen Reisepass für unser Kind hatte und die Kleine auf einer »Stoppliste« stand. Der Eintrag auf der Stoppliste sollte verhindern, dass einer von uns beiden sie ohne Erlaubnis des anderen außer Landes brachte.

Ein Jahr vor diesem schrecklichen Tag hatte ich Mays Reisepass für ungültig erklären lassen. Ich hatte nämlich herausgefunden, dass mein Exmann den Pass aus meinem Haus gestohlen hatte, obwohl das Sorgerecht für May bei mir lag. Eine Lehrerin in Mays Vorschule hatte mich angesprochen. Sie hatte das Gefühl, Mostafa könne eine Entführung planen. Nicht in meinen wildesten Träumen hätte ich gedacht, dass er das schaffen würde. Und die Behörden auf Zypern taten meine Bedenken als die Fantasien einer überfürsorglichen Mutter ab.

Auf die Entführung meiner Tochter reagierte ich verständlicherweise mit Angst und Hysterie, erst recht als mir dämmerte, dass sie sich jetzt in einem Kriegsgebiet im Nahen Osten befand. So traf ich die schwere Entscheidung, mich den Forderungen meines kontrollwütigen Exmannes zu beugen und mich auf ein Spiel einzulassen. Ein Spiel, in dessen Verlauf ich so tat, als wolle ich es tatsächlich noch einmal mit ihm versuchen, trotz der Scheidung. Gleichzeitig ein Spiel, das ich spielen musste, wenn ich meine geliebte Tochter wiedersehen wollte.

Mit Sehnsucht im Herzen und dem brennenden Wunsch, so schnell wie möglich mit meinem Kind vereint zu sein, reiste ich allein nach Syrien. Ich geriet mitten in Gewehrsalven und Bombenexplosionen hinein und lebte schließlich eingesperrt in einem Haus unter tyrannischer Herrschaft.

Gefangen, bei spärlichem Essen und ohne Kontakt zur Außenwelt, versteckt vor Mostafas Verwandten und Nachbarn, betete ich, dass die von meiner Familie bezahlten türkischen Menschenschmuggler uns finden und befreien würden.

Doch sie kamen nicht.

Wir hatten keine andere Wahl, wir mussten fliehen, und als sich uns wie durch ein Wunder eine winzige Chance bot, liefen May und ich davon. Nach endlosen Stunden unterwegs, vorbei an etlichen Kontrollpunkten mit schwerbewaffneten Soldaten, die uns einzuschüchtern versuchten, schafften wir es irgendwie, wie durch ein Wunder, bis zu einem »sicheren Haus«.

Anfangs war die Erleichterung groß, doch bald mussten wir uns eingestehen, dass wir noch nicht ganz in Sicherheit waren. Stunden dehnten sich zu Tagen und Tage zu Wochen, und alle Hoffnung schien vergebens. Ich glaubte, es sei ein Haftbefehl gegen mich ausgestellt und ich könnte womöglich nach dem Gesetz der Scharia wegen Entführung zu Tode gesteinigt oder lebenslang ins Gefängnis geworfen werden. Doch schließlich gelang uns die Flucht.

Und nach vielen Wendungen und Schicksalsschlägen auf unserem Weg schafften wir es endlich zurück nach Irland und in die Arme unserer Familie.

Dieses Buch erzählt die beklemmenden Einzelheiten jenes schicksalhaften Tages, als Mostafa Assad mein Leben und das meines Kindes auf den Kopf stellte. Und es beschreibt die furchtbare Reise, die wir zurücklegen mussten, um sicheren Boden zu erreichen.

Heute geht es uns gut, doch unser Leben wird nie wieder so sein wie früher. Wir leben unter einem anderen Namen und waren gezwungen, die Familie zu verlassen, die unter solchen Mühen für unsere Rettung gekämpft hatte. Alles nur, weil ein Mann es sich in den Kopf gesetzt hat, unser Leben zu zerstören. Ein Mann, der jederzeit wieder zuschlagen kann. Und tut er es nicht selbst, weiß ich nur zu gut, dass er andere hat, die bereitstehen, wenn er beschließt, die Zeit sei reif für einen neuen Versuch. Ich weiß, dass er sogar im Gefängnis noch Pläne schmieden kann. Und beim nächsten Mal haben wir vielleicht nicht so viel Glück.

Ich habe beschlossen, dieses Buch zu schreiben, weil ich anderen helfen möchte, die sich eines Tages womöglich in einer ähnlichen Situation befinden.

Auf meinem Weg habe ich unendlich viel über Kindesentführung durch ein Elternteil gelernt. Ich wünschte, ich hätte diesen Weg nie beschreiten müssen. Und wenn ich nur einen einzigen Menschen, Mann oder Frau, vor einem ähnlichen Martyrium bewahren kann, ist es jede schmerzliche Minute wert gewesen. Allein in den USA kam es im Jahr 2009 zu über 200.000 Entführungen durch ein Elternteil. Dies geht hervor aus dem 2010 veröffentlichten Bericht über Einhaltung des »Haager Übereinkommens über die zivilrechtlichen Aspekte internationaler Kindesentführung«. Diesen Bericht hatte das Amt für Kinderschutzfragen des US-Außenministeriums in Auftrag gegeben. Angesichts der immensen Zahl von Entführungen ist hier und jetzt sicherlich die beste Gelegenheit, Ratschläge zu veröffentlichen, die solche Kindesentführungen in Zukunft verhindern helfen.

Die Ursache für Mays Entführung lag in den kulturellen Unterschieden zwischen mir und ihrem Vater. Daher halte ich es für wichtig, auf einige der Probleme im Zusammenhang mit interkulturellen Ehen hinzuweisen. Ich hoffe sehr, es möge anderen gelingen, eine Situation wie die meine zu vermeiden. Nicht im Traum würde es mir einfallen, Menschen von einer solchen Ehe abzuraten. Vermutlich scheitern solche Ehen nicht häufiger als andere. Aber ich rate allen, mit dem potenziellen Partner über ihre Zukunftspläne zu reden. Beide Partner sollten sich austauschen über ihre Vorstellungen von Kindererziehung, über die ihrer Meinung nach besten Wege der Familiengründung, damit sie im freundschaftlichen Gespräch Lösungen finden, die beiden Eltern gerecht werden.

Meine kleine Tochter wurde entführt, weil sie nur einen Tag später ihren ersten Schultag an einer europäischen und nicht an einer islamischen Schule erleben sollte. So einfach war das. Und dass mein Exmann sich weigerte, mit mir über seine Ansichten auch nur zu reden, führte zu einer Situation, unter der ich bis an mein Lebensende leiden werde. Eine Situation, die wohl auch unser Kind dauerhaft belastet.

Ich kann die Zeit nicht zurückdrehen, und so bleibt mir nur der Versuch, den Schaden wiedergutzumachen, der für mein geliebtes Kind entstanden ist. Und ich möchte gern anderen helfen, die sich womöglich in einer ähnlichen Lage befinden.

Ich hoffe sehr, dass mir das gelingt.

Louise Monaghan

1

Der schlimmste Tag meines Lebens

Den 7. September 2011, einen Mittwoch, werde ich wohl mein Leben lang nicht vergessen. Dieser Tag wird mich fürs Leben zeichnen, er hat unwiderruflich das idyllische Leben erschüttert, das ich seit beinahe sechs Jahren in dem beliebten Urlaubsort Limassol auf Zypern führte.

Der Tag begann wie jeder andere; die Sonne schien, und am Himmel zeigte sich keine einzige Wolke. Doch meine kleine Tochter May war an diesem Morgen besonders aufgeregt, denn sie wusste, der nächste Tag würde ihr erster Tag an der, wie wir es nannten, »ernsthaften, richtigen« Schule sein. Wir hatten alles vorbereitet, und ihr kleines weißes Polohemd, ihr marineblauer Rock und ihre neuen Schuhe lagen schon auf dem Kinderbett in ihrem Prinzessinnenzimmer. Ihre kleine Schultasche in Babyrosa mit dem aufgedruckten Hundebaby auf der Vorderseite, die sie sich selbst ausgesucht hatte, war gefüllt mit ihren neuen Schulbüchern und Heften, die nur darauf warteten, benutzt zu werden.

Ihr erster Schultag war ein Tag, dem ich, wie alle Mütter, mit gemischten Gefühlen entgegensah, denn dieser Tag würde sichtbarstes Zeichen dafür sein, dass meine Kleine allmählich groß wurde und bald ihre Zukunft gestalten und auf eigenen Beinen stehen würde.

Doch ich wusste, dass sich May auf dieses neue Abenteuer

freute, und so freute ich mich für sie mit. Im Jahr zuvor war sie auf der Vorschule gewesen und hatte es toll gefunden. Für die »ernsthafte, richtige« Schule hatte ich sie nun in Mesa Yitonia angemeldet. Ich hatte nie Mühe gehabt, sie morgens aus dem Bett zu bekommen. Voller Begeisterung machte sie sich jeden Morgen fertig, um ihre Freundinnen in der Vorschule zu treffen. Ich wusste also, der Übergang zur richtigen Schule würde keine Probleme bereiten. Sie hatte viele Freunde, die am selben Tag in dieselbe Klasse eingeschult würden. Es fügte sich alles aufs Beste.

Ich weiß, dass alle Mütter ihr Kind für etwas ganz Besonderes halten, aber um ehrlich zu sein, May war von Anfang an ganz wunderbar, jammerte nie und wollte ihre Mami immer glücklich machen.

Am Dienstagabend rief Mostafa an, Mays Vater, von dem ich seit November 2010 geschieden war. Er erklärte, er wolle mit May am nächsten Vormittag an den Strand. Seit unserer Trennung hatte er per Gerichtsentscheid Besuchsrecht bei unserer gemeinsamen Tochter, und zwar jeweils für einige Stunden am Montag, Mittwoch und Samstag.

Ich fühlte mich nie wohl dabei, wenn er May abholte, denn im Lauf der Jahre war unsere Beziehung äußerst angespannt geworden. Für unser Kind hatte er wenig Zeit und – meiner Meinung nach – auch wenig echte Zuneigung übrig. Ich bin sicher, er wollte sie nur sehen, weil er wusste, es würde mir schwer zu schaffen machen, wenn ich sie ihm überlassen musste. Doch während der vergangenen Monate war mir aufgefallen, dass er sich mehr um sie zu bemühen schien. Auf jeden Fall war er geduldiger mit ihr.

Ich glaube, er bestand nicht nur wegen seiner Kontrollsucht darauf, May zu besuchen, sondern auch weil er Moslem war. Wenn er sein Kind nicht sehen durfte, schmälerte das seine väterlichen Rechte, und es war eine Beleidigung seiner Religion.

Ich hatte in der Angelegenheit ohnehin keine Wahl. Als wir über das elterliche Sorgerecht verhandelten, waren die Gerichte auf Zypern nicht gewillt, meinen Bedenken Gehör zu schenken. Bei diversen Gelegenheiten drohte man mir Gefängnishaft an, sollte ich dem Gerichtsbeschluss nicht entsprechen. Mir blieb also nichts anderes übrig, ich musste mich mit den getroffenen Vorkehrungen einverstanden erklären und darauf vertrauen, dass Mostafa unserer Kleinen nicht wehtat und auch nicht versuchte, sie mir wegzunehmen.

Einmal mussten May und Mostafa zu einem Familientherapeuten, weil May einfach nicht bei ihrem Vater bleiben wollte. Sie vertraute ihm nicht. Doch all meine Bedenken stießen auf taube Ohren. Ich machte mir Sorgen, er könne tatsächlich psychische Probleme haben, die sich in seiner Neigung zu verbaler und körperlicher Gewalt äußerten. Trotzdem wurde sein Besuchsrecht sogar noch erweitert.

Bei der gerichtlichen Anhörung im Juli 2010 wurde ihm auch noch ein Besuchsrecht für jedes zweite Weihnachts- und Osterfest zugesprochen. Über Nacht durfte er sie allerdings nicht bei sich behalten, was eine große Erleichterung für mich war. Die Behörde meinte, seine Wohnverhältnisse seien für Übernachtungsbesuche nicht geeignet, da er zusammen mit einigen anderen Syrern zur Miete wohnte.

Mostafa lebte etwa fünf Meilen entfernt von uns in einer Stadt namens Zakaki, einem alten Dorf im Einzugsbereich von Limassol. Der Ort war gerade einmal drei Kilometer vom Strand Lady's Mile entfernt, an den May und ich immer gingen. In den letzten Jahren wurde Zakaki völlig umgestaltet und beherbergt jetzt My Mall, das größte Einkaufszentrum auf Zypern. Hierher kommen Leute von der ganzen Insel, kaufen Kleidung oder treffen Freunde auf einen Kaffee, um sich mit ihnen zu unterhalten. Es gibt einen großen Supermarkt mit Lebensmitteln, und das Zentrum ist auch sehr beliebt bei Touristen.

Am Mittwochvormittag, als Mostafa May abholen kam, lag ich auf dem Boden und machte meine täglichen Übungen. Ich habe eine Krankheit, die besonders meinen Rücken und meine Hüften in Mitleidenschaft zieht, sodass ich immer wieder fürchterliche Schmerzen habe und oft sehr steif bin. Als er kam, stand ich auf und ging in die Küche, um für May ein kleines Lunchpaket zu packen.

An diesem Morgen war er ruhiger als gewöhnlich. Er folgte mir sogar durch die ganze Wohnung, als ich Mays Sachen für den Strand zusammensuchte. Ich spürte, wie er jeden meiner Schritte überwachte. Normalerweise stand er einfach nur da und wartete, denn er wusste, er war nicht willkommen. Aber an diesem Tag hatte er etwas Großspuriges an sich. Ich hätte ahnen müssen, dass etwas im Busch war, doch irgendwie verdrängte ich das Gefühl.

Ich weiß noch, dass ich Mays geliebte Nintendo-Spielkonsole in die Tasche steckte und ihren kleinen Bikini einpackte, dazu die Sonnencreme. Dabei ging ich im Laufschritt durch die Wohnung, denn ich wollte ihn nicht aufhalten. Mostafa hatte nie Geld, ständig lebte er von einem Tag zum anderen. Als er ging, fragte ich ihn deshalb, ob er Bargeld brauchte. Auf einmal wirkte er äußerst verärgert und ignorierte die

Frage einfach. Dabei hatte ich gar nicht an ihn gedacht. Ich wollte einfach nur sichergehen, dass er genug Geld bei sich hatte, um May ein Eis zu kaufen. Es war nämlich ein heißer Tag, und sie wären ein paar Stunden da draußen in der Hitze. Also beachtete ich ihn nicht weiter. Als sie die Wohnung verlassen wollten, ging ich mein Portemonnaie holen und gab May über die Veranda weg einen Zwanzig-Euro-Schein.

Im Fortgehen drehte sie sich um und lächelte nervös, wie sie das immer tat, wenn sie mit ihm gehen musste. Mir fiel auf, dass ich ihr die Haare nicht gebürstet hatte, also rief ich ihr zu, sie solle noch einmal zurückkommen. Aber davon wollte Mostafa nichts wissen. Er packte May an der Hand, zog sie Richtung Auto und meinte, er habe eine Haarbürste im Wagen und wolle ihr selber die Haare bürsten.

Wir kamen wirklich nicht mehr miteinander aus, Mostafa und ich, aber ich weiß noch, wie ich an dem Morgen dachte, dass er besonders kühl mir gegenüber war. Doch schließlich gab es immer wieder Tage, an denen er sich so verhielt. Also verdrängte ich meine Bedenken – was ich noch bitter bereuen sollte.

Als die beiden weggingen, schaute ich May von der Terrasse aus nach und dachte, wie hübsch sie an diesem Morgen war. Sie war überhaupt ein schönes Kind, innerlich wie äußerlich, doch an diesem Tag strahlte sie regelrecht in ihrem T-Shirt und dem zauberhaften cremefarbenen Kleid mit rosafarbenem und violettem Blumenmuster, das ich ihr in der Woche zuvor in einem Debenham-Laden gekauft hatte. Dazu trug sie ein Paar mädchenhafter Flip-Flops. In den Haaren hatte sie ein niedliches Haarband, und sie stand am Tor und sagte: »Ich hab dich so lieb, Mami.«

Ich antwortete: »Ich hab dich auch lieb, mein Engel«, und dann ging sie.

Als sie ins Auto stieg, hatte ich auf einmal ein ganz seltsames Gefühl von Übelkeit in der Magengrube. Irgendwie dachte ich, dass etwas nicht stimmte. Sofort rief ich ihn an und fragte: »Ist alles in Ordnung, Mostafa?«

»Ja, wieso?«, fauchte er mich an.

Ich sagte: »Du hast dich heute Vormittag irgendwie seltsam benommen.«

Er fuhr mich an: »Oje, Louise, geht das schon wieder los? Ich habe das Besuchsrecht, ich darf meine Tochter sehen, schließlich ist sie meine Tochter.« Das sagte er beinahe trotzig und meinte, es sei jetzt seine Zeit mit May. Er beharrte darauf, er wolle ja nur die ihm zustehende Zeit mit seinem Kind, und damit beruhigte er mich ein wenig. Über die Freisprechfunktion an seinem Telefon sprach ich mit May, die mir erklärte, sie wollten zum Strand fahren. Sie klang ganz normal, und ich war ein bisschen erleichtert.

Ich machte mich für die Arbeit fertig, und gegen elf Uhr vormittags verließ ich das Haus. Damals arbeitete ich in einer Firma namens Olympic Holidays, einem englischen Reiseveranstalter mit Sitz auf Zypern. Ich war Verkaufsberaterin im dortigen Call Center und konnte mir meine Arbeitszeit mehr oder weniger frei einteilen. Nachdem der große Sommeransturm vorüber war, lief nun alles ruhiger, sodass ich mehr Zeit mit May verbringen konnte, was mir sehr entgegenkam. Seit fünf Jahren arbeitete ich bei Olympic und war mehr als zufrieden mit meinem Job. Ich war eine der besten Mitarbeiterinnen im Verkauf, obwohl ich nur halbtags arbeitete, um mich um meine Tochter kümmern zu können. Wir waren wie eine große glückliche Familie bei Olympic, was heutzutage bei Firmen eine große Seltenheit ist. Ich hatte ein gutes monatliches Grundgehalt und erhielt hohe Provisionen. Damit konnten May und ich auf Zypern wunderbar leben. Normalerweise verbrachten wir die Wochenenden in einem der besseren Hotels der Insel, vergnügten uns im Swimmingpool und ließen uns verwöhnen. Durch meine Arbeit bekam ich in allen Hotels Rabatte, und das genossen wir, wann immer es möglich war. Das Leben war wunderbar. Wir standen uns so nah, und ich war so glücklich mit dem Leben in unserer kleinen Familie!

Allerdings vermisste ich meinen Vater und meine Schwester, die in Dublin lebten. Aber in dieser Woche freute ich mich sehr darauf, dass mein Vater mit einem Freund zu Besuch kommen wollte; am folgenden Sonntag sollten sie in Larnaca landen. May war schon ganz aufgeregt. Sie freute sich auf ihren Großvater, mit dem sie sich sehr gut verstand. Und da sie sein einziges Enkelkind war, verwöhnte er sie nach Strich und Faden, wann immer er uns besuchte.

Meine Mutter hatten wir im Jahr 2001 bei einem furchtbaren Autounfall verloren, und seitdem kümmerten wir uns alle intensiv um meinen Vater, der vollkommen verloren war ohne die Frau, die ihn geliebt und ihm jeden Tag leicht gemacht hatte. Sie waren einander sehr verbunden gewesen. Außer mir hatten die beiden noch ein weiteres Kind, meine jüngere Schwester Mandy, die bei meinem Vater in Dublin lebt. Wir alle stehen uns sehr nah. Seine Besuche waren mir immer sehr wichtig, und ich freute mich riesig, wenn er anrief und sein Kommen ankündigte. Ich wusste, wir würden eine hektische Woche haben wegen Mays erstem Schultag und Dads

Ankunft, aber wir freuten uns beide sehr darauf und hatten alles für seinen Besuch vorbereitet.

Aber als ich an diesem Tag gegen Mittag im Büro saß, beschlich mich wieder einmal ein großes Unbehagen. Ich kann es nicht erklären, weshalb ich so empfand, denn Mostafa sollte May schließlich erst gegen 13 Uhr wieder zurückbringen – so sahen es die Vereinbarungen seiner Besuchsregelung vor. Doch ohne dass ich wusste, wieso, krampfte sich mir der Magen zusammen, und wieder griff ich zum Telefon und wählte seine Nummer.

Als ich sah, dass sein Handy ausgeschaltet war, wusste ich, dass etwas nicht stimmte. Vielleicht ein mütterlicher Instinkt, aber ich wusste es eben einfach. Sofort schaltete ich meinen Computer aus und sagte zu meiner Freundin und Kollegin Nicola: »Ich muss weg, Nic. Ich erreiche Mostafa nicht. Da stimmt etwas nicht.«

Ihre Antwort wartete ich nicht einmal ab. Ich griff mir nur meine Handtasche, verließ so schnell ich konnte das Büro und sprang ins Auto. Mein Herz raste, mein Mund war ganz trocken.

Ich fuhr zu dem öffentlichen Strand, an dem May und ich oft waren, denn Mostafa hatte gesagt, er wolle mit ihr genau an diesen Strand. Es gab Schaukeln und eine Rutsche dort, was May liebte, aber an diesem Tag war der Strand praktisch menschenleer. Es war windig, und der Sand wurde hin und her geweht, es sah aus wie kleine Tornados. Und als ich mich suchend umschaute und sah, dass die beiden nicht am Strand waren, wusste ich im selben Moment, dass er sie mir weggenommen, sie entführt hatte.

Mir war richtig übel; als Allererstes zog ich mein Handy aus der Tasche und rief meine Schwester Mandy in Dublin an. Voller Panik rief ich: »Er hat sie mir weggenommen, Mandy, sie ist weg.«

Mandy fragte, was ich meinte. Ich antwortete, ich wüsste tief im Innern, dass May verschwunden sei. Wörtlich sagte ich zu ihr: »Mandy, ich weiß, er ist nach Syrien mit ihr.« Für diese Annahme hatte ich keinen konkreten Grund, von derartigen Plänen hatte er nie etwas erwähnt, aber mein Bauchgefühl sagte mir, er hatte unser kleines Mädchen entführt, er war verschwunden, sie waren verschwunden. Und etwas sagte mir deutlich, ich würde meine Kleine womöglich nie wiedersehen.

Die arme Mandy war ganz aufgelöst. Ich bin mir sicher, sie muss sich in dem Moment noch hilfloser gefühlt haben als ich, denn schließlich war sie gut 3600 Kilometer weit entfernt. Mir war klar, sie würde bei uns zu Hause die Polizei verständigen, aber ich wusste auch, die Einzigen, die mir jetzt helfen konnten, waren die Beamten hier auf Zypern, die Kriminalpolizei – und ich selbst. Ich sagte Mandy, ich würde weiter nach May und Mostafa suchen und mich bei ihr melden, sobald ich etwas wüsste.

Mir war ganz zittrig und schwindlig. Schon vorher war es mir nicht sonderlich gut gegangen, denn ich hatte eine schwere Krankheit, die sich auf meine Knochen auswirkte. Doch irgendwie schob ich die ganzen Schmerzen im Rücken und in den Hüften in die hinterste Ecke meines Bewusstseins, und ohne dass ich es überhaupt merkte, funktionierte ich auf einmal ganz automatisch, wie auf Autopilot.

Den Strand konnte ich abhaken, also sprang ich wieder ins Auto und fuhr sofort zu dem Haus, in dem Mostafa wohnte.

Ich betete, es wäre alles nur ein schrecklicher Irrtum gewesen und ich würde sein Auto vor dem Haus sehen. Ich hoffte, irgendeine Kleinigkeit wäre dazwischengekommen und hätte ihn aufgehalten und alles wäre in Ordnung. Aber das Auto war weg. Er hatte meinen Zweitwagen genommen, wie immer, wenn er mit May unterwegs war.

Als ich das Auto nirgends entdeckte, verließ mich der Mut. Ganz aufgelöst rief ich einige Freunde an. Ich weiß nicht einmal mehr genau, was ich sagte, denn vor lauter Panik sprudelten mir die Worte einfach aus dem Mund. Aber sie alle reagierten großartig und erklärten, sie würden in meine Wohnung kommen.

Als ich zu Hause ankam, versuchte ich mir noch einmal einzureden, Mostafa wäre inzwischen vielleicht auch da und wartete einfach auf meine Rückkehr. Mein Herz raste. Ich betete und betete, dass ich mich irrte, dass er sie gar nicht entführt hatte, aber vergeblich. Kein Auto weit und breit, und von ihm und May keine Spur. Jetzt konnte es keinen Zweifel mehr daran geben, dass die beiden verschwunden waren. Ich hatte keine Hoffnung mehr.

Ich war völlig am Boden zerstört, konnte gar nicht mehr klar denken. Ich weinte, ich hatte Panikattacken, ich betete, und ich fühlte mich vollkommen hilflos. Immer wieder versuchte ich, Mostafa auf seinem Handy zu erreichen. Nichts. Als meine Freundinnen hörten, was los war, dass er zum verabredeten Zeitpunkt nicht wieder aufgetaucht war und sein Handy ausgeschaltet hatte, bot eine von ihnen an, mich aufs örtliche Polizeirevier zu bringen. Als wir vor dem Revier vorfuhren, sprang ich aus dem Wagen, lief ins Gebäude und schrie: »Mein Kind ist entführt worden. Bitte helfen Sie mir.«

Bei aller Panik über die Entführung meines Kindes spürte ich doch, dass die zypriotische Polizei wieder einmal nicht angemessen reagierte. Leider hatte ich das Polizeirevier St. John's schon viele Male zuvor aufgesucht, um Übergriffe von Seiten Mostafas anzuzeigen. Also wusste ich nur zu gut, welche Reaktion ich zu erwarten hatte, aber wegen des Ernstes der Lage war ich wirklich überzeugt gewesen, es würde diesmal anders sein.

Sie forderten mich auf, mich zu setzen und zu beruhigen, und meinten, sie würden ein derartiges Benehmen auf dem Revier nicht dulden. Immer wieder sagte ich ihnen, ich wüsste, dass mein Exmann meine Tochter entführt hätte, dass er sie nach Syrien gebracht hätte. Schließlich wiesen sie mir den Weg ins Büro der Kriminalpolizei. Hastig stieg ich die Treppe zu dem Büro hoch, gefolgt von meiner Freundin. Ein Beamter nahm uns in Empfang, bot uns einen Platz an und ließ einen weiteren Polizeibeamten kommen. Ich versuchte ruhig zu bleiben, denn ich wusste, nur so würden sie mich überhaupt anhören. Ich erklärte, weshalb ich davon überzeugt sei, dass Mostafa May nach Syrien geschafft hätte.

Ich erklärte die vom Gericht verfügten Bestimmungen: dass er sie um 13 Uhr spätestens zu mir zurückbringen müsse. Ich berichtete, ich hätte immer wieder versucht, ihn auf seinem Handy zu erreichen, er sei aber nicht ans Telefon gegangen. Und ich erklärte außerdem, dass er sein Handy normalerweise nie abschaltete. In all den Jahren, die ich ihn kannte, war sein Handy nie abgestellt gewesen. Sehr oft hatte er meine Anrufe einfach ignoriert, war einfach nicht ans Telefon gegangen, aber abgeschaltet hatte er es nie. Das alles erzählte ich den Beamten. Ich wollte sie überzeugen, dass ich als Mutter genau spürte, in welcher Gefahr meine Tochter schwebte. Ich wusste, sie war entführt worden. Wahrscheinlich klang ich wie eine Verrückte.

Die ganze Zeit, während ich mit ihnen redete, wählte ich hektisch Mostafas Nummer, aber jedes Mal kam dieselbe Nachricht: Der von Ihnen gewünschte Teilnehmer hat das Telefon abgeschaltet; wieder und immer wieder auf Griechisch. Mir war klar, ich musste wie eine Irre wirken, denn es war kaum eine Stunde her, dass May hätte zurück sein müssen. Aber wie durch ein Wunder nahmen sie mich ernst und nahmen ein Protokoll auf. Ich erzählte ihnen alles. Ich erklärte, Mostafa habe sich an dem Morgen seltsam verhalten, erklärte, dass ich, kaum dass er zur Haustür hinausgegangen war, das deutliche Gefühl gehabt hätte, etwas würde passieren.

Zum Glück gaben sie eine detaillierte Suchmeldung an alle Polizeidienststellen heraus, unter anderem eine Beschreibung des silberfarbenen BMW einschließlich Kennzeichen, den er gefahren hatte. Gleichzeitig verständigten sie über Funk alle Polizeiwagen auf den Straßen rund um Limassol, gaben die Einzelheiten durch und wiesen die Beamten an, nach dem Auto Ausschau zu halten.

Sie baten mich um ein aktuelles Foto von May. Zu dem Zeitpunkt hatte ich in der Handtasche keines bei mir, also schickte ich meine Freundin zu mir nach Hause mit der Bitte, ein paar Fotos zu holen. In dem Moment fielen mir all die Fotos vermisster Kinder auf diesem Polizeirevier auf, und plötzlich dämmerte es mir, dass May nun auch an der Wand hängen würde, zusammen mit all den anderen, die mir bis zu diesem Tag so leid getan hatten. Ich hatte immer gedacht, man würde sie wahrscheinlich nie finden. Auf einmal war meine Tochter eines von diesen Kindern. Und ich gehörte nun zu den verzweifelten Eltern, die ein Kind verloren hatten.

Als ich dem Polizeibeamten alles detailliert erzählte, kam ich mir vor wie in einem Film. Es fühlte sich alles ganz irreal an, wie in einem Traum, einem schlimmen Albtraum, dem schlimmsten Albtraum. Ich mochte kaum glauben, dass die Ängste und Sorgen, die ich seit Jahren hatte, die Ängste, die ich den zypriotischen Behörden gegenüber so oft geäußert hatte, wenn Mostafa mit mir wegen der Besuchsrechte stritt, dass all diese Ängste auf einmal wahr geworden waren.

Während ich dasaß, überlegte ich blitzschnell. Ich wusste, er wollte May außer Landes bringen, und ich wusste, er würde versuchen, sie durch die besetzten Gebiete im Norden Zyperns zu schaffen, wo die Türkei das Sagen hatte. Ich gab der Polizei meine Telefonnummer, und meine Freundin Deirdre und ich erklärten, wir wollten in Deirdres Wagen an die Grenze fahren, weil wir hofften, wir könnten ihn erwischen, ehe er türkisches Hoheitsgebiet erreichte.

Ich konnte mir nicht vorstellen, wie er es schaffen sollte, May über eine Grenze, ganz gleich welche Grenze, in irgendein anderes Land zu bringen, da sie ja keine gültigen Reisedokumente hatte. Nicht ohne Grund hatte ich im September 2010 ihren Pass für ungültig erklären lassen. Ich wusste, dass man bei Mostafa mit allem rechnen musste. Wo ein Wille ist, ist auch ein Weg, und ich hatte keine Zeit zu verlieren.

Als wir den Wagen anließen und losfahren wollten, versuchte ich es noch einmal auf Mostafas Handy. Es war fast ein Schock für mich, als ich tatsächlich einen Klingelton hörte, aber dann wurde mir ganz übel, als ich begriff, dass es ein internationaler Klingelton war. Meine schlimmsten Befürchtungen waren bestätigt. Er befand sich bereits außerhalb von Zypern.

Tatsächlich ging er jetzt ans Telefon. Mir drehte sich der Magen um. Ich versuchte, so ruhig wie möglich zu bleiben, aber mein Herz raste. Ich sagte: »O mein Gott, Mostafa, den ganzen Tag versuche ich schon, dich zu erreichen. Wo bist du denn?«

In aller Ruhe antwortete er: »Ich bin in Syrien.« Ich weiß nicht, was über mich kam, aber ich versuchte, so eiskalt wie möglich zu bleiben, sogar in einem Moment wie diesem. Ich fragte ihn, weshalb er in Syrien sei. Er erwiderte: »Ich bin in Syrien, weil ich May nach Syrien mitnehme.« Ich fragte ihn, ob er bereits da sei, und er erklärte, er werde in einer Stunde ankommen. Ich bat ihn, mit May sprechen zu dürfen, und sofort ließ er sie ans Telefon. Ich wollte May nicht ängstigen, also blieb ich ruhig und fragte sie, ob es ihr gut gehe. Sie meinte, alles sei in Ordnung, aber ich verstand sie kaum, weil ihre Stimme so aufgeregt klang. Sie sagte, sie sei in einem großen Einkaufszentrum. Ich wollte wissen, ob sie mit einem Flugzeug unterwegs gewesen sei, und fast verließ mich der Mut, als sie erwiderte: »Ja, Mami, mit dem Flugzeug.«

May und ich sprachen immer Englisch miteinander, aber sie sprach auch fließend Griechisch und sogar etwas Arabisch. Ich sagte zu May, dass ich sie sehr lieb hätte, und ich versprach ihr, dass wir uns bald sehen würden. Mir war klar, sie würde mich vermissen, weil wir sonst Tag und Nacht zusammen waren und sie nie mehr als einige Stunden von mir getrennt war. Dann war sie entweder in der Vorschule oder unterwegs mit ihrem Vater bei einem seiner Besuche. Ich wusste, sie hatte nur wenig Vertrauen zu ihrem Vater und sie würde das Schlimmste befürchten.

Deirdre und mir war klar, dass es jetzt keinen Zweck mehr hatte, weiterzufahren, denn Mostafa hatte Zypern längst verlassen. Doch noch im selben Augenblick rief ich die Kriminalpolizei an und erzählte, ich hätte mit ihm gesprochen und er sei auf dem Weg nach Syrien. Ich flehte sie an, unverzüglich Interpol einzuschalten, da ich hoffte, diese Behörde hätte auf internationaler Ebene mehr Befugnisse. Doch die Beamten meinten, ich solle mich beruhigen, sie würden schon alles klären. Sie versuchten sogar, mich davon zu überzeugen, dass sie May innerhalb weniger Stunden sicher zu mir zurückbringen würden. Da unterschätzten sie meinen Exmann gewaltig. Ich wusste das, aber sie wollten nicht auf mich hören.

Frustriert und ohne zu wissen, was ich als Nächstes tun, an wen ich mich jetzt wenden sollte, fuhr ich mit zu meiner Freundin nach Hause. Inzwischen hatten alle meine Freunde gehört, was passiert war, und alle waren sie da und warteten auf Neuigkeiten. Ich wandte mich an einen Freund, der etliche Leute in der Türkei kannte. Er meinte, er wolle herauszufinden versuchen, wo genau Mostafa jetzt sein könnte, wenn er tatsächlich, wie er behauptete, in einer Stunde in Syrien sein würde.

Nachdem ich so lange versucht hatte, stark zu sein, weil die Polizei mich ja ernst nehmen sollte, brach ich jetzt zusammen. Es war, als explodierten alle meine Gefühle gleichzeitig, und Kummer und Schmerz drückten mich nieder. Ich wurde ganz weinerlich, und ich spürte, wie mein Körper unter mir nachgab. Und dann kam eine Panikattacke. So etwas kannte ich normalerweise nicht, aber mir war klar, dass der schiere

Stress die Ursache dafür war. Ich muss sofort ohnmächtig geworden sein, denn das Nächste, woran ich mich erinnere, ist, dass ich in einem Krankenwagen aufwachte und mich immer wieder übergab. Ich bildete mir ein, Deirdre sagen zu hören, man habe Mostafa an der türkischen Grenze festgenommen. Aber das war wirklich nur Einbildung, Ergebnis meiner entsetzlichen Verwirrung.

Dann brach ich ein zweites Mal zusammen, und das nächste Mal wurde ich im Krankenhaus wach. Dort hatte ich eine weitere Panikattacke: Ich wollte so schnell wie möglich an mein Handy. Mostafa hatte nämlich gesagt, er würde mich anrufen, sobald er in Syrien wäre. Mir war klar, er würde sich fragen, was passiert sei, wenn ich nicht ans Telefon ging. Und mir war auch klar, dass ich dringend das Krankenhaus verlassen müsste, wenn ich mein kleines Mädchen finden wollte. Also ging ich auf eigenen Wunsch ohne Behandlung, obwohl ich mich schrecklich fühlte, ganz schwach und sehr weinerlich.

Meine Freundin erzählte mir, Mostafa habe angerufen, als ich im Krankenhaus war. Sie solle mir von ihm ausrichten, er sei jetzt bei sich zu Hause in Syrien und ich solle ihn anrufen, sobald ich aufgewacht sei. Als ich auf die Nummer im Display des Handys schaute, sah ich die Vorwahl 0096. Da wusste ich mit Bestimmtheit, dass er tatsächlich, wie er angekündigt hatte, in Syrien war.

Ich war völlig aufgewühlt, aber ich versuchte, so ruhig wie möglich zu bleiben. Mostafa sollte nicht denken, dass ich wütend auf ihn war. Ich hatte nämlich keine Ahnung, was er mit May anstellen würde, wenn er eine Gefahr in mir sah und glaubte, ich könnte die Polizei einschalten und ihn anzeigen.

Instinktiv war mir klar, dass ich bei dem Gespräch mit ihm einen kühlen Kopf bewahren musste. Er sollte nicht glauben, ich mache mir Sorgen wegen May. Ich musste ihn in der Gewissheit wiegen, dass ich ihn verstand und dass ich nur unser Kind sehen wollte.

Mostafa erzählte mir, es gehe ihr sehr gut und sie spiele mit ihren Geschwistern, einem Jungen und einem Mädchen, beides Halbgeschwister aus einer früheren Ehe, die in Syrien lebten. Er meinte, alles werde wieder gut: »Hör zu, Louise, kündige deinen Job, verkauf alles und komm nach Syrien. Du bekommst den BMW zurück und kannst den dann auch verkaufen. Nimm dein ganzes Geld und komm her zu uns, und wir fangen ein neues Leben zusammen an. Wir werden alle Probleme klären.«

Ich versuchte, ein Spiel mit ihm zu spielen, auch wenn ich mich vor lauter Panik am liebsten übergeben hätte: »Also sieh mal, Mostafa«, antwortete ich, »das wird mir im Moment ein bisschen zu viel. Du weißt doch, ich warte auf meine Untersuchungsergebnisse aus dem Krankenhaus. Ich weiß immer noch nicht, ob ich Krebs habe.«

Bei einem Krankenhausaufenthalt hatte sich vor Kurzem bestätigt, dass ich an Osteoarthritis litt und in einem schlechten Zustand war. Ich brauchte dringend zwei neue Hüftgelenke. Außerdem hatten mir die Ärzte mitgeteilt, sie hätten ein Rückenleiden namens Spondylitis festgestellt und auf den Hüftknochen zwei große Zysten entdeckt, bei denen es sich auch um Karzinome handeln könnte. Seit dem Tag dieser Diagnose war ich krank vor Sorge gewesen. Ich hatte mich immer noch nicht ganz mit der Tatsache abgefunden, dass ich eine Hüftgelenksprothese brauchte. Schließlich absolvierte ich doch täglich meine Übungen im Fitnessstudio und im Swimmingpool, aber Krebs ... damit hatte ich wirklich nicht gerechnet.

Ich machte mir große Sorgen wegen des Krebstests, aber jetzt war alles nur noch schlimmer geworden. Denn jetzt hatte Mostafa auch noch mein Kind entführt. Sollte sich der schlimme Krebsverdacht bestätigen, musste ich zu May und sie so schnell wie möglich wieder zu mir holen. Ich musste sie zu meiner Familie nach Dublin bringen, damit Mostafa nicht das Sorgerecht für sie bekam.

Doch trotz meiner verständlichen Sorgen schien Mostafa keineswegs beunruhigt, als ich ihm am Telefon von meinen Ängsten erzählte. Er meinte nur: »Tut mir leid, aber du hast mir keine andere Wahl gelassen. Morgen wäre ihr erster Schultag gewesen, und du weißt, dass ich sie dort nicht auf die Schule lassen will.«

Das war also der wahre Grund dafür, dass er May entführt hatte! May war hier auf die griechische Vorschule gegangen, und hier sollte sie auch die Grundschule besuchen, bei der es sich nicht um eine muslimische Schule handelte. Mostafa war schon nicht glücklich mit der nicht-muslimischen Vorschule gewesen. Aber da es nur für eine kurze Zeit sein würde, hatte er sich damit abgefunden. Doch auf die Grundschule würde sie sechs Jahre gehen, und das wollte er nicht akzeptieren. Die Schule lag auf der anderen Seite des Parks, wo ich auch arbeitete, es war also praktisch sowohl für May als auch für mich. Ich hatte sie dort angemeldet, weil es auf Zypern bei den vielen Eltern in interkulturellen Ehen üblich war, ihren Kindern nicht eine bestimmte Religion aufzuzwingen. An dieser Schule konnten sich die Kinder gegen den täglichen

Religionsunterricht entscheiden und stattdessen einen Mathematikkurs oder irgendein anderes Fach belegen. Bei der Schulspeisung herrschte dieselbe Toleranz. Die Kinder bekamen ein Mittagessen in der Schule, aber wenn ein Elternteil muslimisch war, bekamen sie weder Schinken noch anderes Schweinefleisch. In dieser Hinsicht war man auf Zypern sehr aufgeschlossen.

Mit der Haltung der Schule war ich voll und ganz einverstanden, denn um nichts in der Welt hätte ich die Tatsache leugnen wollen, dass May zur Hälfte Syrerin ist. Ich schmeichelte mir damit, dass ich sie zum Respekt für beide Seiten ihrer Herkunft erzog. Wenn sie älter würde, sollte sie eine Ahnung von beiden Kulturen haben und sich ihren eigenen Weg suchen können.

In der Vorschule war sie sehr gut gewesen. Die Lehrer dort hatten mich wissen lassen, sie sei ein hochintelligentes Kind und habe einen sehr hohen IQ. Sie alle mochten May, und May mochte ihre Lehrer. Die Schule wusste von den Problemen, die ich mit Mostafa hatte, denn der Sozialdienst hatte die Schulleitung informiert. Jahrelang war ich von ihm misshandelt worden. Allerdings war auch May ein eigener Sozialarbeiter zugeteilt worden, denn Mostafa hatte mich in einem Wutanfall geschlagen und irrtümlich auch May getroffen, weil sie auf meinem Schoß gesessen hatte.

Den Tag werde ich nie vergessen. Ich hatte mich immer sehr bemüht, vor meiner Kleinen die physische und psychische Gewalt zu verbergen, die ich im Lauf der Jahre zu erleiden hatte. Dieser Tag jedoch änderte alles für sie. Ich hatte nicht gewollt, dass sie Zeuge seines Jähzorns wurde, weil ich keine Ahnung hatte, wie sie darauf reagieren würde. Sie sollte nicht solche Angst vor ihm haben wie ich. Doch an dem Tag wurden alle meine Bemühungen, sie zu schützen, zunichte gemacht. Schwer verletzt war sie nicht – jedenfalls nicht körperlich –, aber ich werde nie wissen, ob sie seelisch Schaden genommen hat. Darüber werden wir bestimmt einmal reden, wenn sie älter wird. Aber bis sie bereit ist, sich zu öffnen, wird sie das alles in sich verschließen.

Das Sozialamt musste über diesen Akt körperlicher Gewalt informiert werden. Nach Untersuchung des Vorfalls wies das Amt die Schulleitung an, May nie von ihrem Vater von der Schule abholen zu lassen. Ich war die Einzige, die die Erlaubnis hatte, sie von der Schule abzuholen.

Jetzt begriff ich, dass Mays Einschulung der Hauptgrund für die Entführung war. Vielleicht war es nicht der vorrangige Grund für die Entführung selbst, aber es war ganz bestimmt der Grund dafür, dass die Entführung an diesem einen Tag stattfinden musste. Er war so hinterhältig und kontrollwütig, dass er sein eigen Fleisch und Blut entführte, seine Tochter von ihrer eigenen Mutter und der Geborgenheit ihres Zuhauses weg in ein vom Krieg zerstörtes Land brachte. Er selbst war gar kein strenggläubiger, praktizierender Moslem. Aber er wollte unsere Kleine so großziehen, wie es ihm angemessen erschien: in seiner Welt, in seiner Religion.

Die Heuchelei dieses Mannes hatte etwas Krankhaftes. Er praktizierte selbst seinen Glauben nicht, betete nie auf einem Gebetsteppich, ging selten in die Moschee und gab durch nichts zu erkennen, dass er praktizierender Moslem war. Nur manche Fleischsorten aß er nicht, und er verlangte von mir, dass ich mich auf eine bestimmte Weise kleidete. Doch nun tat er auf einmal so, als sei er fromm und wolle seine Tochter in einem Glauben großziehen, den er selber kaum lebte. Das war zweifellos einer der Hauptgründe dafür, dass er unsere Welt auf den Kopf stellte. Dabei war es ihm völlig egal, wen er damit verletzte.

Der andere Grund war Geld. Er hatte von mir verlangt, meinen gesamten Besitz zu verkaufen. Das war die Forderung, die ich erfüllen musste, wenn ich mein kleines Mädchen wiedersehen wollte. Er hatte verlangt, ich solle mein Bankkonto auflösen und ihm alles Geld bringen, das ich besaß, damit wir sorglos in einem Slum in Syrien leben könnten. Und in seiner verdrehten Gedankenwelt sollte mich diese Anweisung dazu bringen, zu ihm zu kommen. Ihm war klar, ich würde seinen Befehlen oder Forderungen nur Folge leisten, um meine Tochter wiederzusehen. Und er war schlau genug, um zu wissen, dass ich sie nur dann wiedersehen könnte, wenn ich ihm gehorchte.

Mir wurde übel beim Gedanken an ihn. Doch in dieser Situation musste ich versuchen, meinen tiefen Hass und Abscheu in den hintersten Winkel meines Herzens zu verbannen. Ich wusste, ich musste tun, was er von mir verlangte, wenn ich May gesund und lebend wiedersehen wollte. Ich hatte keine andere Wahl. Und das wusste er.

Bei allen Anrufen an jenem Abend bis tief in die Nacht hinein gelang es mir irgendwie, Mostafa in Gewissheit zu wiegen. Er sollte sich keine Sorgen machen, ich könne ihn womöglich angezeigt haben. Also gab ich mir große Mühe, ihn bei Laune zu halten. Ich gab zu bedenken, dass es eine ganze Weile dauern würde, bis ich alles verkauft hätte und zu ihm kommen könnte. Ich versicherte ihm, dass ich so schnell wie möglich kommen wollte, um bei May zu sein, aber dass ich nicht alles von einem auf den anderen Tag verkaufen könne. Es würde alles seine Zeit brauchen.

Mir war klar, dass ich, wäre ich erst einmal in Syrien, ebenfalls eine Gefangene wäre. May und ich wären dort zu einem Leben nach seinen Spielregeln verurteilt. Mir war klar, wir würden in seinem Haus eingesperrt sein und müssten ein Leben führen, in dem weder May noch ich irgendwelche Rechte hätten. Und wenn er mir gegenüber schon in einem europäischen Land wie Zypern gewalttätig war, würde er vor nichts zurückschrecken, um seine Autorität in seinem Heimatland unter Beweis zu stellen. Denn da hätte er als Mann alle Rechte, und May und ich als weibliche Wesen wären völlig rechtlos.

Ich wollte Zeit gewinnen, um nach den besten Lösungen zu suchen. Ich wollte sehen, ob es irgendeine Möglichkeit gab, dass die irischen oder zypriotischen Behörden uns helfen konnten. Und so spielte ich ein Spiel.

Ich versicherte ihm, ich würde so bald wie möglich meine ganzen Ersparnisse von der Bank abheben und dann nach Syrien kommen. Ich wusste, ich hatte keine andere Wahl. Ich musste das sagen und mich ihm gegenüber so verhalten. Ich musste in allererster Linie an Mays Sicherheit denken. Er sollte glauben, dass ich nur ein Ziel hatte, nämlich so viel Geld wie möglich zusammenzubekommen und zu ihm zu fahren, damit wir wieder wie eine Familie miteinander leben konnten. Die Tatsache, dass wir vor dem Gesetz geschieden waren, spielte für ihn keine Rolle. Für ihn war das alles ein Spiel, in dem er den Trumpf in der Hand hielt. Er wusste, ich würde alles für meine Tochter tun. Er mag wohl tatsächlich noch Gefühle für mich gehabt haben, aber ich wusste, sein vorrangiges Ziel war es, an mein Geld zu kommen. So könnte er sich nämlich sagen, dass er mich durch die Entführung von May besiegt hatte. Er wusste nur zu gut, dass sich mein Leben um mein Kind drehte und dass nichts und niemand mich von ihr fernhalten könnte. Sie war, so wie er das sah, seine Eintrittskarte zu einem unverhofften Geldsegen.

Er mag durchaus normale väterliche Gefühle für May gehegt haben, aber ich wusste, die Entführung hatte er vor allem geplant und durchgeführt, um mich zu verletzen. Er wollte mir trotz der Tatsache, dass ich vor Gericht das alleinige Sorgerecht für unsere Tochter erhalten hatte, die klare Botschaft senden, dass er über unsere Familie herrschte. Jetzt war er der Herr über alles. May nach Syrien zu entführen war seine Art, mir zu zeigen, dass er gewonnen hatte.

Er wusste ganz genau, für mein Kind würde ich meine Seele verkaufen. Aber er unterschätzte mich auch. Er hatte sich nicht klargemacht, wie sehr ich seit unserer Scheidung an Stärke gewonnen hatte. Für mein Kind würde ich nicht nur meine Seele verkaufen, sondern trotz der widrigen Umstände auch bereitwillig mein Leben aufs Spiel setzen, um sie zurückzubekommen.

Nie im Leben hat er damit gerechnet, dass ich mich in eine Hochburg des Islam begeben würde: eine blonde europäische Mutter, noch dazu Katholikin. Die Liebe einer Mutter zu ihrem Kind unterschätzte er dramatisch. Und das war sein großer Fehler in seinem ansonsten fehlerlosen Entführungsplan.

So versuchte ich ihn bei Laune zu halten, um May zu schützen und ihn in Sicherheit zu wiegen. Und da May einen irischen Pass hatte, betete ich, die irische Regierung würde sich irgendwie einschalten und auf diplomatischem Wege die

Freilassung eines ihrer Staatsangehörigen fordern. Aber in dem Punkt sollte ich mich sehr irren.

In Dublin telefonierte sich Mandy die Finger wund. Sie wollte die Regierung, das Außenministerium und die Medien für unsere Sache mobilisieren, doch sie erreichte nichts. Alle paar Minuten telefonierte ich mit ihr. Ich vermisste sie mehr denn je, denn ohne mein kleines Mädchen hatte ich das Gefühl, in einem fremden Land vollkommen allein zu sein. Ich wollte nur noch meine Familie um mich haben, die mich unterstützen würde. Sie sollten mich trösten, wenn ich weinte. Sie sollten mir zuhören, von Angesicht zu Angesicht, nicht am Telefon, wo die Gespräche zuweilen manische Züge hatten. Ich wollte nur noch die Liebe meines Vaters spüren, eine väterliche Liebe, die mein eigenes Kind leider nie erfahren hatte. Ich war verzweifelt.

Zwischen Telefonaten mit Politikern und Interviews mit irischen Zeitungen und Radiosendern buchte Mandy einen Flug nach Larnaca, der Hauptstadt Zyperns. Ich wusste, sie musste zunächst von Dublin nach London fliegen. Dort musste sie auf den Weiterflug nach Zypern warten, da direkte Flüge von Irland nach Zypern vor einiger Zeit eingestellt worden waren. Ich kannte Mandy. Und so ging ich jede Wette ein, dass sie trotz der Müdigkeit nach der langen Reise bei der Ankunft immer noch regelrecht geladen wäre. Sie würde mit einem gehörigen Vorrat an Adrenalin hier auftauchen und sofort bereit sein, detaillierte Pläne zu schmieden, damit wir May wohlbehalten zurückbekämen. Ich war so erleichtert, dass sie bald bei mir wäre, und zählte schon die Stunden bis zu ihrer Ankunft. Mindestens einmal pro Stunde telefonierten wir miteinander.

Gleichzeitig versuchte Mandy, Dad zu beruhigen. Sie musste ehrlich mit ihm sein, gab sich aber alle Mühe, die beängstigenden Einzelheiten von ihm fernzuhalten. Wir machten uns große Sorgen, dass Dad unter dem Stress zusammenbrechen würde, wenn er wüsste, wie schlimm es wirklich war. Also mussten wir ihn so weit wie möglich beruhigen. Mein Vater ist ein sehr ruhiger, friedliebender Mann, dessen Leben völlig auf den Kopf gestellt wurde, als er meine Mutter verlor. Seitdem kümmerten wir uns um ihn wie um ein Kind. Wir wussten, wir mussten ihn vor der vollen Wahrheit schützen, denn er vergötterte May und hatte von Mostafa immer das Schlimmste befürchtet. Fast vom ersten Tag an hatte Dad ihn durchschaut.

Mandys Lebensgefährte Sean war unsere Rettung. Er sorgte dafür, dass Dad ruhig blieb. Er und Josh, Mandys sechzehnjähriger Sohn aus einer früheren Beziehung, erklärten sich bereit, sich während Mandys Abwesenheit um Dad zu kümmern. Das ließ sich gut machen, weil sie im selben Haus wohnten. Mandy und Sean sparten für ihre Hochzeit im Jahr 2012, und Sean wohnte auch im Haus, sodass sie sich zu dritt um Dad kümmern konnten. Mandy fiel die Abreise ein wenig leichter, weil sie Dad bei den Jungs in guten Händen wusste. Sowohl Josh als auch Sean müssen sich auf dem Flugplatz beim Abschied von Mandy schreckliche Sorgen gemacht haben, denn sie hatten ja keine Ahnung, was uns allen bevorstand. Aber sie wussten, Mandy war entschlossen, mir zu helfen. In Zeiten von Kummer und Sorge lässt sich die Liebe einer Schwester nicht mit irgendeiner anderen Liebe vergleichen. Ich brauchte Mandy mehr als je zuvor, und das wusste sie.

Während ich auf Mandys Ankunft wartete, betete ich die ganze Zeit, dass Mostafa May nichts antun würde. Ich war dankbar, dass er mich manchmal, wenn ich anrief, mit ihr sprechen ließ. Aber ich war auch ganz krank vor Sorge, denn obwohl sie behauptete, es sei alles in Ordnung, hörte ich doch die Angst aus ihrer zarten Stimme heraus.

Doch sie würde ihm nie zeigen, dass sie sich fürchtete, das wusste ich. Seit Jahren hatte sie mich das Spiel spielen sehen, wenn ich versucht hatte, ihn bei Laune zu halten. Nun merkte ich bei unseren Telefonaten, dass sie genau dasselbe machte. Offenbar hatte sie mich gut beobachtet. Ganz offensichtlich war sie nett zu ihm, weil sie ihn glauben machen wollte, sie sei glücklich bei ihm. Alles, um sich zu schützen.

Diese erste Nacht ohne mein Kind war die schlimmste Nacht meines Lebens. Einsamer hatte ich mich nie gefühlt. Ich war über Nacht zu einer Freundin gefahren, und gegen vier Uhr morgens ging ich endlich ins Bett. Mostafa rief ich trotzdem immer noch einmal in der Stunde an, um mich davon zu überzeugen, dass es May gut ging, und weil ich ihn glauben lassen wollte, dass alles in Ordnung käme, sobald ich in Syrien wäre. Er geriet allmählich etwas in Panik, kaum dass die Nacht halb um war. Einmal sagte er tatsächlich zu mir, er wisse nicht, weshalb er das alles gemacht habe. Doch offenbar wusste er, dass es jetzt für eine Umkehr zu spät war.

Immer wieder versicherte ich Mostafa, es sei alles in Ordnung und ich verstünde, dass er nur aus Liebe zu May gehandelt hatte. Die Worte blieben mir fast im Hals stecken. Ich kann kaum sagen, wie sehr ich ihn in dem Moment hasste, aber ich musste so tun, als wäre ich auf seiner Seite. Meine größte Sorge war, er könne in Panik geraten, einfach durchdrehen und verschwinden. Wenn er das tat, würde er May mitnehmen, sein Handy ausschalten, und ich würde nie mehr von ihm hören und auch meine Tochter nie wiedersehen. Die Möglichkeit bestand durchaus. Mir war klar, dass ich die Einzige war, die die Lage im Griff hatte. Weder die Behörden noch die Polizei konnten ihn ruhig halten und dafür sorgen, dass meine Tochter am Leben und in Sicherheit blieb. Das konnte nur ich allein.

Ich glaube, in der Nacht schlief ich nur eine einzige Stunde. Es war furchtbar. Am nächsten Tag erhielt ich einen Anruf von meinem Anwalt. Dieser Mann hatte alles für mich geregelt, als ich um das Sorgerecht kämpfte und Sozialamt und Gericht davon abhalten wollte, Mostafa überhaupt ein Besuchsrecht einzuräumen. Dieser Mann wusste nur zu gut, was ich in den vorangegangenen Jahren bei meinem Exmann erlitten hatte. Und sofort, als mir klar wurde, dass mein Kind von Mostafa entführt worden war, hatte ich mich bei ihm gemeldet. Doch es dauerte volle vierundzwanzig Stunden, ehe er mich zurückrief. Ich wusste, es war nicht der rechte Moment für Streitereien. Also ließ ich mir nicht anmerken, wie enttäuscht ich über seinen offensichtlichen Mangel an Besorgnis war. Ich hörte einfach nur zu, während er mir erzählte, alles käme in Ordnung und er sei sicher, dass ich May in spätestens zwei oder drei Tagen wieder bei mir hätte. Als ich das hörte, war ich doch sehr erleichtert. Das sagte nämlich jemand, der sich, soweit ich das beurteilen konnte, wirklich auskannte. Und so stieg mein Hoffnungspegel geradezu dramatisch.

Er bat mich, wenn möglich noch am selben Tag kurz in seiner Kanzlei vorbeizukommen. Doch ich wusste genau, wohin ich an dem Tag wollte. Als wichtigste Aufgabe hatte ich mir einen Besuch beim Sozialamt vorgenommen. Ich wollte die Mitarbeiter dort über das Vorgefallene informieren; ihnen gab ich die Schuld, weil sie von Anfang an nicht auf mich gehört hatten. Als es um Fragen des Sorge- und Besuchsrechts gegangen war, hatte ich sie alle gewarnt, aber niemand hatte auf mich gehört. Jetzt war es zu spät. Ich fand, dass sie mich ganz entsetzlich im Stich gelassen hatten. Ich ging zu der Behörde, sprach mit unserer Sozialarbeiterin und erzählte ihr, dass Mostafa May entführt hatte. Ich meinte: »Ich hab Ihnen doch gesagt, dass bei ihm die Gefahr bestand, er würde sich absetzen. Ich hab Ihnen doch allen gesagt, er könnte sie entführen, und genau das hat er nun getan.« Ich glaube, die Leute standen unter Schock.

Wieder und wieder hatte ich sie gebeten, in seinem Fall eine psychologische Untersuchung anzuordnen. Tatsächlich hatte ich bei vier verschiedenen Gelegenheiten eine solche Untersuchung verlangt, aber niemand hatte auf mich gehört.

Die Sozialarbeiterin wurde sofort wütend und ging gegen mich in Stellung. Sie schrie herum und kreischte und beharrte darauf, das Ganze sei nicht ihre Schuld. Irgendwann beruhigte sie sich jedoch wieder und meinte, es sei eigentlich »eine gute Sache«, da er nun unverzüglich jegliche elterlichen Rechte hinsichtlich unserer Tochter May einbüßen würde.

Ich weiß noch, wie ich dachte, dass das jetzt auch keinen Unterschied mehr machen würde, da ich nicht sicher war, ob ich mein Kind je zurückbekommen würde. Das alles war jetzt vollkommen bedeutungslos, da er sich in Syrien aufhielt und das Gesetz dort, unabhängig von irgendwelchen »elterlichen Rechten«, auf seiner Seite war. In seinem Heimatland hatte er alle Rechte und ich keine. Solange ich ihn also nicht dazu bringen konnte, mit May nach Zypern zurückzukehren – und ich wusste genau, das würde nie gelingen –, war ich völlig rechtlos, im Gegensatz zu ihm.

Die Sozialarbeiterin wollte sich in den Entführungsfall nicht einschalten. Mein Fall, wie sie meinte, sei inzwischen abgeschlossen, doch sie gab mir ein paar Hinweise, was ich jetzt tun und an wen ich mich wenden sollte. Ich hoffte, dass einer ihrer Tipps womöglich hilfreich wäre, aber es war alles viel zu wenig und es kam viel zu spät. May war verschwunden, und meines Wissens lag das Ganze jetzt nicht mehr in den Machtbefugnissen der zypriotischen Regierung. Als ich ihr Büro verließ, war ich sehr niedergeschlagen. Es schien, als könnte mir niemand in Zypern helfen. So suchte ich sofort meinen Anwalt auf, um zu sehen, ob er noch etwas für mich tun und mir vor allem Hoffnung machen könne. Aber er konnte mir nur wieder sagen, dass ich sie zurückbekommen würde. Wie das geschehen sollte, wusste er nicht, nur dass es geschehen würde. Völlig am Boden zerstört, verließ ich seine Kanzlei, in dem klaren Wissen, dass ich in dieser Phase nichts anderes tun konnte als abwarten.

2

Der Plan

Als Mandy am Donnerstagabend in Limassol eintraf, war meine Erleichterung groß. Ich sank ihr buchstäblich in die Arme, schluchzte hemmungslos und zitterte vor Kummer. Meine Freundin hatte Mandy und unsere Cousine Natasha am Flugplatz abgeholt und sie zu mir gebracht, denn ich war zu dem Zeitpunkt bei der Kriminalpolizei.

Ich weiß noch, dass ich dachte, wie gefasst ich bis kurz vor Mandys Ankunft gewesen war, als ich der Polizei auf Englisch eine Erklärung abgab. Ich hatte eine zypriotische Dolmetscherin an meiner Seite, die mir versicherte, jedes Wort von mir werde genauestens auf Griechisch festgehalten und es werde zu keinen Missverständnissen kommen. Ihre Anwesenheit bei diesem Gespräch sollte sicherstellen, dass niemand hinterher behaupten könne, eine meiner Aussagen sei durch die Übersetzung falsch verstanden worden.

Doch als Mandy durch die Tür trat, brachen alle Gefühle aus mir hervor. Ich schluchzte ganze Sturzbäche, und einmal schaute ich zur Dolmetscherin hin und sah, dass sie auch weinte. Ich glaube, dass sie auf einmal begriffen hatte, wie ernst die Lage war: dass die Entführung nicht meiner Angst entsprang, sondern Wirklichkeit war.

Ich kann ehrlich sagen, dass ich zeitweise das Gefühl hatte, May sei tot. Sie nicht an meiner Seite zu haben, sie nicht berühren, nicht in die Arme nehmen zu können, fühlte sich an, als hätte ich mein kleines Mädchen für immer verloren. Meine Schwester bei mir zu haben machte diesen Verlust nicht wieder wett, doch ich konnte auf ihre Hilfe vertrauen und wurde mit allem viel leichter fertig.

Wenn ich mit dem Weinen einmal für ein Weilchen aufhörte, dachte ich mehr als einmal: »Wie kann er nur so naiv sein und annehmen, ich würde einfach ohne May weiterleben?« Ich begriff nicht, wie er glauben konnte, ich sei ruhig und gelassen. Schließlich wusste ich ja, dass sie in einem vom Krieg erschütterten Land lebte, in dem es keine Sicherheiten gab und sie in jedem beliebigen Moment getötet werden könnte. Ich hatte einfach keine Ahnung, wie sein Verstand arbeitete.

Immer wieder bedrängte ich die Behörden in Zypern. Sie sollten einen Versuch unternehmen, May so schnell wie möglich aus Syrien herauszuholen. Aber es wurde sehr rasch klar, dass ich nichts erreichen würde.

Mandy erzählte mir, wie großartig die Medien in Irland reagiert hätten und dass jede Zeitung des Landes über die Geschichte berichtete. An die Zeitungen hatten wir uns wenden müssen, um Druck auf die Behörden auszuüben, damit die uns halfen. Da ich Mays Pass achtzehn Monate zuvor für ungültig hatte erklären lassen, hatte Mandy einen neuen für sie beantragt. Doch man teilte ihr kategorisch mit, dass es dem irischen Außenministerium unmöglich sei, einen neuen Pass auszustellen. Auf dem Antragsformular müssten sich nämlich die Unterschriften beider Eltern befinden.

Ich mochte kaum glauben, was ich da hörte. Mit welchem Recht konnten sie so etwas sagen? Ich war Mays Mutter, und ich hatte das alleinige Sorgerecht. Ich hatte ihren Pass bei der irischen Botschaft in Nicosia selbst für ungültig erklären lassen. Und sie befand sich auf einer Stoppliste, die verhindern sollte, dass sie ohne schriftliche Einwilligung beider Elternteile außer Landes gebracht wurde. Das hatte ich aus Sorge um ihre Sicherheit veranlasst. Trotz allem hatte Mostafa unser Kind entführt, wurde wegen Entführung in Zypern von der Polizei gesucht und hatte es irgendwie geschafft, sie ohne gültigen Pass über zwei Grenzen zu bringen. Und jetzt sollte er ein Antragsformular unterschreiben, damit sie einen neuen Pass bekam – damit ich sie vor ihrem Entführer retten konnte: *nämlich ihm*.

Da war ich vollends überzeugt, ich würde jegliche Hoffnung verlieren. Mein eigenes Land, das Land, in dem May zur Welt gekommen war, konnte uns nicht helfen. Wieso nicht?, fragte ich mich immer wieder. Ich hatte Filme gesehen und Bücher gelesen, in denen die Behörden, ganz gleich unter welcher Rechtsprechung sich eine Entführung zugetragen hatte, alles nur Erdenkliche für die Mutter des Kindes taten und schließlich auch das Kind zurückbrachten. Doch mir erklärte man rundheraus, es gebe nichts, was sie für mich und May tun konnten.

Zu dem Zeitpunkt beschlossen wir endgültig, die Medien einzuschalten, um die Aufmerksamkeit der Öffentlichkeit auf den Fall zu lenken. Es widerte mich an, dass wir zu einem solchen Mittel greifen mussten, aber wir waren überzeugt, dass wir keine andere Wahl hatten. Fairerweise muss ich sagen, dass die meisten irischen Medien sich großartig verhielten und für uns taten, was sie konnten. Sie übten Druck auf das Außenministerium aus, verlangten eine Erklärung dafür, dass man sich um dieses kleine irische Mädchen nicht kümmerte, und wollten wissen, weshalb ihr Pass nicht ausgestellt wurde. Sie waren beeindruckend.

Inzwischen war es Freitag. Drei Tage hatten wir hier auf Zypern gewartet, und die zypriotische Polizei hatte sich nicht bei uns gemeldet. Wir wussten nicht, was unternommen wurde, um mein Kind zu finden – wenn überhaupt etwas unternommen wurde. Es war äußerst frustrierend. Auch von der irischen Botschaft in Nicosia hatten wir niemanden zu Gesicht bekommen. Wir hatten gedacht, die Anwesenheit eines Vertreters der irischen Regierung in dem Land, in dem wir lebten, würde uns helfen. Doch auch in dem Punkt irrten wir uns, denn in diesen albtraumhaften Tagen sahen wir niemanden und hörten nichts. Das war wirklich ärgerlich und aufwühlend, und ich fühlte mich unendlich im Stich gelassen.

Wir gaben uns größte Mühe, alle Medienberichterstattung von Zypern fernzuhalten. Wir fürchteten nämlich, Mostafa würde einfach flüchten, wenn er in den Zeitungen oder im Radio etwas von der Entführung eines irischen Kindes las oder hörte. Dann hätte sich die ganze Situation verändert und wir hätten meine kleine May womöglich für immer verloren. Also baten wir irische Medien wie die *Irish Sun* und den *Irish Mirror*, die Zeitungen zum Verkauf auf Zypern und in der Türkei druckten, in diesen Ausgaben nichts über die Geschichte zu bringen. Gott sei Dank hielten sie sich daran. Sie waren großartig.

Der Druck, den die Journalisten auf die irischen Behörden ausübten, führte schließlich am Freitag zu einem Anruf seitens der irischen Regierung. So lange hatten sie für eine Reaktion gebraucht. Doch obwohl ein Beamter versprach, er werde sich noch am selben Tag ein weiteres Mal telefonisch melden, geschah nichts.

Aber wir gewöhnten uns allmählich an leere Versprechungen. Die Iren waren nicht die Einzigen, die uns im Stich ließen. Bis zum Samstag suchte uns niemand von der zypriotischen Polizei auf, obwohl wir uns an sie gewandt hatten. Wir hatten berichtet, dass Vertraute von Mostafa uns folgten. Sie hatten am Freitag gesehen, wie wir die Dienststelle der Kriminalpolizei betreten und wieder verlassen hatten. Aufs Äußerste verängstigt, erklärten wir vor der Polizei, dass diese Typen uns folgen und Mostafa über alles Bericht erstatten würden und dass sie zu allem fähig seien. Wir hatten Angst, sie könnten ins Haus eindringen und uns womöglich verprügeln, uns eventuell sogar töten. Wir hatten keine Ahnung, zu was diese Männer fähig waren, aber ich wusste nur zu gut, dass ihnen die Ehre alles bedeutete. Sie würden ihren Freund und Landsmann schützen. Mir war klar, dass auch über den kleinsten Schritt, den wir machten, täglich, wenn nicht sogar stündlich, nach Syrien berichtet wurde. Doch die zypriotische Polizei suchte uns kein einziges Mal auf, um sich davon zu überzeugen, dass es uns gut ging, und bot uns keinerlei Form der Überwachung an. Wir waren auf uns gestellt, und das wurde uns in aller Deutlichkeit klargemacht.

Am Freitagnachmittag bekam ich bei mir zu Hause dann einen Anruf von Mostafas Cousin ersten Grades. Ich hatte zuerst gar keine Ahnung, weshalb er mich anrief, aber er erklärte mir, er habe mein Auto. Er fragte mich, wo er es abstellen solle. Mostafa hatte offensichtlich beschlossen, dass ich den Wagen zurückbekommen sollte, den er zur Entführung meines Kindes benutzt hatte. Denselben Wagen, in dem er sie zur zypriotisch-türkischen Grenze gefahren hatte. Ich sollte das Auto verkaufen, um noch mehr Geld mit nach Syrien bringen zu können. Ich war am Boden zerstört.

Als Mostafas Cousin beim Haus ankam, erwartete ich ihn an der Haustür. Ich sah zu, wie er all die Sachen von May aus dem Auto nahm: ihren kleinen Rucksack mit ihrem winzigen Bikini, ihrem nicht angerührten Lunchpaket und ihrer ungeöffneten Sonnencreme. Er marschierte einfach ins Haus. Und ohne sich weiter etwas dabei zu denken, warf er den Rucksack in den Flur. Mir war klar, er wollte sich Zutritt zum Haus verschaffen, wollte sehen, wer dort war, denn beim Betreten des Flurs schaute er sich suchend um. Also bat ich ihn, noch einmal zum Wagen zu gehen und etwas zu holen, von dem ich dachte, es müsse dort sein. Die Gelegenheit nutzte ich, um ins Haus zu laufen und Mandy und Natasha zuzurufen, sie sollten sich im hinteren Zimmer verstecken. Mir war klar, er würde ins Wohnzimmer kommen und sich gründlich umsehen. Aber ins Schlafzimmer würde er sich nicht trauen. Und genau wie ich erwartet hatte, kam er in die Wohnung und schaute sich um, weil er sehen wollte, ob etwas merkwürdig wirkte oder jemand da sei.

Zum Glück war alles ruhig, und in seiner Dreistigkeit zog er sein Handy hervor und wählte Mostafas Nummer. Offenbar war ihm nicht klar, dass ich Arabisch verstand und auch sprach, denn auf Arabisch sagte er zu Mostafa, es sei alles in Ordnung und es sei niemand in der Wohnung. Mein Exmann hatte ihn offensichtlich angewiesen, die Wohnung zu überprüfen. Wenn sein Cousin ihm bestätigte, dass keine Polizei in der Nähe war und nichts Verdächtiges passierte, wäre er beruhigt.

Noch am selben Abend rief ich Mostafa an. Er war in einem furchtbaren Zustand; die Gefühle gingen mit ihm durch, er weinte und war aufgeregt. Er sagte, er wisse, dass wir am Mittwoch bei der Kriminalpolizei gewesen seien. Es stellte sich heraus, dass einer seiner Freunde an dem Tag verhaftet worden war. Er hatte sich zufällig auf demselben Polizeirevier befunden und alles mitangehört. Mostafa war in Panik, weil er meinte, dass ein Haftbefehl gegen ihn ausgestellt war. Ich versuchte ihn zu beruhigen. Ich sagte ihm, alles sei in Ordnung und ich sei vor lauter Panik am Mittwoch nur deshalb bei der Kriminalpolizei gewesen, weil ich zu dem Zeitpunkt dachte, er habe May entführt. Schließlich hatte ich ihn ja telefonisch nicht erreichen können. Doch anschließend hätte ich die Polizei sofort benachrichtigt, nachdem er sich bei mir gemeldet hätte, und ich hätte den Beamten gesagt, es sei alles in Ordnung. Ich versicherte ihm, dass keine Anklage erhoben werde. Er schien mir zu glauben und wirkte etwas beruhigt.

Mandy, Tash und ich gingen am Freitagabend vollkommen niedergeschlagen zu Bett. Ich fühlte mich, als habe mir jemand den Stecker herausgezogen und mir sämtliche Kraft abgezapft. Meine Hüften und mein Rücken machten mir sehr zu schaffen, und ich hatte schon schlimme Schmerzen, wenn ich nur längere Zeit sitzen musste. In der Woche darauf sollte ich eine beidseitige Hüftprothese bekommen. Aber nun konnte ich nur noch daran denken, wie ich May zurückbekommen könnte. Mir war klar, dass die Operation jetzt definitiv nicht stattfinden würde, obwohl ich mich ganz und gar auf diesen Eingriff eingestellt hatte. Ich freute mich ja auf meine neue Beweglichkeit und auf ein neues Leben für mich und May.

Außerdem hoffte ich, die Krebstests, die ich hatte machen lassen, würden negativ ausfallen. Ich hatte allerdings keine Ahnung, was ich tun würde, wenn der Test positiv ausfiele. Im Augenblick gab es wichtigere Dinge zu tun.

Meine ganzen Bemühungen gingen jetzt in nur eine einzige Richtung. Nichts konnte mich mehr dazu bringen, von dem einmal eingeschlagenen Weg abzuweichen. Ich versuchte, in der Nacht etwas Schlaf zu bekommen, grübelte aber wieder einmal unaufhörlich und musste immer nur an May denken. Es erübrigt sich zu sagen, dass ich mich sehr schlecht fühlte, als ich am nächsten Morgen aufwachte. Ich war ganz und gar ohne jede Hoffnung.

Wir drei setzten uns zusammen und kamen darin überein, dass wir in dieser Sache auf uns allein gestellt waren. Keiner würde uns helfen; wir mussten selbst etwas unternehmen, das war die einzige Möglichkeit.

Und so machten wir uns ans Pläneschmieden. Eine unserer Tanten, mit der wir in ständigem Telefonkontakt standen, weil sie uns in diesem Martyrium beistehen wollte, reiste ausgesprochen gern in die Türkei. Mehrmals im Jahr war sie dort und hatte viele Freunde, die über jede Menge Kontakte verfügten. Sie erzählte uns, sie kenne einen Türken, der uns vielleicht helfen könnte. Sie hatte bereits mit ihm telefoniert, und er hatte sie gebeten, uns seine Nummer zu geben. Er wollte sehen, was er tun könne. Etliche Syrer lebten in der Türkei wie auch in Zypern; sie neigen insgesamt dazu, sich in Ländern nicht allzu weit von Syrien entfernt niederzulassen, wenn sie aus ihrer Heimat fortgehen oder flüchten müssen. Unsere Tante meinte, dass einige Türken in seinem Bekanntenkreis eventuell Möglichkeiten kannten, wie man nach Syrien kam, ohne aufgegriffen zu werden. Diese Leute könnten dabei helfen, May aus Mostafas Haus herauszuholen und in die Türkei zurückzubringen.

Die Türkei grenzt teilweise an Syrien, und in unseren Ohren klang das alles nach einer guten Möglichkeit, May zurückzubekommen, wenn der legale Weg nicht funktionierte. Mir war klar, dass diese Typen aus dem Umfeld des Bekannten meiner Tante illegale Schleuser sein mussten und wahrscheinlich im Voraus Geld verlangen würden. Aber ich hätte den letzten Cent hergegeben, um mein Kind wieder in die Armen zu schließen. Gedanken darüber, wie illegal es wohl sein mochte, diese Menschenschmuggler zu bezahlen, machte ich mir nicht. Vertrauensvoll hatte ich dummerweise auf die Behörden gesetzt, und sie hatten mich schwer enttäuscht. Ich wusste genau, es könnte längst zu spät sein, wenn ich darauf wartete, dass sie sich in Bewegung setzten – wenn sie es denn überhaupt taten.

Sofort griff ich zum Telefon und wählte die türkische Nummer, die unsere Tante uns gegeben hatte. Der Typ meldete sich, und als ich ihm in allen Einzelheiten erklärte, was passiert war und wohin Mostafa meine Tochter gebracht hatte, war seine Antwort: »Wieso haben Sie mich nicht schon früher angerufen? Ich werde ein paar Männer hinschicken, und wir werden sie uns schnappen und zu Ihnen zurückbringen.« Es erübrigt sich wohl zu sagen, dass ich total aus dem Häuschen war vor Begeisterung. Dies war die erste wirklich positive Reaktion seit Tagen. Und ich glaubte wirklich, es könnte funktionieren. Er meinte, er wolle zunächst die Männer auswählen, würde sich dann wieder bei mir melden und mir einen Preis nennen. Dann sollte ich ihm alle Informationen geben, die ich über Mostafa hatte. Zum Beispiel sollte ich ihm genau sagen, wo sich das Haus befand und so weiter. Dann würden sie mir sagen, wohin ich das Geld schicken sollte.

Nach den Enttäuschungen der letzten Tage beschlossen Mandy und ich, uns einen Plan B zurechtzulegen, nur für den Fall, dass es mit Plan A nichts wurde. Uns war klar, dass alles ziemlich chaotisch ablaufen würde. Doch wir entschlossen uns, ein paar Sachen zu packen und selbst in die Türkei zu fahren. Wenn alles schiefging, war ich doch wenigstens näher bei Syrien und könnte Mostafa vielleicht überreden, mich an der Grenze zu treffen.

Ich wusste, er wollte, dass ich auf Zypern blieb, bis ich alles verkauft hätte. Ich sollte unter anderem meine Autos, einen BMW und einen Honda Logo, veräußern und alles Geld von der Bank abheben. In meiner Wohnung lebte ich zur Miete. Er wusste also, dass ich über kein Immobilienkapital verfügte. Aber er wollte einfach alles, was er in die Finger bekommen konnte. Ich war sicher, ich könnte ihn davon überzeugen, dass ich Mandy in Limassol lassen musste. Ich wollte sagen, sie würde sich um alles kümmern, auch um meine Möbel, denn die würden sich nicht über Nacht verkaufen lassen. Ich wollte sagen, dass ich jemanden brauchte, der für alles, was ich besaß, den besten Preis herausschlug. Meinen Freunden in Limassol vertraute ich unbedingt, doch ich brauchte Mandy als meine Lebensretterin. Denn wenn ich es bis nach Syrien schaffte, würde Mostafa mir erlauben müssen, die ganze Zeit über in telefonischem Kontakt mit Mandy zu bleiben. Es würde ihm gar nichts anderes übrig bleiben, denn sie war seine Fahrkarte zum Bargeld.

Mandy und ich machten uns daran, ein paar Kleinigkeiten zu packen. Tash sollte nach Dublin zurückreisen; ihre Aufgabe war es, zu Hause allen zu versichern, dass es uns beiden gut ging. Sie war ganz aufgelöst, als sie uns verlassen musste, doch wir durften nicht riskieren, dass ihr etwas passierte. Wir wollten nicht auch noch ihre Sicherheit aufs Spiel setzen. Doch Mandy und ich wollten als Schwestern eng zusammenbleiben – wenigstens bis wir in der Türkei und an der syrischen Grenze waren. Dort würden wir, das war uns beiden klar, die schwere Aufgabe haben, uns voneinander zu verabschieden. Wir hofften, es wäre nur eine kurze Trennung. Doch wir mussten der Möglichkeit ins Auge sehen, dass es für immer sein könnte. Im Moment verdrängten wir diesen Gedanken, doch wir beide wussten, dass er uns ständig begleiten würde.

Tatsächlich hatten wir keine Ahnung, wohin wir fahren und wie wir dorthin kommen sollten. Aber wir wussten, dass die bevorstehende Reise für uns beide nicht besonders angenehm sein würde. Beinahe konnten wir die Gedanken der anderen lesen, doch das Unsagbare sagten wir nicht. Wir lenkten uns einfach damit ab, uns um unsere Pässe und das Geld zu kümmern. Außerdem wählten wir ein paar Kleidungsstücke aus, die uns nicht allzu sehr nach europäischen Touristinnen aussehen ließen.

Wieder rief ich meinen Freund an, und der kannte einen türkisch-syrischen Zyprioten, der uns noch am selben Nachmittag an die zypriotisch-türkische Grenze bringen konnte und die Route sehr genau kannte. Das hieß, wir könnten vom türkischen Teil Zyperns aus einen Flug Richtung türkisch-syrische Grenze nehmen. Von Larnaca oder einer anderen zypriotischen Stadt aus gab es wegen der angespannten Lage zwischen Zypern und der Türkei und wegen der Streitigkeiten über Landbesitz keine Direktflüge in die Türkei. Der Norden Zyperns stand jedoch unter türkischer Herrschaft, und so war diese Route unsere einzige Möglichkeit, in die Türkei zu kommen. Der Mann, so hieß es, würde uns bis in die Nähe von Nicosia bringen. Von dort könnten wir dann entweder mit einem Direktflug oder mit zwei Flügen in eine Stadt nahe der türkisch-syrischen Grenze gelangen. Der Gedanke daran war furchtbar, aber wir mussten unsere Ängste hinter uns lassen.

An jenem Samstagnachmittag kam unser Fahrer, den ich noch nie zuvor gesehen hatte, zu meiner Wohnung, um uns abzuholen. Ich musste diesem wildfremden Mann vertrauen; trotz meiner Sorgen rang ich mich zu der Überzeugung durch, dass mein Freund uns niemals in Gefahr bringen würde. Ich nahm an, dass mein Freund diesem Mann voll und ganz vertraute. Wie auch immer, der Plan war gefasst und ich wollte mich jetzt nicht drücken. Wir wussten, wir hatten ein Riesenglück, dass wir überhaupt einen Fahrer hatten, noch dazu einen Einheimischen, der die besten und sichersten Wege kannte und uns an unser Ziel bringen würde.

Schließlich saßen wir im Wagen und fuhren etwa hundert Kilometer Richtung Nicosia, also zur Hauptstadt des türkischen Teils der Insel. Nach einer Weile wurde uns klar, dass wir in unbewohntes Gebiet kamen; es gab immer weniger Häuser und Geschäfte. Wir fuhren fast nur noch durch Felder und verlassene, heruntergekommene Gegenden. Mir war bewusst, dass es hier gefährlich war. Wir waren praktisch im Niemandsland. Wir hatten die Zivilisation, so wie ich sie kannte, seit ein paar Meilen hinter uns gelassen.

Wir erreichten die Grenze in einem nur spärlich bebauten

Teil von Nicosia und kamen dann zu dem Grenzabschnitt, der unter Kontrolle der UNO stand. Seltsamerweise ist dies trotzdem eine brandgefährliche Gegend, wie jeder auf Zypern Ihnen bestätigen wird. Das Gelände ist immer noch voller Landminen, und für diejenigen, die davon nichts wissen, ist es hier äußerst gefährlich.

Wir näherten uns dem Grenzübergang. Zu beiden Seiten befand sich je ein weißes Haus; hier saßen wahrscheinlich die Grenzbeamten. Wir sahen einen Mann dort sitzen, der eine Zigarette rauchte. Er saß auf einem Karton, einem behelfsmäßigen Grenzposten, und wir holten unsere Pässe für die Kontrolle heraus. Doch er blickte nicht einmal auf, und so fuhren wir einfach durch.

Jetzt hatten wir die Grenze überschritten und befanden uns auf UN-Gebiet, doch entlang der Straße entdeckten wir keinen einzigen Soldaten, nur ein großes Feld mit Stacheldrahtzaun. Doch Mandy und ich machten uns nichts daraus. Wir befanden uns einen Schritt näher an meinem kleinen Mädchen, und schon verspürten wir Erleichterung.

Wir fuhren etwa weitere fünfhundert Meter die Straße lang, als plötzlich wie aus dem Nichts eine Warteschlange mit Autos auftauchte. Wir waren wie vom Donner gerührt, denn bis zu diesem Moment war die Straße menschenleer gewesen. Als wir uns den Wachposten näherten, drehte sich der Fahrer zu uns um und verlangte unsere Pässe. Wir gaben sie ihm. Er stieg aus dem Wagen und ging zu einer Stelle, an der sich vier oder fünf Passkontrollhäuschen befanden. Wir reckten die Köpfe, um zu sehen, was er machte, achteten aber andererseits darauf, keine Aufmerksamkeit zu erregen. Etwa fünf Minuten später kam er zum Wagen zurück. Plötzlich wurde uns bewusst, dass gar nichts sicher war und dass wir möglicherweise kein Visum für die Einreise in die Türkei bekamen. So etwas kam durchaus vor. Wir mussten einfach beten, dass es keine Probleme gab. Wir konnten nicht wissen, wie es gelaufen war, als der Fahrer zum Auto zurückkam, denn an seinem Gesichtsausdruck ließ sich nichts ablesen. Uns war speiübel, doch er legte lässig den Sicherheitsgurt um und ließ den Wagen wieder an. Dann drehte er sich einfach zu uns um, gab uns die Pässe zurück, die nun mit einem Stempel versehen waren, und sagte kein Wort dabei.

Wir fuhren weiter durch ein Gebiet, das praktisch Ausland war, und niemand kontrollierte Mandy und mich, um sich zu überzeugen, ob wir auch gültige Pässe hatten. Es gab überhaupt keine Kontrollen. Jetzt sahen wir mit eigenen Augen, wie leicht es für Mostafa gewesen war, mein Kind zu entführen und ohne Pass durch sogar zwei andere Staaten zu bringen. Aber auch wenn er ihren Pass gehabt hätte, wäre er ungültig gewesen. Ich weiß noch, dass Mandy und ich einander einen Blick voller Abscheu zuwarfen. Wir sagten kein Wort, als wir hinten im Wagen dieses Mannes saßen, denn er war ein Fremder, dem wir nicht hundertprozentig trauen konnten. Aber uns wurde regelrecht übel, als wir sahen, wie problemlos uns der Grenzübertritt gelungen war.

Etwa eine halbe Stunde fuhren wir weiter über unebenes Gelände Richtung Ercan und dem dortigen Flughafen im besetzten Norden von Zypern. Der Fahrer fuhr vor dem Flughafen vor und meinte, wir sollten hineingehen und schauen, welche Flüge uns in die Türkei und in die Nähe der syrischen Grenze bringen würden. In der Zwischenzeit wollte er den Wagen parken.

Mandy und ich gingen reihum zu den Schaltern aller Fluggesellschaften und erklärten, wir wollten einen Flug buchen, der uns so nahe wie möglich an die syrische Grenze brachte. An jedem einzelnen Schalter schaute man uns an, als müssten wir verrückt sein. Ein Veranstalter erklärte uns rundheraus, wir müssten über Nacht in Ercan bleiben und könnten erst am nächsten Morgen einen Flug bekommen. Zum Glück kam da unser Fahrer und fragte den Vertreter der Fluggesellschaft, welches die günstigste Route zur syrischen Grenze sei. Er bekam zur Antwort, dass wir noch in derselben Stunde mit Turkish Airlines nach Istanbul fliegen könnten und von dort aus weiter in eine Stadt namens Adana. Dieser Ort war etwa zweihundertfünfzig Kilometer von der syrischen Grenze entfernt. Wir waren entsetzt darüber, dass der Angestellte der Fluggesellschaft uns so verächtlich behandelt und falsch informiert hatte, nur weil wir Europäerinnen waren. Aber gleichzeitig waren wir hocherfreut, weil wir jemanden bei uns hatten, der sich für uns einsetzen konnte. Wir gaben unser Gepäck auf und nahmen den 21-Uhr-Flug nach Istanbul. Die Flugzeit betrug zwei Stunden, und obwohl wir völlig erschöpft waren, unterhielt ich mich mit Mandy die ganze Zeit darüber, wie ich versuchen wollte, May aus Syrien herauszubekommen, falls die türkischen Menschenschmuggler uns im Stich ließen. Wir hofften immer noch, dass Plan A funktionierte, aber wie meistens im Leben konnte doch immer etwas schiefgehen, und sei es auch nur eine Kleinigkeit. Darauf musste ich vorbereitet sein.

Wir versuchten, ein kleines Nickerchen zu machen, aber die Müdigkeit war verflogen und wir standen unter großem Stress. Also zählten wir einfach nur die Minuten und nicht die Stunden, bis wir in Istanbul ankamen und unseren Anschlussflug nehmen konnten.

Die ganze Zeit über machte ich mir Sorgen wegen Mostafa, denn ich hatte mein Telefon ausgeschaltet. Falls er anrief, sollte er nicht mitbekommen, dass wir in einem Auto saßen, und auch die Lautsprecherdurchsagen am Flugplatz sollte er nicht hören. Ich war regelrecht besessen davon, dass er irgendetwas hörte, was er nicht hören sollte, und dann in Panik geriet und mit May flüchtete.

Zum Glück hatten wir schnell reagiert, bevor wir abfuhren. Ich hatte meiner Freundin einen Schlüssel zum Haus gegeben. Falls Mostafa auf dem Festnetzanschluss anrief, sollte sie ihm sagen, ich sei wieder krank geworden und hätte ins Krankenhaus gemusst. Ich hoffte, das würde ihn für eine Weile ruhig halten, denn mir war klar, seine Gedanken würden rasen, wenn er mich telefonisch nicht erreichte. Wenigstens würde ich so etwas Zeit gewinnen, es sei denn, er rief das Krankenhaus an, um zu überprüfen, ob ich dort war. An die Möglichkeit dachte ich erst sehr viel später.

Um halb eins in der Früh kamen wir schließlich vollkommen ausgelaugt in Adana an. Erst später sollten wir erfahren, dass Adana ein überwiegend von Kurden kontrolliertes und zum großen Teil von Türken und Arabern bewohntes Gebiet war. Die politische Lage in diesem Teil der Türkei war reichlich brisant; jederzeit konnte es hier zu Problemen kommen. Frauen begegnete man mit wenig Respekt, vor allem Europäerinnen, die allein unterwegs waren. Deshalb waren zwei blonde, europäisch gekleidete Irinnen auffällig wie bunte Hunde.

Wir verließen das winzige Flughafengebäude und traten

auf die Straße hinaus. Und obwohl es mitten in der Nacht war, sahen wir deutlich, dass wir in einer – vorsichtig ausgedrückt – bitterarmen Gegend gelandet waren. Die Straßen wirkten verlassen, und wenn wir Frauen sahen, dann nur im Hijab oder in der Burka. Die Männer trugen Sandalen und traditionelle türkische Kleidung oder auch lange Gewänder, und manch einer hatte einen Fez auf dem Kopf. Wir rauchten eine Zigarette und entschieden dann, dass uns nichts anderes übrig blieb, als die Nacht in einem Hotel zu verbringen und unseren nächsten Schritt nach ein paar Stunden Schlaf zu planen.

Die ganze Zeit über machte ich mir furchtbare Sorgen um May. Mir war klar, dass es einen ganzen Tag her war, dass sie mit mir gesprochen hatte, und ich hoffte, sie würde nicht denken, ich hätte sie im Stich gelassen. Auch wegen Mostafa machte ich mir Sorgen und betete, er möge nicht durchdrehen, bloß weil er mich nicht erreichen konnte. In meinen Gedanken entspannen sich etliche Szenarien, und keines davon war auch nur annähernd positiv.

Mandy und ich standen noch da und rauchten, als ein Taxi vorfuhr, der Fahrer heraussprang und die Wagentür aufhielt. Ich glaube, unser Anblick muss ihn wohl überrascht haben, zwei Frauen in einer rein muslimischen Gegend, die ganz den Eindruck machten, als würden sie sich hier nicht wohlfühlen. Wir baten ihn, uns zu dem besten Hotel zu fahren, das er kannte. Er nickte, und nach wenigen Minuten Fahrt kamen wir am Airport-Hotel an.

Wir waren völlig ausgehungert, da wir den ganzen Tag nichts gegessen hatten, also fragten wir den Mann an der Rezeption, wo wir trotz der frühen Morgenstunde etwas zu essen bekommen könnten. Er sah uns an, als wären wir zwei Außerirdische, und erklärte in gebrochenem Englisch: »Sie können nicht weg aus dem Hotel. Sie sind Europäerinnen, mit blonden Haaren, das ist zu gefährlich.«

Wir wollten uns schon damit abfinden, dass wir vor Hunger und Müdigkeit zusammenbrechen würden. Ich glaube, er sah die Verzweiflung in unseren Gesichtern, denn er sagte kein Wort mehr und kam etwa eine Dreiviertelstunde später mit ein paar Flaschen Bier und hausgemachten Pommes frites zurück. Wir bezahlten ihm zwanzig Euro und waren total begeistert über unser kleines Mahl. Es war, als hätte uns jemand gerade tausend Euro geschenkt.

Wir saßen in unserem Zimmer und vertilgten die Pommes frites, froh, dass wir endlich etwas zu essen bekommen hatten. Offenbar war es naiv von uns gewesen, zu denken, wir könnten um halb zwei in der Früh in einer Stadt mit 1,6 Millionen Einwohnern, der fünftgrößten Stadt in der Türkei, wie ich später erfuhr, einfach auf die Straße gehen und völlig unbehelligt bleiben. Wir waren dankbar, dass wir gerade dieses Hotel gewählt hatten. Jeder andere Hotelmanager hätte wahrscheinlich angefangen, Fragen zu stellen, sich zu erkundigen, wieso wir hier waren, wohin wir wollten und so weiter. Wir hatten wirklich Glück gehabt.

Allerdings war das Hotel sehr schlicht. Irgendwelchen Luxus gab es nicht, wir mussten einfach dankbar sein, dass wir überhaupt ein Bett und beim Zimmer auch Toilette und Dusche hatten. Und dankbar waren wir tatsächlich. Luxus war in dieser Nacht das Letzte, woran wir dachten.

Als ich mich am nächsten Morgen fertig machte, ging Mandy zur Rezeption und sprach mit einem anderen Mann, der um diese Tageszeit dort Dienst hatte. Sie erkundigte sich, wie wir zur syrischen Grenze kämen. Es erstaunte ihn, dass sie nach Syrien wollte, aber unseren Grund dafür vertraute sie ihm nicht an. Sie meinte nur, wir müssten so nah an die syrische Grenze wie nur möglich.

Der Hotelportier antwortete, er könne uns einen Chauffeur besorgen, der uns in die Provinz Hatay fahren würde. Das Gebiet hatte früher einmal zu Syrien gehört, und die Syrer nannten es »Liwa' aliskenderun«. Die Region war in den vergangenen Jahrzehnten oft Anlass für Streitigkeiten gewesen, doch in letzter Zeit hatten die Spannungen etwas nachgelassen. Anfang 2009 war ein Gesetz aufgehoben worden, das von Türken und Syrern beim Überqueren der Grenzen Visa erforderlich gemacht hatte. Den Bewohnern der Grenzregion hatte man mitgeteilt, sie könnten ohne Probleme zu den Weihnachtsfeiertagen oder an Eid Familienangehörige beiderseits der Grenze besuchen. Eid ist ein einmal im Jahr von Muslimen begangener religiöser Feiertag, ein sehr wichtiger Tag für die ganze Familie. Die Öffnung der Grenze zu diesen Feiertagen wurde als wichtiger Meilenstein auf dem Weg zur Verbesserung der syrisch-türkischen Beziehungen gesehen.

Der Hotelportier warnte uns und meinte, dass diese Region immer noch höchst gefährlich sei, vor allem für alleinreisende Frauen. Uns war klar, dass es auf unserer Reise kaum ungefährliche Orte geben würde, und ich beschloss, dass ich mir sofort nach unserer Ankunft in der Provinz Hatay einen Hijab besorgen würde. Den wollte ich tragen, wenn ich die Grenze überquerte. Das Leben würde mir dieses Kleidungsstück vermutlich nicht retten, aber ich wusste, dass ich so angezogen problemloser über die Grenze käme.

Wir erfuhren, dass es von Adana bis nach Hatay etwa 192 Kilometer waren; die Autofahrt dorthin würde etwa zweieinhalb Stunden dauern, aber der Mann, der uns chauffieren sollte, sei sehr zuverlässig und wir wären bei ihm nicht in Gefahr. In dieser Phase unserer Reise erschien uns die Entfernung nicht sehr groß, und wieder einmal hatten wir keine andere Wahl: Wir mussten einem weiteren Fremden unser Vertrauen schenken.

So wie ich das sah, war mein Exmann Mostafa Assad ein Schandfleck für seine Kultur, und offenbar ein Negativbeispiel für die Gesellschaft und die Menschen des Nahen Ostens. Im Laufe der letzten vierundzwanzig Stunden hatte ich Männer aus dem Nahen Osten getroffen, die uns geholfen hatten, ohne Fragen zu stellen. Und das, obwohl wir westlich gekleidet in den islamischen Kulturkreis einreisen wollten, ohne Erklärungen über den Grund unserer Reise zu geben. Ich war mir sicher, das hätten sie alle gern gewusst, aber bisher hatte man uns noch überall geholfen, wo wir auch hinkamen. Und bislang war uns auch noch nichts passiert. Ich dankte Gott dafür, dass er auf jedem Schritt unseres Weges bei uns war. Und wieder einmal legte ich mein Vertrauen in ihn und hoffte, der neue Fahrer wäre genauso vertrauenswürdig wie die anderen Leute, denen wir bis dahin begegnet waren.

Mandy und ich holten das Gepäck aus dem Zimmer, bezahlten die Rechnung beim Hotelportier und warteten auf den Fahrer. Er nahm unsere Taschen und verstaute sie im Kofferraum eines alten Wagens. Viel sagte er nicht zu uns, aber wir gaben ihm einhundert Euro, ehe wir losfuhren, und hofften bloß, dass er uns nicht irgendwo unterwegs aussetzen würde.

Ich bat ihn, uns zum besten Hotel in Hatay zu bringen, und er erzählte uns, auf Arabisch, dass er ein ausgezeichnetes Vier-Sterne-Hotel kannte, das sehr nett war. Mandy und ich sahen uns an und gaben uns alle Mühe, positiv zu denken, denn ein Vier-Sterne-Hotel in der Türkei ist sicherlich nicht das, was wir in anderen europäischen Ländern ein Vier-Sterne-Hotel nennen würden. Das letzte Hotel hatte angeblich auch vier Sterne, machte aber eher den Eindruck einer Pension, einer billigen noch dazu. Doch wir konnten es uns nicht leisten, wählerisch zu sein, und in der vergangenen Nacht war es uns doch gut gegangen, nicht nur weil wir ein Bett hatten, sondern weil wir uns irgendwie sicher fühlen konnten.

Die Fahrt führte uns durch eine sehr gebirgige Gegend mit viel brachliegendem Land. Als wir Adana verließen, erkannten wir deutlich, wie riesig die Stadt war und wie gut erschlossen von der Infrastruktur her, verglichen mit anderen Regionen in der Türkei. Doch es war offensichtlich, dass der muslimische Einfluss in diesem Teil des Landes besonders prägend war. Denn die Frauen waren mit ihren Burkas entweder völlig verschleiert oder sie trugen zumindest ein Kopftuch und waren bedeckt vom Hals an abwärts.

Wir machten Halt bei einem kleinen, sehr schlichten Geschäft, um etwas zum Trinken zu kaufen und die Toilette zu benutzen. Und nie werde ich Mandys Gesicht vergessen, als sie sah, dass die ganze Toilette aus einem Loch im Boden bestand.

Auf den Straßen bemerkten wir viele LKW, und kurz vor Hama nahm der Straßenverkehr beträchtlich zu; offensichtlich waren viele Wagen unterwegs zu der syrischen Grenzstadt.

Als wir schließlich nach etwa zwei Stunden Autofahrt beim Hotel Buyuk ankamen, holte der Fahrer unser Gepäck aus dem Kofferraum, ging mit uns zur Rezeption und organisierte ein Zimmer für uns. Wir bedankten uns bei ihm und trugen uns ein.

Uns war sehr heiß, denn wir hatten die ganze Zeit in einem Auto gesessen, in dem die Aircondition offenbar nicht funktionierte. Als wir die Fenster aufgemacht hatten, war es nur noch heißer geworden. Unterwegs hatten wir nirgends kurz Halt machen und einen Kaffee trinken können, wie wir das zu Hause getan hätten. Es hatte ein paar kleine behelfsmäßige Läden entlang der Straße gegeben, aber Kaffee schienen sie nirgends zu verkaufen. Zum Glück hatten wir ein paar Flaschen Wasser eingepackt und hatten während der Fahrt daraus getrunken. Gefrühstückt hatten wir an dem Morgen nicht, wir hatten nur etwas starken türkischen Kaffee getrunken, als wir vor dem Hotel gewartet hatten.

Wir hatten gehofft, dass wir einen kleinen Spaziergang durch die Stadt machen, nach einem Hijab suchen und uns etwas zu essen fürs Hotelzimmer kaufen könnten. Als wir uns umschauten, wurde uns allerdings schnell klar, dass verglichen mit allen anderen Orten, durch die wir bisher gekommen waren, die Provinz Hatay eine besonders streng muslimische Region war.

Als wir schließlich auf unser Zimmer gingen, entdeckten wir schockiert, dass es noch schlichter war als das letzte Hotelzimmer. Wieder einmal lag ein billiger Teppichboden darin, aber diesmal war er nicht einmal ordentlich zurechtgeschnitten, sondern wölbte sich an den Wänden nach oben. Im Bad gab es weder Shampoo noch sonst eine von den kleinen

Annehmlichkeiten, die man in einem Vier-Sterne-Hotel erwarten würde, nur billige Seifenstücke. Doch die Bettwäsche
und die Handtücher schienen sauber zu sein, und auch das
Zimmer wirkte ordentlich. Ein kleiner Luxus war das Fern-
sehgerät mit dem Nachrichtensender BBC World. Was für
eine große Freude, englische Stimmen hören zu können! Es
war uns längst klar, dass wir in unserer Lage nicht wählerisch
sein konnten, also machten wir einfach das Beste aus dem,
was wir hatten. Auch unsere Handys hatten Empfang hier,
was ein Segen war, denn wir wussten, dass wir unser Spiel
jetzt ernsthaft angehen und unsere Pläne in die Tat umsetzen
mussten.

Gebete aus der Moschee weckten uns, und diese Gebete
dauerten mit kleineren Unterbrechungen den ganzen Tag an.
Das war etwas beängstigend für jemanden, der diese Art zu
leben nicht gewohnt war, und ich muss gestehen, ich hatte
eine Heidenangst.

Die Grenze zwischen der Türkei und Syrien ist gut 860 Kilometer lang, und etwa 80 Kilometer davon nimmt die Provinz Hatay ein, vielleicht sogar mehr, wenn man die Küsten-
regionen dazuzählt. Beinahe alle Flüchtlinge, die aus Syrien
fort wollen, wählen diesen Weg für ihre Flucht. Viele tausend Menschen haben im Lauf der Jahre diese Route gewählt,
und viele haben bei dem Versuch ihr Leben verloren. Doch
am 20. Juni 2011 war die Grenze geschlossen worden, weil
die syrische Regierung den Massenexodus eindämmen wollte.
Aus Syrien kamen keine guten Nachrichten, so viel war klar,
und Präsident Bashar al-Assad wusste das auch. Also hatte er
für Journalisten ein umfassendes Einreiseverbot nach Syrien
verfügt. Als die Gewaltakte und Straßenproteste in Städten

und kleineren Orten überall im Land eskalierten, wurden die Grenzkontrollen verschärft.

Das wusste ich, weil ich auf unserer Reise durch die Türkei die Nachrichten im Fernsehen verfolgt hatte. Ich sah CNN und Fox News, und mir war klar, dass es nicht gut aussah. Doch diese Eskalation von Gewalt in Syrien machte es für mich umso dringlicher, mein Kind aus dem Land zu holen, sollten die türkischen Menschenschmuggler es nicht schaffen, uns zu helfen. Es war immer noch der Plan B, aber wir beide wussten, es war sehr wohl möglich, dass wir, wenn alle Stricke rissen, darauf zurückgreifen mussten.

Mir war klar, dass Mandy, wenn es dazu käme, sich wahnsinnig um meine und um Mays Sicherheit sorgen würde. Aber ich musste ihr immer wieder ins Gedächtnis rufen, dass sie selbst ein Kind hatte und, wie ich wusste, in meiner Lage genau dasselbe getan hätte. Zögerlich stimmte sie zu, machte sich aber gleichzeitig riesige Sorgen um das, was May und mir womöglich bevorstand. Das heißt, wenn es mir denn angesichts der verstärkten Sicherheitskontrollen überhaupt gelang, nach Syrien einzureisen.

Seit May entführt worden war, lag ich nachts oft im Bett und betete zu Gott, dass es ihr gut ging und dass sie keine Gewehrschüsse hörte oder mit ansah, wie Leute auf den Straßen erschossen wurden. So übel Mostafa auch war, hoffte ich doch, er würde sie so weit wie möglich davor beschützen, Gewaltausbrüche ansehen zu müssen. Ich wusste, andere Kinder in Syrien waren an diese unsichere Lage gewöhnt – nicht, dass das ein Trost für sie gewesen wäre. Aber May kannte nur unser nettes, ruhiges Leben, ging jeden Tag an den Strand, spielte mit den Freundinnen, aß gesund und bekam immer mal ein Eis. Ich mochte gar nicht daran denken, was sie jetzt alles miterlebte. Doch trotz der Berichte im Fernsehen und trotz allem, was ich von zu Hause hörte, war ich entschlossen, ins Land zu reisen und sie zu retten.

Ich war nur noch knapp sechzig Kilometer von der Trennlinie zwischen Zivilisation und Krieg entfernt. Doch für mich war es die Trennlinie zwischen Leben und Tod, denn ohne meine Tochter hätte ich ebenso gut tot sein können. Sie war mein Leben, und ich musste ihr das Leben retten. Darauf lief es am Ende hinaus.

Wir richteten uns in unserem Zimmer ein und holten den Laptop heraus. Zum Glück hatten wir vorausschauend geplant und das Gerät von Zypern aus mitgenommen. Wir wussten nicht, ob wir unterwegs Anschluss ans Internet hätten, aber Gott sei Dank funktionierte das Internet, als wir den Laptop einschalteten.

Zunächst schauten wir uns in den Nachrichten Berichte aus Syrien an, um uns über die jüngsten Entwicklungen zu informieren. Außerdem schrieben wir E-Mails an die Familie nach Hause, ließen alle wissen, dass es uns gut ging, und baten alle, sich um unseren Dad zu kümmern. Er bereitete uns immer noch große Sorgen, denn bestimmt war er krank vor Angst, weil seine beiden Töchter allein im Ausland waren und seine einzige Enkelin entführt worden war. Entführt von einem Vater, vor dem sie Angst hatte und der sie in ein vom Krieg verwüstetes Land gebracht hatte. Von unterwegs hatten wir mehrfach mit Sean und Josh und auch mit Dad gesprochen, hatten versucht, ihn zu beruhigen, ihm versichert, dass es uns gut gehe, und ihn beschworen, sich keine Sorgen zu machen.

Einmal schalteten wir in unserem Hotelzimmer den Fernseher ein und sahen einen Bericht zum zehnten Jahrestag der Anschläge auf das World Trade Center. Das war wirklich furchtbar mit anzusehen, vor allem, weil wir damals tatsächlich in New York gewesen waren. Ich weiß noch, dass ich zu Mandy sagte, wie merkwürdig es doch sei, diese Nachrichtensendung zu sehen, denn wäre ich in Dublin gewesen, hätten wir dasselbe getan, vermutlich sogar denselben Fernsehsender gesehen. Auch wenn ich jetzt auf Zypern gewesen wäre, hätte ich es mir mit meinem Vater angesehen. Aber auf einmal war alles so ganz anders.

Zu Hause gab sich unsere Tante immer noch die größte Mühe, die irische Regierung zur Mithilfe zu bewegen, aber sie erreichte kaum etwas. Noch im Hotel erhielten wir einen Anruf vom Außenministerium, das uns mitteilte, es werde alles geschehen, was möglich war, aber es werde nicht einfach. Sie hatten immer noch Schwierigkeiten, für May einen Pass auszustellen. Obwohl sie von ihrem Vater entführt worden war, bestand die irische Regierung immer noch darauf, dass er das Antragsformular für einen neuen Reisepass unterschreiben müsse. Wir waren verzweifelt, da wir wussten, dass das nie geschehen würde.

Frustriert nahm ich Kontakt zu unserem neuen »Freund« in der Türkei auf, der sich um die Menschenschmuggler kümmern sollte. Ich teilte ihm mit, ich sei jetzt nur wenige Meilen von der syrischen Grenze entfernt und wolle hier warten, bis die Männer May geholt hätten. Dann könnten sie sie direkt zu mir nach Hatay bringen, oder ich könnte mühelos noch näher an die Grenze nach Reyhanli/Bab al-Hawa fahren, wenn ich wüsste, dass sie meine Tochter hatten. Ich fragte den Mann, was für Fortschritte er denn bei der Auswahl der Gruppe von Männern machte, die er für den Fluchtplan zusammentrommeln wollte. Aber auf einmal schienen sich die Hürden in diesem anfangs doch angeblich so einfachen Job verschoben zu haben. Er machte Ausflüchte, erklärte, der Fluchtplan sei schwieriger als erwartet. Die Risiken für die Männer seien größer, als er angenommen hatte. Er meinte, dass er wegen der gefährlichen Gegend, in der Mostafa lebte, nur mühsam Männer bekäme, die ins Land gehen und ihr Leben aufs Spiel setzen wollten. Er sagte, er brauche mehr Zeit und sei immer noch auf der Suche nach drei oder vier Männern, die den Fluchtplan organisieren sollten. Uns war klar, dass dieser Mann uns nicht alles sagte. Wir überlegten, ob er nicht vielleicht bloß den »großen Macher« markierte und einfach nur so tat, als habe er Kontakte und könne eine Flucht organisieren. Wir waren allmählich aufs Äußerste besorgt.

Nach dem Telefonat setzte ich mich mit Mandy aufs Bett, wir sahen uns an, und wir hatten keine Ahnung, was wir nun machen oder sagen sollten. Ich weiß noch, ich schaute in Mandys Gesicht und sah die schiere Erschöpfung, die sich in jede Falte gegraben hatte. Sie wirkte niedergeschmettert, aber in dieser Nacht war ich dankbarer denn je, dass sie bei mir war. Ich begriff, dass sie ihr eigenes Leben aufs Spiel setzte. Und obwohl sie mich bedingungslos liebte, wusste ich doch, dass sie sich auch um ihre eigene Sicherheit sorgte und daran dachte, dass Josh allein zurückbliebe und Dad völlig verzweifelt wäre, wenn ihr etwas passierte.

Fürs Erste blieb uns nichts anderes übrig, wir mussten abwarten und unserem türkischen Kontaktmann noch etwas mehr Zeit geben, um einen Rettungsplan für uns auf die Beine zu stellen. Er hatte uns auch noch keinen Preis genannt, und nach dem letzten Gespräch zu schließen, würde der Preis, den er sich vorstellte, im selben Verhältnis steigen, in dem die Gefahr zunahm. Also rief ich meine Freundin auf Zypern an und bat sie, mit Mostafa Kontakt aufzunehmen und ihm zu sagen, ich sei immer noch im Krankenhaus und stände unter Beruhigungsmitteln, dass ich aber bestimmt in der Lage sein würde, ihn am nächsten Morgen anzurufen, wenn alles mit mir in Ordnung war. Sie war wirklich eine großartige Freundin und tat alles, worum ich sie gebeten hatte.

Dann meldeten wir uns wieder bei der zypriotischen Polizei, begriffen aber, dass von dieser Seite keine Hilfe kommen würde. Sie konnten uns nicht einmal den kleinsten Hoffnungsschimmer geben. Bis jetzt hatten wir gehofft und gebetet, die Typen aus der Türkei würden zur Grenze kommen, sie überqueren, sich May schnappen und sie zu mir nach Hatay bringen. Aber nach dem letzten Telefonat schwand auch diese Hoffnung schnell. Ich glaube, zu dem Zeitpunkt war uns klar, dass uns die Zeit davonlief und dass mir nichts anderes übrig blieb, als nach Syrien zu gehen und mich allem zu stellen, was auf mich zukommen musste.

Da saßen wir nun, zwei Schwestern in einem schäbigen Hotelzimmer, wenn man es denn überhaupt Hotelzimmer nennen wollte, an der Grenze zu einem vom Krieg erschütterten Land. Und wir hatten keinen Plan, der May und mich hundertprozentig wohlbehalten nach Irland bringen würde. Ich wusste, ich müsste jetzt Plan B ins Auge sehen und mich buchstäblich in die Hölle begeben, denn so stellte ich mir Syrien vor. Aber ich wusste auch, dass die arme Mandy auf derselben Route, auf der wir gerade gekommen waren, alleine wieder zurück und einen Flug nach Irland buchen musste.

Mandy und ich saßen gut zehn Minuten schweigend auf dem Bett. Wir wussten beide nicht, was wir sagen sollten, aber uns war klar, was jetzt passieren würde.

Ich erklärte Mandy, dass ich keine andere Wahl hatte: Ich musste mein Leben aufs Spiel setzen und den Versuch machen, die Grenze zu überqueren. Sie weinte und umarmte mich, aber ich hatte mehr und mehr das Gefühl, dass ich May verlor. Und meine Hoffnung, dass diese türkischen Typen sie retten würden, schwand schnell.

Wir wussten, wir hätten, wenn ich nach Syrien ging, immer noch unsere Handys, aber mir mussten sehr vorsichtig damit sein. Abgesehen davon, dass Mostafa unsere Gespräche belauschen könnte, fragte ich mich auch, ob die syrische Regierung womöglich die Telefone von Europäern anzapfte, die sich in Syrien aufhielten. Mir war klar, dass alles möglich war. Wenn ich ins Land ging, musste Mandy mit militärischer Präzision unsere weiteren Schritte planen, um alle Beteiligten zu schützen. Ich beschloss, ich würde den türkischen Kontaktmann im Voraus davon in Kenntnis setzen, wenn ich die Grenze überschreiten wollte, und Mandy würde ihn nach den jeweiligen Telefonaten mit mir auf dem Laufenden halten. Mandy würde mir alles berichten, und zwar in unserer speziellen Geheimsprache, mit der wir uns Botschaften übermitteln konnten. Das hatten wir so entschieden, weil Mostafa wusste, dass ich mit Mandy in telefonischem Kontakt bleiben musste. Sie sollte auf Zypern ja alles verkaufen, was ich besaß, und mir dann das Geld schicken, das ich an ihn weitergeben musste. Er würde alles mithören und genauestens auf jedes

Wort achten, wenn ich mit ihr sprach. Also hatten wir einen geheimen Code verabredet, der so aussah: Wenn Mandy mich fragte, ob es mir gut gehe und ob mir mein Rücken oder meine Hüften zu schaffen machten, und wenn ich darauf antwortete, ich hätte Schmerzen, würde es im Gegenteil bedeuten, dass alles in Ordnung war, dass er mir gegenüber nicht gewalttätig war und sie sich keine Sorgen machen müsse.

Ich wusste, wir konnten Fluchtpläne für May und mich schmieden, so viel wir wollten, aber die Wahrscheinlichkeit, dass sie uns gelingen würden, war äußerst gering in einem Land in derart prekärer Lage. Noch dazu in einem streng islamischen Land, in dem Frauen und Kinder stets nur in der Gesellschaft von Männern das Haus verließen und selten allein waren.

In dieser Nacht schliefen wir beide nicht. Der Gedanke an das, was passieren könnte, verfolgte uns die ganze Zeit. Wir hatten uns immer schon sehr nah gestanden, waren im Grunde beste Freundinnen. Nur ein einziges Mal in dreißig Jahren waren wir zerstritten gewesen, allerdings eine lange Zeit. Dabei war es um Mostafa gegangen und darum, dass meine Schwester und meine Familie fanden, er kontrolliere mein Leben. Doch Mandy und ich hatten uns nie näher gestanden als in jener Nacht.

Mandy fürchtete, dass ich, auch wenn Mostafa mich nicht tötete, in Syrien mein Leben verlieren könnte, entweder durch den Krieg oder durch die Zwänge, die Mostafa mir auferlegen würde. Sie meinte, ich könne nur verlieren, und als wir beide versuchten einzuschlafen, wusste ich, dass wir um dieselbe Sache beteten: dass die Türken ihr Versprechen halten und mich gleich am nächsten Tag anrufen und sagen würden, sie seien auf dem Weg. Tief in unserem Innern wussten wir, es war ein Traum, der wahrscheinlich nicht in Erfüllung gehen würde, aber uns blieb nur die Hoffnung. Ich hatte mir vorgenommen, den Schmugglern Mays kleine Puppe Justin mitzugeben, damit sie sicher sein konnte, dass ihre Mami die Männer zu ihrer Rettung geschickt hatte und sie nicht von Wildfremden weggeholt wurde. Ich betete, dass gleich am nächsten Morgen das Telefon klingeln und Plan A in Angriff genommen würde. Doch um die Wahrheit zu sagen, allzu große Hoffnung hatte ich nicht.

Als wir am nächsten Morgen aufwachten, griffen wir zum Handy, um uns zu vergewissern, dass wir keine Textnachrichten vom türkischen Kontaktmann verpasst hatten. Doch da war nichts, und so wussten wir, was wir zu tun hatten.

Wir zogen uns an und gingen zum Frühstück runter, das aus starkem Kaffee, Brot und Marmelade bestand. Dann verließen wir das Hotel, um einen Hijab zu kaufen. Wir gingen zu einem Geldautomaten, und Mandy schlug vor, ich solle zwei- oder dreitausend Euro von meinem Konto abheben. Aber ich wusste, das Leben in Syrien war billig, und so entschied ich, fünfhundert Euro abzuheben und noch einmal den Gegenwert in türkischen Lira. Dann hätten wir zwei Währungen, für den Fall, dass wir Leute trafen, deren Hilfe wir unterwegs benötigten und die als Bezahlung eine bestimmte Währung wollten. Die Euro-Scheine steckte ich in das eine Körbchen meines BHs, die Lira in das andere.

Als wir in unserer westlichen Kleidung durch die Geschäfte gingen, zogen wir viel Aufmerksamkeit auf uns. Auf eine Meile waren wir als Ausländerinnen zu erkennen, aber wir gingen weiter, ignorierten, so gut wir konnten, das Geflüster und die starrenden Blicke. Wir schauten auf die Preise der Hijabs, und die waren einfach grotesk. Sie verlangten zwischen achtzig und hundert Dollar für ein schlichtes Gewand; sie wollten uns wohl ausnehmen, da sie uns für Touristinnen hielten, also gingen wir wieder. Ich beschloss, ich würde mich einfach in meiner eigenen Kleidung so weit wie möglich bedeckt halten und so die Grenze überqueren. Ich wusste, wäre ich erst einmal da, würde Mostafa Kleidung, die er für angemessen hielt, schon für mich bereithalten. Ich wollte außerdem nur ungern eine so große Summe für Kleidung ausgeben, denn wir mussten Bargeld zurückhalten für Mandys Flug und für die türkischen Fluchthelfer, und unser ganzes Geld ging sowieso schon drauf für Taxifahrten, Flüge und Unterbringung.

Wir gingen zum Hotel zurück und entschieden, ich würde Mostafa anrufen und ihm erzählen, wo ich war. Das tat ich nur ungern, aber Mandy und ich wussten, dass es erledigt werden musste. Als er ans Telefon ging, klang er hektisch und aufgelöst, wollte wissen, wo ich sei. Als ich antwortete, ich sei in Hatay, wunderte er sich nicht einmal, wie ich dort hingekommen war, wo ich doch bis gestern Abend noch angeblich in einem zypriotischen Krankenhaus gelegen hatte. Er meinte lediglich: »Du bist nur eine halbe Stunde von mir weg, Louise.« Ich setzte auf seine Ängste, denn er konnte es nicht ausstehen, wenn ich allein unterwegs war, noch dazu an Orten, an denen Männer sein konnten, also sagte ich: »Bitte komm und hol mich, Mostafa. Ich fürchte mich. Es sind so viele fremde Männer hier, und ich bin ganz krank vor Angst.«

Ich bat ihn, über die Grenze in die Türkei zu kommen und mit mir zu reden. Und zu meinem Entsetzen stimmte er zu und verlangte, ich solle ihm fünf Minuten geben, dann würde er zurückrufen. Ich dachte, er wolle irgendetwas organisieren, aber ich begriff bald, dass sich etwas Wichtigeres und weit Gefährlicheres ergeben hatte.

Wenige Minuten später rief er zurück. Es schien, dass während des Gesprächs mit mir ein weiterer Anruf auf seinem Telefon eingegangen war: ein Anruf, der alle meine Hoffnungen zunichte machen sollte. Hätte ich nicht so reagiert, wie ich es schließlich tat, hätte dieser Anruf nicht nur mein Leben, sondern auch das von May in Gefahr bringen können.

Als ich ans Telefon ging, schrie und brüllte Mostafa in einem fort herum. Er führte sich wie ein Irrer auf. Er sagte, er habe gerade einen Anruf von Interpol erhalten; man hätte sich erkundigt, wo ich sei. Sofort nahm er an, ich hätte ihn wegen der Entführung von May angezeigt. Mir drehte sich der Magen um. Ich nahm das Telefon etwas weg vom Ohr, damit Mandy mithören konnte, was er sagte. Wir waren beide wie gelähmt. Mandy riss die Augen auf vor Schreck und hielt sich ungläubig die Hand vor den Mund. Jetzt steckten wir in echten Schwierigkeiten.

Ich weiß nicht, woher diese Eingebung kam, aber auf einmal schien es aus mir herauszuplatzen: »Moment mal, Mostafa. Nur die Ruhe jetzt. Ich kläre das. Keiner weiß etwas, es muss eine Erklärung dafür geben.« Er tobte und wütete weiter, also sagte ich: »Gib mir die Nummer. Ich rufe die Leute an und versuche rauszukriegen, was das Problem ist. Du musst dir wirklich keine Sorgen machen. Es hat bestimmt nichts mit dir zu tun, die wissen nämlich gar nichts.« Er schien sich etwas zu beruhigen und meinte, ich solle ihn gleich wieder anrufen.

Die Nummer, unter der die Leute angerufen hatten, stammte aus Zypern. Gereizt und kochend vor Wut wählte ich die Nummer. Ich glaube, ich holte nicht einmal Luft. Dem Mann am anderen Ende der Leitung erklärte ich, wer ich sei. Er erwiderte: »Wir haben ständig versucht, Sie zu erreichen, Louise, aber Sie hatten Ihr Telefon abgestellt.«

Ich sagte: »Meine Tochter wurde entführt, und Sie haben gerade ihren Entführer angerufen. Ich will mit Ihrem Vorgesetzten sprechen.«

»Nein, das geht nicht«, erwiderte er – und legte einfach auf.

In dem Moment hätte ich am liebsten schreien mögen. Ich mochte kaum glauben, dass Interpol mir gerade alles verdorben hatte. Mir war klar, Mostafa würde in Panik geraten, und ich hatte Angst, er würde nicht schlucken, was immer ich ihm an Ausreden auftischte. Ich dachte, er könne womöglich packen und sich mit May auf und davon machen. Ich war krank vor Sorge, er könne denken, das Ganze sei eine Falle und sein Telefon werde womöglich abgehört. Er würde denken, sie könnten ihn vielleicht aufspüren und an Ort und Stelle verhaften.

Auch Mandy war total in Panik. Aber ich musste mir schnell etwas einfallen lassen. Sofort wählte ich wieder Mostafas Nummer und sagte: »Ein Glück, Mostafa, es ist alles in Ordnung. Kein Grund zur Sorge. Es ist so: Mein Vater hat seit Tagen weder von mir noch von Mandy etwas gehört, und weil er ganz krank vor Sorge war, hat er Interpol angerufen. Aber jetzt ist alles in Ordnung. Ich habe denen erzählt, es gehe uns gut und ich würde mich sofort mit meinem Vater in Verbindung setzen. Glaubst du wirklich, die würden bei dir anrufen und dich warnen, wenn die *nach dir* auf der Suche sind? Sei bitte nicht albern. Du hast dich ganz umsonst aufgeregt.«

Das besänftigte ihn etwas, und er beruhigte sich, aber dann meinte er: »Das hat mich gerade ziemlich aufgeregt. Deshalb komme ich jetzt ganz bestimmt nicht über die Grenze zu dir. Du kommst her zu mir nach Syrien.« Mir wurde ganz übel, denn ich hatte gedacht, wenn ich ihn in die Türkei locken könnte, würden es Mandy und ich vielleicht schaffen, ihn zu überreden, uns May mit nach Hause nehmen zu lassen. Ein riskantes Spiel, aber es hätte funktionieren können. Vielleicht hätte er solche Angst vor einer Verhaftung gehabt, dass er sich weiteren Ärger lieber ersparte. Ich ahnte nämlich, dass er die ganze Sache schon bereute – nicht aus Liebe zu unserer Tochter, sondern aus Angst, er könne wegen der Kindesentführung in Schwierigkeiten geraten. Ein idiotischer Anruf von der internationalen Polizeibehörde hatte alles gefährdet und möglicherweise jegliche Aussicht ruiniert, dass er May über die Grenze zu mir zurückbringen würde.

Ich hätte schreien mögen, aber ich musste ruhig bleiben und weiter mitspielen. Also erklärte ich mich bereit, zu ihm zu kommen und ihn zwischen sieben und acht Uhr abends zu treffen. Sofort erwachte sein Argwohn wieder, und er wollte wissen, wieso ich diese bestimmte Zeit genannt hätte. Ich antwortete, ich müsse noch packen und mich dann eine Weile hinlegen, da ich starke Schmerzen in den Hüften hätte und den Weg nicht schaffen könne, wenn ich nicht vorher etwas ruhte. Ich sagte ihm, ich hätte große, große Angst. Er warnte mich davor, »irgendwas Komisches« anzustellen, sonst würde er mit May fliehen, doch dann stimmte er dem Plan zu. Als ich das Gespräch beendet hatte, sah ich Mandy an und wusste, sie dachte genau dasselbe wie ich. Nur noch ein paar Stunden, dann müssten wir uns trennen, und es war sehr gut möglich, dass wir uns nie wiedersahen.

Ich war auf dem Weg in ein Kriegsgebiet, zu einem Ehemann, der mich viele Jahre lang immer wieder brutal geschlagen hatte, und das, als wir noch in einem zivilisierten Land gelebt hatten. Jetzt begab ich mich allein in ein Land, in dem Frauen ihren Männern untertan waren. In ein Land, in dem sie taten, was man ihnen sagte und wann man es ihnen sagte, in dem sie ein Leben unter der Herrschaft des Mannes führten, der seine Frau in vielen Fällen auch verprügelte. Ich war auf dem Weg in *sein* Land. *Sein* Leben. Ich kehrte zurück zu einem Mann, von dem ich mich vor knapp zwölf Monaten hatte scheiden lassen, weil ich Angst vor dem hatte, was er mir noch antun konnte. Jetzt begab ich mich zurück in seine Arme und in ein fremdes Leben, Lichtjahre entfernt von meiner eigenen Welt.

Aber wenn ich nicht ging, was würde dann aus May? Wenn ich nicht versuchte, sie zu retten, wuchs sie womöglich zu einer dieser unterdrückten Frauen heran, die im Alter von vierzehn Jahren zwangsverheiratet wurden, in der Regel mit einem Cousin. Sie würde ihm ihr Leben lang gehorchen und sich seiner Herrschaft beugen müssen. Und immer würde sie glauben, dass ihre Mami sie im Stich gelassen, sie ohne Unterstützung einem solchen Leben überlassen hatte.

Das konnte ich nicht tun, und das wusste auch Mandy nur zu gut. Ich musste tun, was auch jede andere Mutter getan hätte. Ich musste mein Leben aufs Spiel setzen, um meine Tochter zu retten, und genau das würde nun geschehen.

Nachdem ich meine paar Sachen gepackt hatte, gingen

Mandy und ich eine Kleinigkeit essen. Wir setzten uns in ein Pizzalokal und bekamen nichts von dem mit, was um uns herum passierte, achteten nicht auf die Blicke und das Geflüster der Leute. So musste sich Jesus beim letzten Abendmahl gefühlt haben, dachte ich. Uns beiden war hundeelend, und schweigend aßen wir. Es war, als sei dies meine letzte Mahlzeit mit der Schwester, die ich so sehr verehrte und liebte. Ich kam mir vor wie eine zum Tode Verurteilte.

Ich machte mir furchtbare Sorgen, wie Mandy auf derselben Route allein zurückkommen und es bis nach Irland schaffen sollte, und gleichzeitig sorgte sie sich um mich. Unser türkischer »Freund« hatte immer noch nicht angerufen; inzwischen ging er nicht einmal mehr ans Telefon. Allmählich dämmerte mir, dass ich auf mich allein gestellt war. Doch seltsamerweise hofften wir immer noch, es könnte alles noch klappen, wenn ich erst einmal in Syrien war. Wenn ja, würden sie uns beide, May und mich, herausholen, was viel leichter für May wäre, denn dann wäre ich ja da und könnte ihr alles erklären und sie davon überzeugen, dass wir beide bald in Sicherheit wären.

Beim Pizzaessen beschlossen wir, unser Geheimcode für die Ankunft der Männer sollte auf etwas ganz Albernem beruhen. Wir wollten Sean als Schlüsselwort benutzen, und wenn sie kämen, würde Mandy sagen: »Sean ist immer noch trocken«, was eine Anspielung darauf sein sollte, dass er auf seine wenigen Gläser Guinness verzichtete. Und wenn von den Männern weit und breit nichts zu sehen war, würde sie sagen: »Sean genehmigt sich immer noch seine Bierchen.« Für Leute, die uns nicht kennen, mag sich das lächerlich anhören, aber wir mussten alberne Sachen sagen, damit Mostafa nicht ahnte, was wir wirklich meinten. Mandy hatte sich alle Schlüsselwörter mitsamt Bedeutung aufgeschrieben. Ich durfte das nicht tun, es wäre zu gefährlich gewesen, sollte Mostafa sie finden, aber ich versuchte, sie mir so gut wie möglich einzuprägen.

Als wir beide genau wussten, was wir sagen und was es bedeuten würde, gingen wir zum Hotel zurück. Schweigend.

Ich hätte so gern einen Fotoapparat nach Syrien mitgenommen, um eines Tages zu Hause allen zu zeigen, wie es dort aussah, um ihnen einen Einblick in das Leben zu geben, das die kleine May hätte führen müssen, wenn ich sie nicht gerettet hätte. Doch leider wusste ich, dass ich mit einem Fotoapparat nicht ins Land und erst recht nicht in Mostafas Haus käme. Die Syrer wollten verhindern, dass Ausländer erfuhren, was hinter ihren Grenzen vor sich ging. Und so sehr ich auch in Versuchung war, eine Kamera mitzunehmen, wusste ich doch, die Konsequenzen konnten tödlich sein. Also ging ich das Risiko nicht ein.

Wir baten den Hotelportier, das Taxi zu rufen, das mich an die Grenze bringen sollte. Gerade in diesem Hotel waren sie besonders argwöhnisch; sie sahen eine Frau, die unbedingt nach Syrien reisen musste, und das allein, und noch dazu in Kleidern, die muslimischen Überzeugungen völlig zuwiderliefen. Sie müssen wohl gedacht haben, ich sei auf einer geheimen Mission und müsse aus einem Grund nach Syrien, über den ich nicht sprechen durfte. Also führten sie uns zur Hintertür hinaus, damit die Passanten auf der Straße nicht auf uns aufmerksam wurden.

Als wir zum Ausgang kamen, wartete schon das Taxi auf mich, und ich hätte am liebsten geweint. Ich wusste, dass

Mandy über Nacht allein hier bleiben musste, und ich betete, ich möge nicht zusammenbrechen, kaum dass ich sie verlassen hätte. Ich stellte meine schwarze Handtasche auf den Rücksitz des Taxis und daneben eine nachgemachte Louis-Vuitton-Reisetasche, die Mandy mir auf Zypern gekauft hatte. Viel hatte ich nicht dabei, nur ein paar lange, noch auf Zypern gekaufte Kleider, einige Strickjacken und ein Foto von Josh. Das hatten wir zusammen mit Mays Puppe den türkischen Männern geben wollen, wenn die sie holten, als Erkennungszeichen.

Ich achtete auch darauf, dass ich ausreichend Medikamente bei mir hatte. Mein Arzt hatte mir gesagt, das Einzige, das ich vor der Hüftoperation nehmen dürfe, sei ein Hagebuttenpräparat. Das hatte ich also eingepackt, dazu noch etliche freiverkäufliche Medikamente ohne ihre jeweilige Verpackung, darunter Motilium gegen Übelkeit und Erbrechen, für Erwachsene und für Kinder. Außerdem noch Schmerztabletten und entzündungshemmende Mittel. Mostafa würde von diesen Medikamenten wohl nichts kennen. Wir wussten, dass May und ich wahrscheinlich vom Essen krank würden, aber ich hatte mir vorgenommen, ich würde Mostafa nicht erzählen, welches Mittel gegen welche Krankheit war. Er sollte einfach denken, es wäre alles für meine Hüfte und gegen den Krebs, sollte ich die Krankheit tatsächlich haben. Aber wenn ich etwas aß, was mir nicht bekam, hätte ich wenigstens ein Mittel dagegen, und er würde nichts davon mitbekommen. Ich war gut gerüstet gegen alle Krankheiten, die ich mir einfangen könnte. So dachte ich jedenfalls.

Doch auf den Abschied von Mandy hätte nichts mich vorbereiten können. Ich werde wohl nie erklären können, wie ich mich fühlte, als ich meine Schwester fortgehen sah. Wir weinten beide, und mit unserer letzten Umarmung hätten wir uns gegenseitig die Knochen brechen können. Ich fühlte mich schwach, hatte aber keine Schmerzen in den Hüften, die mich in den letzten Wochen so sehr gequält hatten. Wenn überhaupt, kam ich mir stärker vor denn je. Ich hatte eine Wahnsinnsangst davor, Mostafa Assad wiederzusehen, sehnte mich aber gleichzeitig danach, mein kleines Mädchen zu sehen, in die Arme zu nehmen und zu drücken. Seit Tagen lebte ich nur noch für diesen Moment, und jetzt sollte es nur noch wenige Stunden dauern.

Ich hatte Angst vor dem, was passieren konnte, wenn ich die Grenze überquerte, denn ich hatte immer noch keine Ahnung, ob Mostafa etwas von der Medienberichterstattung zu Hause über die Entführung wusste. Er war so heimtückisch! Am liebsten würde ich Mandy gar nicht erzählen, dass er meiner Meinung nach die ganze Zeit schon wusste, was los war, und mit mir genauso spielte wie ich mit ihm. Seit Tagen fürchtete ich, dass Mostafa mich nur deswegen nach Syrien locken wollte, um mich zu verprügeln und mir eine Lektion zu erteilen. Oder dass er mir nur vormachte, ich würde May sehen und »glückliche Familie« spielen können. In Wirklichkeit hätte er sie längst zu Verwandten geschafft, und ich würde sie erst wiedersehen, wenn er davon überzeugt war, ich sei eine gehorsame Ehefrau. Er wusste, mein Leben drehte sich um mein Kind und nichts könne mich mehr verletzen, als May zu verlieren. Ich wollte Mandy nicht erzählen, dass Mostafa mich May womöglich nur deshalb sehen ließ, weil er glaubte, ich hätte Krebs. Weil er wusste, mein Visum würde nach kurzer Zeit ablaufen.

Er wusste, ich würde Syrien irgendwann verlassen müssen. Und wenn ich bei meiner Rückkehr nach Zypern die Diagnose Krebs erhielt und starb, hätte meine Familie einen weit härteren Kampf auszustehen, um May nach Irland zurückzuholen, denn er hätte sie ja schon bei sich in Syrien. Darum hatten sich in den vergangenen Tagen meine Gedanken gedreht, aber mit diesen ganzen Ängsten wollte und konnte ich Mandy nicht belasten.

Ich war schon auf dem Weg zum Taxi, da kam Mandy mir nachgelaufen und packte mich am Arm. Sie drehte mich herum und sagte: »Wenn ich dich gehen lasse, Louise, werden die Leute sagen, ich hätte dich im Stich gelassen und alles wäre meine Schuld.« Aber ich beruhigte sie und bat sie, unseren Verwandten und Freunden zu sagen, sie hätte keine andere Wahl gehabt, sie hätte mich gehen lassen müssen. Ich erinnerte sie daran, dass sie für Josh dasselbe tun würde, und sie nickte. Wir waren beide untröstlich. Aber ich hatte eine Aufgabe zu erfüllen. Ich musste in dieses Land und mein Kind herausholen, und nichts und niemand würde mich davon abhalten.

Als wir wegfuhren, schaute ich mich um, und ich weiß noch, dass ich Mandy schluchzen sah. Ich weiß noch, wie sie die Hände ans Gesicht hob und sich dann damit durch die Haare fuhr, als sei sie völlig verzweifelt. Schon seltsam, wie gewisse Dinge einem im Gedächtnis bleiben, aber dies war ein Anblick, an den ich mich lange klammern sollte. Ein Anblick, der mir vor Augen führte, wie sehr meine Schwester mich liebte und ich sie.

Während der Fahrt bekam der Taxifahrer einen Anruf auf seinem Handy. Er sprach Arabisch mit dem Anrufer, und dann drehte er sich zu mir um und reichte mir das Telefon. Ein mir unbekannter Mann teilte mir auf Englisch mit, dass meine Einreise nach Syrien gewisse Risiken berge und der Fahrer mich deshalb nicht ganz bis zur Grenze bringen, sondern mich in der Nähe aussteigen lassen würde. Er fürchte um die Sicherheit des Fahrers, wenn der an der Grenze gestoppt würde. Ich verstand seine Sorge, denn ich hatte ja tagelang mit Mandy im Internet nach Fluchtrouten gesucht. Ich hatte gelesen, dass die syrische Regierung eine schwarze Liste mit den Namen aller bekannten Dissidenten herausgegeben hatte, und deshalb waren Grenzkontrollen eine große Gefahr für alle, die keine ausgewiesenen Anhänger von Präsident al-Assad waren. Ich hatte keine Ahnung von der Identität und dem Hintergrund dieses Taxifahrers. Es war durchaus möglich, dass er schon zu einem früheren Zeitpunkt in Konflikt mit den Behörden in Syrien oder der Türkei geraten war und sich sein Name auf dieser Liste befand. Es konnte aber auch einfach sein, dass er Angst vor einer Kontrolle hatte, denn die Grenzbeamten brauchten keinen Vorwand, um jemanden zu schlagen, zu verhaften oder sogar zu töten. Sie konnten vollkommen willkürlich mit allen verfahren, wie es ihnen beliebte, und die Anwesenheit einer Europäerin in seinem Auto war schon an sich ein Problem.

Auch ich wollte nicht, dass dieser Mann sein Leben riskierte. Unsere Fahrt ging weiter über unbefestigte Straßen. Mir fiel auf, dass es kaum Vegetation und praktisch keine Häuser gab, mit Ausnahme von einigen behelfsmäßigen Baracken, verstreut am Straßenrand. Es war ein weitläufiges, offenes Gelände, und es gab weder Geschäfte noch Firmen, einfach nur Sand und unbefestigte Straßen. Während wir fuhren,

stieg der Staub hinter dem Wagen auf, und von vorn bekamen wir die volle Ladung von Straßendreck von den entge-
genkommenden Fahrzeugen vor die Windschutzscheibe. Die
Autos waren alt und ramponiert, wie auch mein Taxi; nach
den hiesigen Maßstäben mochten sie als sauber gelten, aber
in jedem westlichen Land wären sie inakzeptabel gewesen.
Doch das Taxi war ein Transportmittel, und was mich be-
traf, so war es ein Gottesgeschenk, einen Fahrer zu haben,
der vom Hotel empfohlen worden war und dem ich, wie ich
hoffte, vertrauen konnte.

Auf der Fahrt wechselten wir ein paar Worte, doch mir
fiel auf, dass er mich ab und zu im Rückspiegel musterte, und
mir war klar, er fragte sich, was zum Teufel ich in einem vom
Krieg und von Aufständen erschütterten Land wollte, wenn
diejenigen, die nur wenige Meilen weit weg auf der anderen
Seite der Grenze lebten, nicht einmal im Traum an eine Einreise dachten.

Ich saß da und dachte an alle möglichen Szenarien, die sich
nach meinem Wiedersehen mit Mostafa ergeben könnten.
Und als ich aus dem Autofenster schaute, sah ich ein Flücht-
lingslager voller Syrer, so wie ich es schon etliche Male in den
Fernsehnachrichten gesehen hatte. Es war ein behelfsmäßi-
ges Lager mit etwa fünf- oder sechshundert weißen Zelten. In
den Nachrichten hatte ich gehört, dass es sich hier um Syrer
handelte, die bei dem Versuch, durchs türkische Niemandsland zu kommen, aufgegriffen worden waren, woraufhin man
ihnen die Einreise verwehrt hatte. Der Anblick dieser Menschen war herzzerreißend. Es sah aus, als seien es mehrere
tausend Menschen, alle unter Lebensgefahr geflohen, alle mit
der verzweifelten Sehnsucht nach einem neuen Leben und ei-

ner »normalen« Regierung. Ich sah kleine Kinder, Hunderte offenbar, die barfuß über den sandigen, schmutzigen Kiesboden liefen. Und ich sah Männer an einem Lagerfeuer um einen behelfsmäßigen Grill, die Fleisch aßen. Dies war mein erster Eindruck vom derzeitigen Leben in Syrien, in einem Land, in dem Krieg herrschte. Wenn die Leute solche Qualen auf sich nahmen, um aus der Heimat fortzukommen – wenn ihnen denn überhaupt die Flucht gelang –, und wenn sie wussten, dass genau das hier auf sie zukommen würde, dann musste alles noch viel schlimmer sein, als ich mir vorgestellt hatte.

Das Lager befand sich zu meiner Linken, und als wir eine gebirgige Straße hinauffuhren, sah ich zu meiner Rechten zwei Männer, die sich große Mühe gaben, unter einen Stacheldrahtzaun zu klettern. Zuerst wurde eine Tasche über den Zaun geworfen, dann kamen die Männer hinterher und versuchten, sie aufzufangen, zogen und zerrten dabei an dem Stacheldraht. Als sie unseren Wagen kommen sahen, warfen sie sich auf den Boden und wollten sich verstecken. Sofort war mir klar, dass es sich um Syrer handelte, die in die Türkei gelangen wollten.

Etwa fünf oder zehn Minuten fuhren wir nur noch, da sah ich vor mir die Wachposten und die lange Reihe von LKW und Autos. Der Chauffeur hielt am Straßenrand und meinte, weiter werde er nicht fahren, noch weiter könne er mich nicht bringen. Dann hielt er mir die Hand hin und verlangte sein Geld. Ich sah, dass er es kaum erwarten konnte, von hier wegzukommen, also gab ich ihm die vereinbarten hundert Euro für eine Strecke, für die wir nur etwa eine halbe Stunde gebraucht hatten. Ich wusste ganz genau, dass er mich über den Tisch zog, aber ich hatte keine Wahl. Ich musste zahlen, was er verlangte, schließlich setzte er sein Leben aufs Spiel. Ich wusste, dass hundert Euro das Leben dieses Mannes verändern und wahrscheinlich ihn und seine Familie einen ganzen Monat lang ernähren würden. Ein geringer Preis dafür, dass ich meiner Tochter immer näher kam.

Als ich meine Tasche nahm und aus dem Wagen stieg, hatte ich große Angst, war aber auch voller Vorfreude, denn bald würde ich May wiedersehen. Ich machte mir nichts vor: Ich marschierte geradewegs in einen höllischen Albtraum, das wusste ich nur zu gut; und es war ein Albtraum, dem ich nicht entkommen würde.

Ich ging auf den Grenzposten zu, als drei Männer aufsprangen, die am Straßenrand gesessen hatten, und auf mich zurannten. Syrer. Auf Arabisch bettelten sie mich um Geld an, streckten mir die Hände entgegen und zerrten an meiner Strickjacke. Ich wusste, was sie wollten, aber ich ignorierte sie einfach, machte mich los und ging, schneller nun, auf die Grenze zu. Zum Glück sah einer der Wachleute, den ich heute als einen meiner vielen Schutzengel bezeichne, was los war. Und als ich auf einen Schalter an einem Tor zurannte, kam er mir entgegen. Langsam öffnete sich das Tor, er packte mich und zog mich auf die andere Seite. Gleichzeitig musste er auf einen weiteren Schalter gedrückt haben, denn das Tor schloss sich fast sofort hinter mir.

Ganz entspannt öffnete ich meine Tasche. Ich weiß nicht, wie es mir gelang, so ruhig zu bleiben, aber ich holte einfach meinen Pass heraus und gab ihn dem Mann. Auf Englisch fragte er mich, wohin ich wollte. Ich sagte, ich wolle nach Syrien. Er erwiderte: »Nein, das wollen Sie nicht. Ha-

ben Sie überhaupt eine Ahnung, was in Syrien vor sich geht?«
Ich antwortete ihm, ich wisse, wie es in Syrien war. Ich wisse,
man tötete Menschen, aber ich müsse trotzdem hin. Darauf
er: »Ich kann Sie nicht reinlassen, tut mir leid.«

Ich zog mein Portemonnaie heraus und sagte: »Ich habe
Geld, und das gebe ich Ihnen, wenn Sie mich durchlassen.«
Ich war sehr aufgeregt. Er wollte immer noch nicht nachgeben, offensichtlich ging es nicht um Geld, sondern um
meine Sicherheit. Da erzählte ich ihm, dass mein Exmann
mein Kind entführt hatte und dass ich nach Syrien müsse,
um meine Kleine zu retten. Daraufhin führte er mich an einer Reihe von Syrern vorbei, die zurückwollten. Dann nahm
er meinen Pass, und wir gingen zu einem Außengebäude, in
dem drei Männer saßen und Pässe kontrollierten. Alle starrten mich und meinen irischen Pass an, dann griff einer der
Männer zum Telefon. Als er das Gespräch beendet hatte, gab
er meinem rettenden Engel den Pass zurück, und zwar mit
einem Stempel versehen. Mein Engel erklärte, er habe keine
Wahl, er müsse mich hineinlassen, denn so wolle es das Gesetz. Ich küsste ihm die Hand und sagte: »Ich kann Ihnen gar
nicht genug danken.« Als ich mich von ihm verabschiedete,
fragte er mich, wohin ich jetzt wolle und wie ich dahin käme.
Ich erwiderte, ich wolle zu Fuß zur eigentlichen Grenze, und
er wirkte total entsetzt.

Er sagte: »Von hier bis zum syrischen Grenzposten sind es
fünf Kilometer. Ein äußerst gefährlicher Spaziergang. Überall gibt es Gangster, die in dem Gebiet leben, weil sie nicht in
die Türkei einreisen dürfen.« Inzwischen war es Abend, viertel nach sieben, es war schon dunkel. Ich war mir der Uhrzeit voll und ganz bewusst, denn ich hatte mit Mostafa ver-

einbart, ich wolle ihn zwischen sieben und acht treffen. Der Mann sagte: »So können Sie nicht gehen, das schaffen Sie nicht.« Damit ging er weg von mir zu einem in der Nähe geparkten Wagen. Ich hörte ihn mit dem Fahrer Arabisch sprechen, dann kam er zurück zu mir und meinte, der Mann werde mich zur syrischen Grenze bringen. Er sagte: »Geben Sie ihm kein Geld, auch kein Gold. Der Kerl schuldet mir einen Gefallen.« Ich hörte, wie er auf Arabisch zu dem Fahrer sagte, er werde hier in der Gegend nie wieder Arbeit bekommen, sollte er Geld von mir verlangen; außerdem habe er mir seine Telefonnummer gegeben, und wenn irgendetwas schiefginge, würde ich ihn anrufen. Ich kann gar nicht genug betonen, wie dankbar ich diesem Mann war, der mich buchstäblich rettete, ohne dafür einen Grund zu haben. Der Fahrer nickte nur, und ich stieg in den Wagen.

Am Tag zuvor hatte Präsident al-Assad Motorräder aus Städten und kleineren Ortschaften verbannt, weil deren Besitzer sie bei Demonstrationen benutzten, um schnell wegzukommen. Das hatte ich am Vorabend im Internet gelesen, und das Erste, was ich auf unserer fünf Kilometer langen Fahrt zur Grenze sah, waren Motorräder, die überall am Straßenrand liegengelassen worden waren. Einmal sah ich eine Gruppe von Männern, die versuchten, einige der kaputten Motorräder zu reparieren. Fünf- oder sechshundert davon müssen herrenlos herumgelegen haben, als wir über unbefestigte Straßen fuhren und überall Motorrädern oder Ersatzteilen auswichen.

Immer wieder kamen Leute zu unserem langsam fahrenden Auto und klopften an die Scheiben. Aber wir fuhren weiter und achteten nicht auf ihr Betteln. Am Straßenrand gab es außerdem einige behelfsmäßige Zelte, und einmal sah ich einen Mann, der medizinisch versorgt wurde, während ihm aus mehreren Wunden Blut am Bein herunterrann. Was mit ihm passiert war, wusste ich nicht, dachte mir aber, dass er möglicherweise ein Demonstrant war, den man anderswo zusammengeschlagen hatte. Daraufhin war er wohl hierher geflüchtet, näher an die Grenze. Vielleicht war es hier sicherer als in der Gegend, aus der er kam.

Wir fuhren weiter und kamen in eine Gegend, in der wir eine große Zahl syrischer Polizisten sahen. Total schockiert war ich beim Anblick eines riesigen Gebäudes, das sich als Duty-Free-Center herausstellte. So etwas hätte man an einem internationalen Flughafen erwartet: Hier wirkte es völlig deplatziert. Das Haus hatte große Glasfenster und Drehtüren. Ich sah Männer in Uniform dort arbeiten, und in den Regalen erkannte ich jede nur denkbare Zigarettenmarke sowie ein riesiges Angebot an Alkohol: Wein, Whisky, Wodka, alles. Von außen war alles deutlich zu erkennen, Regale über Regale mit Artikeln, von denen ich gedacht hätte, sie seien in einem streng muslimischen Land verboten. Alkohol wird in Syrien nicht geduldet, deshalb war es ein so schockierender Anblick für mich. Und doch sah ich Leute dort herumgehen und Einkäufe tätigen.

Als ich mir das ganz fasziniert anschaute, stieg der Fahrer aus dem Wagen, und dann fuhr ich plötzlich erschrocken zusammen, weil ich ein Klopfen am Autofenster hörte. Ich schaute auf und sah Mostafa an der Wagentür. Er machte die Tür auf und fragte: »Bist du okay, Louise?«

Mir standen die Haare zu Berge, und das Blut gefror mir in den Adern. Ich rief: »Nein, Mostafa, ich bin nicht okay.

Ich habe furchtbare Dinge durchgemacht auf dem Weg hierher, meine Hüften bringen mich um, und ich bin total erschöpft.«

Er meinte: »Mach dir keine Sorgen, ich werde mich jetzt um dich kümmern.« Damit stieg er ins Taxi und wies den Fahrer an, weiter in Richtung der kontrollierten Grenzregion zu fahren. Offenbar hatten wir die Grenze nach Syrien immer noch nicht überquert; dies waren alles nur Vorposten, ehe die eigentliche Ein- oder Ausreise genehmigt wurde.

Als wir zum Gebäude des Grenzpostens kamen, nahm Mostafa meinen Pass, und wir stiegen beide aus dem Auto, um mein Visum überprüfen zu lasen. Mostafa hatte sich um das Antragsformular für das Visum gekümmert, aber mein Pass musste noch gestempelt werden. Er sprach mit den Leuten in dem Büro, und als wir mit dem Visum herauskamen, schimpfte er darüber, dass es ihn fünfzig Dollar gekostet hatte.

Wir stiegen wieder ins Taxi, und er wies den Fahrer an, uns die Straße hoch zur eigentlichen Grenze zu bringen, was auch geschah. Wir fuhren über diese sehr schmale, mit einer Eisenkette gekennzeichnete Grenze. Dort standen zwei Männer, aber sie kontrollierten nichts. Auf der anderen Seite der Grenze hatte Mostafa einen Wagen geparkt, und wir stiegen aus dem Taxi. Ich bedankte mich bei dem Mann, der mich, wie vereinbart, umsonst über die Grenze gebracht hatte.

Als ich in Mostafas Auto stieg – es war das Auto seines Vaters, ein kastanienbrauner Kia –, fragte ich ihn, wie es May ging. Gut, erwiderte er, nur das, nichts weiter. Dann nahm er vom Rücksitz einen schwarzen Hijab mit zarter Perlenstickerei an den Rändern und ein langes schwarzes Kleid mit ähnlicher Stickerei, warf mir alles zu und sagte: »Zieh das an. Das wirst du von jetzt an tragen.«

Ich musste alles im Auto anziehen. Ich zog es einfach über die Kleidung, die ich trug. Er half mir, den Hijab zu befestigen, trieb mich zur Eile an, damit mich niemand ohne Schleier sah. Ich trug immer noch die Flip-Flops, die ich auf Zypern gekauft hatte, was eindeutig nicht akzeptabel war für eine muslimische Frau, aber er meinte, er würde sich schon darum kümmern und mir am nächsten Tag Schuhe kaufen. Ich sagte, ich müsse meine Schwester anrufen, um ihr mitzuteilen, dass ich in Sicherheit sei.

Ich wusste, er fragte sich, wie ich es von Hatay aus allein nach Syrien geschafft hatte, also erzählte ich ihm, ich sei sehr aufgeregt, weil ich meine Schwester in der Stadt hätte lassen müssen und wir beide sehr aufgewühlt gewesen seien. Ich erwähnte, auch Mandy habe sich sehr aufgeregt. Er sagte: »Ruf sie an, ruf sie nur an. Sag ihr, ich werde sie herholen; sie kann dann in einem Hotel wohnen.« Ich wusste, sie würde unter gar keinen Umständen kommen, aber ich spielte mit. Ich rief sie an und sagte, es gehe mir gut, ich sei jetzt bei Mostafa. Er wusste, dass ich ein Handy bei mir hatte, aber er versuchte nicht, es mir wegzunehmen, was eine große Erleichterung für mich war. Ich sagte zu Mandy, alles sei in Ordnung, und wie verabredet erklärte ich, sie könne jetzt weiter alles verkaufen und uns dann das Geld schicken.

Sie antwortete: »Na klar, das mache ich. Und sag Mostafa, ich stehe in dieser Sache voll und ganz hinter euch. Er muss sich jetzt um dich kümmern. Sag Mostafa, ich organisiere alles für dich, schicke ihm das Geld und werde ihn fragen, wie ich das wohl am besten mache. Lass dein Handy eingeschaltet, ich werde euch beide auf dem Laufenden halten.« Das alles sagte sie natürlich in dem Wissen, dass er alles mit anhörte, denn er saß neben mir hinter dem Steuer und fuhr das Auto.

Ich sagte ihr, wir würden alles klären und uns dann bei ihr melden. Ich weiß noch, dass ich Mostafa fragte, ob er mit Mandy sprechen wollte, aber natürlich war er viel zu peinlich berührt, um auch nur ein Wort zu sagen. Mit Handzeichen und Kopfschütteln gab er mir zu verstehen, dass er nicht mit ihr sprechen wollte.

Er glaubte, dass Mandy in meinem Namen alles verkaufen wollte: die Autos, die Möbel aus der Wohnung und alles Mögliche andere. Mostafa wusste, dass ich auf der Bank Ersparnisse hatte von einem Haus, das ich auf Zypern verkauft hatte, ehe ich von Paphos nach Limassol gezogen war. In Gedanken sah er Mandy auch mein Konto auflösen und alles nach Syrien überweisen. Ich sagte ihm, ich hätte Mandy über einen Anwalt Vollmacht gegeben, sodass sie alles verkaufen und die Gelder überweisen könne, und er glaubte mir. Er wusste, dass er sie und mich bei Laune halten musste, um seinen Plan in die Tat umzusetzen. Er musste nett zu mir sein, sonst wäre sein Plan zum Scheitern verurteilt.

Wir fuhren weiter zu Mostafas Haus, was etwa eine halbe Stunde dauerte, über schmuddelige Straßen ohne Bürgersteig, ohne Mittellinie auf der Fahrbahn, und die ganze Zeit kontrollierte er meinen Hijab. Ein paar Mal hielt er unterwegs, um mir die Kleidung zu richten, denn ich war an diese Kleidungsstücke nicht gewöhnt. Bei einem dieser Zwischenstopps hielt ein Lastwagen ohne Verdeck neben uns, und der Fahrer fragte, ob wir Hilfe brauchten. Solche Szenen hatte ich in den Nachrichten gesehen, wenn über den Krieg in Syrien berichtet wurde, und fast sofort krampfte sich mein Magen zusammen. Ich wusste, dass es in Szenen wie diesen zu Schießereien kam, aber zum Glück erfand Mostafa irgendeine Ausrede, meinte, es sei alles in Ordnung, und die Leute fuhren weiter. Die Erleichterung war riesengroß.

Wir fuhren weiter, und schließlich kamen wir in Mostafas Heimatort Idlib an. Sofort schlug mir der beißende Geruch von Abwasser entgegen. Überall Unrat und Schmutz und überall verstreuter Hausmüll und alte Kleider. Es war offensichtlich, dass es hier in der Gegend keine Müllabfuhr gab, denn es war der schmutzigste Ort, den ich je in meinem Leben zu Gesicht bekommen hatte.

Männer fuhren im Dunkeln auf Eselskarren und trieben die armen Tiere mit Peitschen an. Die Esel mühten sich über die unbefestigten Straßen. Die Autos, in denen die Leute über die Straßen schlichen, sahen aus, als würden sie jeden Moment auseinanderfallen; in keinem anderen Land hätte auch nur eines davon den Test zur Verkehrstüchtigkeit bestanden. Ein erbärmlicher Anblick, schlimmer als alles, was ich in anderen Gegenden unterwegs gesehen hatte. Ich erzählte Mostafa, ich hätte in den Nachrichten gesehen, was für Zustände in Idlib herrschten. Und ich sagte, dass ich mir Sorgen machte, worauf er antwortete, es werde alles nur hochgespielt. Erst seit einer Woche war er wieder in diesem Land, und schon hatte die Gehirnwäsche bei ihm gewirkt, und nun wollte er sie auch bei mir anwenden. Wie üblich, wurde dem Westen die Schuld daran gegeben, dass solch ein düsteres Bild von seinem Heimatland gezeichnet wurde. Von einem Land, das er von Herzen verabscheut hatte, bis ihm nur wenige Tage zuvor eingefallen war, unser Kind zu entführen. Ich saß da und hörte mir sein Geschimpfe an, während die Realität von allen Seiten auf mich einströmte, obwohl es draußen stockfinster war. Dunkel oder nicht, ich würde nicht vergessen, was draußen deutlich zu sehen war.

Auf einmal fuhr er an den Straßenrand und hielt gegenüber von einer Art Obst- und Gemüsegeschäft. Er sagte, ich solle im Wagen bleiben und nicht aussteigen, er wolle nur rasch etwas kaufen und sei in ein paar Minuten wieder da. Als er ging, kurbelte ich das Fenster hoch; er hatte es offen gelassen, weil es eine milde Nacht war, aber bei geschlossenem Fenster blieb auch der faulige Gestank weitgehend draußen, an den er offensichtlich gewöhnt war, den ich aber unerträglich fand. Ich zog mir den Schal übers Gesicht, um den Gestank noch weiter auszusperren, aber viel half es nicht. Als ich ihn die Straße überqueren sah, wurde der Hass, den ich für diesen Mann empfand, übermächtig. Ich war dankbar, dass er beim Wiedersehen nicht versucht hatte, mich zu umarmen oder zu küssen, denn dann wären meine wahren Gefühle für ihn deutlich sichtbar gewesen. In diesem Moment wollte ich nur noch zu May. Unter den gegebenen Umständen hielt ich mich so tapfer wie möglich, und ich wusste, ich musste weiterhin so tun, als wäre alles in Ordnung.

Minuten, nachdem er aus dem Wagen gestiegen war, hörte ich einen ohrenbetäubenden Lärm. Es war unbeschreiblich. Ich schaute in den Rückspiegel und sah eine Riesenmenschenmenge, Demonstranten, wie tausend Mann sah es aus, tatsächlich meist Männer; sie schwenkten Flaggen und trugen einen offenen Sarg, einen behelfsmäßigen Sarg, aus einer Holzkiste gebastelt. Sie skandierten und schrien und trugen diesen Leichnam, und zu meinem Entsetzen sah ich, dass sie auf den Wagen zukamen. Sofort streckte ich die Hand aus und verriegelte die Türen, denn ich hatte Angst, sie würden mich rauszerren und totprügeln. Ich war Europäerin, saß allein in einem Auto, hatte niemanden zu meinem Schutz dabei, und ich dachte schon, das war's jetzt, ich bin tot. Ich sah Frauen in den Seitenstraßen, die ihre Kinder packten und fortrannten, und ich hatte keine Ahnung, was ich tun sollte. Sollte ich weglaufen? Sollte ich mich auf dem Boden des Autos verstecken? Ich war verzweifelt, wie gelähmt vor Angst.

Plötzlich sah ich Mostafa, und es schien, als wollte er über die Straße auf mich zulaufen, aber dann wurde ihm offenbar bewusst, dass die Leute ihn zu Tode trampeln würden, wenn er das machte. (Erst später begriff ich, es wurde als respektlos angesehen, wenn jemand in eine Demonstration hineinlief, und man würde denjenigen, der das tat, auf der Stelle totschlagen. Das also war die Erklärung dafür, dass Mostafa sich in einen Hauseingang stellte und den Leuten nicht in die Quere kam.)

Als sie am Auto vorbeimarschierten, schaukelte es heftig von einer Seite auf die andere. Einen kurzen Moment lang dachte ich, sie würden den Wagen über den Haufen rennen, mit mir darin. Aber ein paar Minuten später – ich saß da und betete, es möge alles schnell vorübergehen – zogen sie einfach um eine Ecke und in eine andere Straße hinein. Als sie an mir vorbeikamen, hörte ich sie auf Arabisch skandieren: »Tod dem Präsidenten, Tod dem Präsidenten!« Mostafa kam über die Straße und stieg ins Auto, und ich drehte mich zu ihm um und sagte: »Also, hier gibt es keine Probleme, was?« Er hatte mir nämlich am Telefon gesagt, es sei alles in Ordnung da, wo er wohne. Das war offenbar eine Lüge gewesen. Er antwortete nicht, und wir fuhren weiter durch die Stadt.

Als wir uns einem Grenzposten näherten, sagte Mostafa zu mir, der Posten sei von der Armee besetzt und das sei gut. Wir wurden nicht angehalten und fuhren weiter, bis wir zu einer Straße kamen, die nach einer breiten Autobahn aussah. Überall verstreut lagen Felsbrocken und kleinere Steine, und am Straßenrand lag ein toter Esel mit dem Namen des Präsidenten auf dem Hinterteil. Ich fragte Mostafa, was das zu bedeuten hätte, und er erklärte, dass regierungsfeindliche Demonstranten Präsident al-Assads Namen auf die Hinterteile und Rücken von Hunden und Eseln malten und die armen Tiere dann für Zielübungen benutzten.

Praktisch überall sah man Bilder von Präsident al-Assad. In verschiedenen Posen lächelte er in fast allen Straßen, und in manchen Straßen gab es sogar mehrere Plakate. Er schien dafür sorgen zu wollen, dass niemand vergaß, wer hier die Macht hatte. Man kam von keiner Straße in die nächste, ohne dass er auf einen herablächelte. Eine wirklich bizarre Szenerie. So etwas hatte ich noch nie gesehen, nicht einmal zu Hause, wenn gerade Wahlen anstanden und die Politikerplakate überall herumstanden. Das hier war anders. Es war eine aggressive Propaganda.

Als wir auf dieser Hauptstraße weiterfuhren, gelangten wir an einen weiteren Wachposten, diesmal besetzt von Männern, die im Gegensatz zu den Leuten vorhin keine Uniform trugen, sondern Jeans, T-Shirts und Turnschuhe. Manche hatten sich Tücher um den Kopf geschlungen. Mostafa meinte, dies seien Männer, die sein eigenes Dorf bewachten, und an diesem Posten sei alles in Ordnung. Ich trug den Hijab; als die

Männer also ins Wageninnere schauten, hielt ich den Blick gesenkt, damit ich keinen Argwohn erregte, und sie winkten uns einfach durch.

Wir fuhren weiter und kamen zu Mostafas Dorf. Beinahe als Erstes sah ich oben auf drei Gebäuden grüne Lichter, und sofort war mir klar, es waren alles Moscheen. In den meisten kleinen Orten und Dörfern gibt es eine Moschee, aber gleich drei auf einmal zu sehen wirkte sehr einschüchternd auf mich. Es bedeutete, dies musste eine besonders streng muslimische Gegend sein und praktisch jeder im Ort praktizierte diesen Glauben auch. Die Wahrscheinlichkeit war groß, dass hier besonders radikale Fundamentalisten lebten. Hohe, mit Graffiti bemalte Mauern umgaben das Dorf. Die Siedlung wirkte beinahe wie ein Gefängnishof.

Erst später erfuhr ich, dass gerade dieses Dorf eine brandgefährliche Gegend war, nicht nur für die Bewohner, sondern auch für alle, die sich nur kurz hier aufhielten. Es herrschten starke Spannungen zwischen den Einheimischen und der syrischen Armee, deren Soldaten beinahe täglich auf offener Straße Leute erschossen, die an Demonstrationen teilnahmen. Wer sein Haus verließ, musste äußerst vorsichtig sein, denn überall befanden sich Heckenschützen – auf Dächern, in baufälligen, leerstehenden Häusern, überall. Jeden Tag aufs Neue setzte man sein Leben aufs Spiel. Aber selbst wenn ich ganz genau gewusst hätte, wie schlimm es tatsächlich war, hätte ich immer noch keine Wahl gehabt, ich hätte herkommen müssen.

Ich schaute mich um, und sogar im Dunkeln erkannte ich die nackte Realität, die mich umgab. Die sogenannten »Häuser« hatten Dächer aus Blech oder Wellblech, und die meisten Behausungen hatten weder Türen noch Fenster, sondern nur Tücher. Ich weiß noch, wie seltsam ich es fand, dass um neun Uhr abends noch so viele Kinder auf den Straßen waren, kleine Kinder, vielleicht zwei oder drei Jahre alt, und alle barfuß. Einmal musste Mostafa mit dem Auto den Kindern ausweichen, denn sie rührten sich einfach nicht, nicht einmal, wenn sie ein Auto auf sich zufahren sahen.

Ich gab mir große Mühe, mir alles Markante auf unserem Weg einzuprägen, was ich an Mandy weitergeben wollte, die es wiederum den türkischen Menschenschmugglern berichten sollte. Sie sollten ein Gespür für die Gegend bekommen, damit sie uns so exakt wie möglich orten konnten.

Als wir vor Mostafas Haus vorfuhren, war ich beinahe erleichtert, denn es wirkte einigermaßen bewohnbar. In den guten Zeiten, als er beim Bau ausreichend verdiente, hatte er von Zypern aus Geld nach Hause geschickt. Sofort drängte er mich ins Haus; es war offensichtlich, dass niemand mich sehen sollte. Nebenan stand ein zweigeschossiges Gebäude, das sein kleines Haus überragte, und niemand in dem Haus sollte sehen, was bei ihm vorging.

Ich wusste, in dieser Straße wohnten überall verstreut seine Verwandten, denn vor Jahren hatte er mir einmal erzählt, dass sich vor längerer Zeit ein Ehepaar hier ein Haus gebaut und dann nach und nach die ganze Familie hergeholt hatte. Die ganze Straße war also voll mit den Angehörigen der Assad-Familie.

Kaum hatten wir das Haus betreten, befahl mir Mostafa, mich zu setzen und zu warten, bis er mit May zurückkommen würde. Ich weiß noch, wie sehr ich mich freute, dass ich mein kleines Mädchen endlich wiedersehen sollte.

Ich sah mich um und erkannte, dass ich mich in einem Wohnzimmer befand. In den meisten arabischen Häusern gibt es zwei Wohnzimmer, eines für die Frauen und eines, in dem nur die Männer zusammenkommen. Möbliert war alles in Rot mit goldenen Akzenten. In dem Zimmer standen drei Stühle, und an den Wänden hingen goldgerahmte Kalligrafien mit Abschnitten aus dem Koran. Dann betrat ich das Zimmer, in dem sich offenbar die Männer zu ihren religiösen Zusammenkünften trafen. Der Raum war von Wand zu Wand mit Kissen ausgelegt, manche lagen auf dem Boden, andere lehnten an den Wänden.

Dies war ein typisch arabisches Heim, aber mir war so etwas völlig fremd; so hatte ich nie gelebt. Ich war mit einem Moslem verheiratet, aber der war, so dachte ich jedenfalls, kein Fanatiker. Er hatte nie ein eigenes Zimmer gewollt, in dem er sich mit seinen Freunden traf und zu dem Frauen keinen Zugang hatten. Er neigte zu Aggressivität, und er konnte besitzergreifend sein, vielleicht weil die Männer in seinem Kulturkreis mehr Rechte genossen als die Frauen, aber eine streng islamische Seite war mir nie an ihm aufgefallen. Auf Zypern hatte er mich immer in dem Glauben gelassen, Religion bedeute ihm nichts. Offenbar war das eine einzige große Lüge gewesen; inzwischen glaube ich, dass er die ganze Zeit vorhatte, May zu entführen und nach Syrien zu bringen, wo sie eine fromme Muslimin werden konnte. Der Mann, den ich vor all den Jahren in einer Bar kennengelernt hatte, war ganz anders gewesen als das Ungeheuer, das ich jetzt vor mir hatte.

Trotzdem freute ich mich riesig, als ich darauf wartete, dass meine Kleine durch die Tür stürmte und ihre Mami wiedersah. Ich sehnte mich so nach ihr und betete, dass niemand sie verletzt hätte, weder ihr Vater noch ein anderer. Ich betete, dass er sich die ganze Zeit um sie gekümmert und sie beschützt hatte.

Aber als die Tür aufging und sie hereinkam, brauchte ich einen Moment, um sie zu erkennen. Mein kleines Mädchen war ganz anders angezogen. Ich war erschrocken und entsetzt. Sie sah so anders aus. Jemand hatte ihr die wunderbaren langen braunen Haare zu strengen Zöpfen geflochten, und sie trug fürchterliche billige schwarze Hosen und dazu rote arabische Holzschuhe mit goldenem Muster. Das Oberteil, das sie anhatte, war schwarz-weiß, Halsausschnitt und Manschetten waren mit hässlicher, billiger Spitze gesäumt. Es war die typische Kleidung in arabischen Dörfern. Mit diesen furchtbaren Holzschuhen an den Füßen kam sie über den gefliesten Boden auf mich zugelaufen. Ich weiß noch genau, wie ich dachte, dass ihr Vater sie gerade einmal eine Woche bei sich gehabt und es doch schon geschafft hatte, sie nach seiner Lebensart umzumodeln.

Offensichtlich wusste sie nicht, was sie zu mir sagen sollte, solange er dastand und uns beide anstarrte. Ängstlich schaute sie zu ihm hin, ehe sie sagte: »Mami, guck mal. Ich hab dir doch versprochen, ich würde auf mein Nintendo aufpassen. Ich hab es ganz sicher verwahrt.« Beinahe wäre ich in Tränen ausgebrochen. Ihr Nintendo DS war ihr wertvollster Schatz und war in dieser Hölle offenbar ihr Lebensretter gewesen. Sie setzte sich auf meinen Schoß, und er verließ den Raum. Kaum war er weg, da umarmten und küssten wir uns, und sie drückte mein Bein. Als sie überzeugt war, dass er sich tatsächlich zurückgezogen hatte, schaute sie sich um und flüsterte dann ganz leise: »Ich mache mir richtig große Sorgen, Mami.«

Ich erwiderte: »Worüber machst du dir denn Sorgen, Liebes?«

Und ich schmolz fast dahin, als sie erklärte: »Ich sollte doch in der Schule anfangen.«

Darauf antwortete ich: »Mach dir darüber keine Sorgen, Liebes. Ich habe in der Schule angerufen und gesagt, du machst noch Ferien. Das haben sie verstanden.«

Dann fragte sie: »Und was ist mit Maria?« Maria war unsere Katze, und May war ganz vernarrt in sie. Ich versicherte ihr, dass meine Freundin Janine Maria fütterte und sich um sie kümmerte. Ich spürte, wie sie sich entspannte, da sie nun wusste, dass mit der Schule und der armen Maria alles in Ordnung war. Und ich weiß noch, dass ich dachte, wie klug sie doch war, denn als Mostafa zurück ins Zimmer kam, schaltete sie sofort um auf gehorsames Kind ihres Vaters. Da wusste ich, dass auch sie das Spiel spielte. Sie hatte so oft gesehen, wie ich versucht hatte, bei ihm die richtigen »Knöpfe« zu drücken, damit er ruhig und mir gegenüber freundlich blieb. Und jetzt sah ich eine perfekte Kopie meiner selbst, als ich meine Kleine dabei beobachtete, wie sie die Zustimmung und die Liebe ihres Vaters gewinnen wollte.

Als er näher kam, benahm sie sich so, als hätte sie zu mir nichts gesagt, was ihm Sorgen machen könnte. Sofort meinte sie: »Oh, Baba, hast du schon meine neuen Schuhe gesehen?« Sie nannte ihn immer Baba, das arabische Wort für Vater, und jetzt war es wichtiger denn je, dass sie dieses Wort benutzte. So wie sie sich jetzt verhielt, machte sie ihn glücklich. Dass er May in seiner Sprache sprechen hörte, besänftigte ihn sehr.

Es wurde allmählich spät, und ich sagte zu ihm, ich hätte

große Schmerzen und sei sehr müde nach diesem langen Tag. Ich fragte ihn, ob er etwas dagegen hätte, wenn ich diese Nacht bei May schlief, da ich sie doch so sehr vermisst hätte. Er war einverstanden. Er wusste, ich war krank, und es schien ihm nichts auszumachen. Es gab zwei Schlafzimmer in dem Haus, eines mit einem großen Kleiderschrank und einem breiten Bett und ein Kinderzimmer mit drei Matratzen auf dem Boden, drei Decken und drei Kissen. Da schlief May mit den beiden Geschwistern, die sie erst einmal kurz getroffen hatte, als sie praktisch noch ein Baby gewesen war: ein Junge und ein Mädchen, die auch ich nur einmal kurz gesehen und von denen ich kaum je gehört hatte.

An diesem ersten Abend lernte ich sie dann beide kennen – Shazza, das zehnjährige Mädchen, und Adele, den Jungen, der inzwischen acht Jahre alt war. Kurz und knapp stellte man mich den beiden vor. Sie erinnerten sich natürlich nicht daran, dass wir uns schon einmal gesehen hatten, denn sie waren damals ja beide noch sehr klein gewesen: Shazza vier und Adele zwei Jahre. Kaum hatten wir uns miteinander bekannt gemacht, wurden sie in ein anderes Zimmer gebracht, und May und ich blieben allein.

Es war ein wirklich merkwürdiges Gefühl, in diesem Haus zu sein, in dem mein Exmann mit den zwei Kindern lebte, die aus einer früheren Ehe stammten. Und für die zwei muss es auch einigermaßen seltsam gewesen sein, denn jetzt war eine Frau ins Haus gekommen, die sie nicht kannten. Eine Frau, die ganz anders war als alle Frauen, die sie in ihrem kurzen Leben bisher getroffen hatten. Eine Frau aus einem westlichen Land, die ein ganz anderes Leben führte als sie. Aber wie mein Urteil über sie ausfiel, und ihr Urteil über mich, darauf musste ich noch warten. Jetzt wollte ich Zeit mit meiner Tochter verbringen.

In dieser Nacht kuschelte ich mich eng an May, und sie plapperte freudig drauflos, ganz entspannt in dem Wissen, dass wir wieder zusammen waren. Sie erzählte, ihre Tanten, »Babas Schwestern«, hätten gefragt, woher sie die Striemen auf ihrem Körper hatte. Voller Angst vor dem, was sie jetzt erzählen würde, fragte ich: »Was für Striemen, Schätzchen?«

Sie antwortete: »Die Striemen, die ich habe, weil Baba mich geschlagen hat. Weil er wollte, dass ich ins Flugzeug steige.«

Der Magen krampfte sich mir schmerzlich zusammen, und ich umarmte sie so fest, dass ich schon dachte, ich würde sie zerquetschen. Er hatte sein eigenes Kind geschlagen, um es entführen zu können. Am liebsten wäre ich rausgerannt und hätte ihm ein Messer in den Körper gerammt. Ich hatte eine Riesenwut. Ich sagte zu May, er würde nie wieder Hand an sie legen, und ich würde darauf achten, dass sie nie wieder in Gefahr geriete. Vorsichtig horchte ich sie aus über das, was an dem Tag vorgefallen war. Wir unterhielten uns nur flüsternd, für den Fall, dass er an der Tür lauschte. Die arme kleine May wusste ganz genau, zu was er fähig war, und erklärte mir, sie hätte immer die Tür im Auge, um sicher zu sein, dass er nichts hörte.

So wie sie es mir erzählte, hatte er ihr an jenem Morgen gesagt, er werde mit ihr zu einem neuen Einkaufszentrum fahren und ihr eine neue Barbiepuppe kaufen. Sie hatte ihm geglaubt, hatte gedacht, das große Gebäude sei ein Einkaufszentrum, aber in Wirklichkeit war es ein Flughafen gewesen. Er kaufte ihr eine Barbie im Duty-Free-Laden, aber als sie in die Kälte hinaustraten, sah sie plötzlich das Flugzeug und begriff, was los war. Sie hatte angefangen zu weinen und ihm erklärt, sie wolle nicht in ein Flugzeug. Sie sagte ihm, ihre Mami hätte ihr verboten, ohne die Mami in ein Flugzeug einzusteigen. Aber er hatte gesagt, ihre Mami wisse Bescheid und sei einverstanden, weil er sie zu einem Urlaub mitnahm. Sie war immer noch nicht überzeugt und hatte geweint, denn sie wollte zu mir nach Hause. Aber er hatte sie geschlagen, damit sie in das Flugzeug einstieg, und sie hatte geschluchzt und sich gewehrt.

Ich wusste nicht, was ich anderes zu ihr sagen sollte; ich versicherte ihr nur immer wieder, dass ich sie sehr liebte und dass ihr so etwas nie wieder passieren würde.

Wenn ich jetzt daran zurückdenke, wird mir klar, dass er mich an dem Tag nur deshalb am Telefon mit May hatte sprechen lassen, damit ich sie beruhigte. Denn es wäre viel leichter für ihn, sie mitzunehmen, wenn May glaubte, ich sei damit einverstanden. Er war tatsächlich schlauer, als ich gedacht hatte.

In der Nacht kuschelten wir uns aneinander, und die kleine May schlief in meinen Armen ein. Immer wieder strich ich ihr übers Haar und küsste sie auf die Stirn. Ich weiß noch, ich lag da, versuchte, in diesem merkwürdigen Bett einzuschlafen, und dachte voller Angst, ich hätte Schüsse draußen vor dem Fenster gehört. Vielleicht war es auch etwas weiter weg; jedenfalls war ich wie gelähmt vor Angst. In der Ferne hörte ich außerdem laute Geräusche entweder von explodierenden Bomben oder von Panzerfeuer. Es war eine andere Welt. Ein anderes, erschreckendes Leben.

Irgendwie schlief ich dann aber doch ein und wurde vom ersten Gebetsruf der nahegelegenen Moschee geweckt. Ich wurde ganz mutlos, als ich den Singsang hörte, und ich legte meine Arme um May und hielt sie so fest ich konnte, ohne sie aufzuwecken.

Kurze Zeit später sah ich mich in dem Zimmer um und horchte auf Geräusche, und schnell wurde mir klar, dass sich Mostafa nicht im Haus befand. Sofort ging ich zur Haustür, weil ich nach draußen schauen und sehen wollte, wo ich war und was ich in meiner Nähe alles entdecken konnte. Aber als ich den Knauf der Haustür drehen wollte, musste ich feststellen, dass die Tür abgeschlossen war.

Da wusste ich endgültig, dass dies nun der Beginn meines neuen Lebens sein sollte. Außerdem war ich jetzt eine Gefangene im Haus dieses Mannes. Im Land dieses Mannes. Mein geliebtes Leben, unser Leben, wie ich es einmal gekannt hatte, war vorbei. Auf unbestimmte Zeit.

3

Begegnung mit Mostafa

Mostafa war nicht mein erster Ehemann. Im März 2000 hatte ich einen ganz wunderbaren Mann geheiratet, für den ich noch heute alles Erdenkliche tun würde, aber die Beziehung war von Anfang an zum Scheitern verurteilt, denn obwohl ich ihn liebte, war es nicht die Art Liebe, die eine Frau für ihren Ehemann empfand.

Ich liebte ihn wie einen Freund, meinen besten Freund, aber geheiratet habe ich ihn, weil ich einfach das Gefühl hatte, ich müsste es tun. Ich war mit ihm zusammen, seit ich fünfzehn war, eine Sandkastenliebe könnte man es beinahe nennen, und meine Mutter war fest davon überzeugt, wir wären füreinander bestimmt. Irgendwie hatte mich meine Mutter damals überzeugt, er wäre der Richtige. Also haben wir geheiratet.

Mein erster Mann wusste wirklich alles über mich, ganz im Gegensatz zu Mostafa. Er kannte meine Schwächen und Stärken, und deshalb habe ich ihn auch geheiratet, wenn ich vollkommen ehrlich sein soll. Als Kind war ich jahrelang sexuell missbraucht worden, und mein Mann akzeptierte mich so, wie ich war, und stand voll und ganz hinter mir.

Der Täter in meiner Kindheit war jemand gewesen, den die Familie gut kannte, und als Teenager vertraute ich mich meiner Mutter an. Das fiel mir sehr schwer, denn wir alle kannten ihn gut. Doch ich hatte das Gefühl, ich könnte mit diesem Schmerz nicht mehr weiterleben. Jedes Mal, wenn ich ihn sah, kam der Hass in mir hoch. Doch obwohl ich schließlich alles erzählte, wurde er nie angeklagt, und es wurde nie Anzeige bei der Polizei erstattet. Aber ich beklagte mich nicht. Die Zeiten damals waren anders, man kehrte die Dinge unter den Teppich. Und obwohl nichts unternommen wurde, um diesen Mann einer gerechten Strafe zuzuführen, wusste ich, meine Mutter würde auf mich aufpassen, würde mich beschützen, und ich würde einfach mit meinem Leben weitermachen. Doch natürlich sind die Dinge nie so einfach. Ich kam nicht darüber hinweg.

Im Dezember 2001 kam meine Mutter bei einem furchtbaren Autounfall ums Leben. In dem Monat dachten wir, unsere Welt würde zusammenbrechen. Der Verlust unserer Mutter stellte unser Leben auf den Kopf. Wie so viele Familien hielten auch wir unsere Mutter für selbstverständlich. Sie war eine so starke und gesunde Frau, dass wir uns das Leben ohne sie gar nicht vorstellen konnten. Wir hätten nie damit gerechnet, dass wir sie verlieren würden, noch dazu in so jungen Jahren. Sie war dreiundfünfzig, als sie starb. Und keiner von uns hatte Gelegenheit, sich von ihr zu verabschieden und ihr noch einmal zu sagen, wie sehr wir sie liebten.

So seltsam es auch klingen mag: In dem Moment des Unfalls wusste ich, dass etwas nicht stimmte. Wir beide, meine Mutter und ich, hatten eine besonders enge Bindung zueinander, und an dem Tag spürte ich, wie sie starb. Um die Zeit des Unfalls überkam mich ein furchtbares Gefühl, und kaum zwanzig Minuten später bekam ich den Anruf, durch den ich erfuhr, dass Mami an einem Autounfall beteiligt war. Ich weiß noch, ich drehte mich zu meinem Mann um und sagte: »Sie ist tot.« Er versuchte mich zu überzeugen, dass es ihr gut gehe, und wollte mich ins Krankenhaus bringen, aber da wusste ich schon, dass sie gestorben war. Ich weiß nicht, wie das kam, aber ich hatte keine Hoffnung mehr.

Ihr Tod, dieser immense Verlust, löste viel von den späteren Ereignissen in meinem Leben aus. Im Grunde kann ich sagen, dass ich darüber auch nie hinweggekommen bin.

Ich war verheiratet mit einem wunderbaren Mann, aber ich versank in einen Strudel tiefer Depression, als meine Mutter starb. Mein Mann verstand, wie nah wir uns gestanden hatten, meine Mutter und ich, und wie ich in den Wochen und Monaten nach ihrem Tod das Gefühl haben musste, als bräche die ganze Welt über mir zusammen. Doch die Depression verschlang mich so sehr, dass ich aus diesem schwarzen Loch kein Entkommen mehr sah. Bald scheiterte meine Ehe, und mein Mann und ich gingen getrennte Wege. Das war damals eine schwierige Entscheidung für uns, doch zum Glück blieben wir Freunde, und er begriff, dass ich in dieser Phase meine Gefühle einfach nicht mehr unter Kontrolle hatte. Bis zum heutigen Tag ist er einer meiner engsten Freunde. Seine Meinung ist mir immer wichtig, und ich bin froh, dass er seit so langer Zeit ein Teil meines Lebens ist.

Wir alle vermissten meine Mutter mehr, als ich sagen kann. Sie war der Halt in unserer Familie. Sie herrschte zu Hause, und sie hielt alles zusammen.

Sie selbst hatte eine sehr enge Bindung zu ihren Geschwistern gehabt; es gab sechs Schwestern (von denen eine gestorben war) und einen Bruder. Als Mami starb, wurden ihre Schwestern im Grunde unsere Adoptivmütter. Sie taten alles, damit es uns gut ging, und noch wichtiger war, dass sie sich um meinen Vater kümmerten, denn alle wussten, wie nah meine Mutter und er sich gestanden hatten. Dad war in vielerlei Hinsicht auf meine Mutter angewiesen, und sie behandelte ihn wie ein drittes Kind. Er vergötterte sie. Je mehr Zeit verging, desto deutlicher sahen wir, wie einsam Dad wirkte. Ihr Tod hatte ihm das Herz gebrochen, er hatte sein Rückgrat verloren: die Frau, die immer bei ihm gewesen war, die Gefährtin seines Lebens, seit sie fünfundzwanzig und er sechsunddreißig gewesen war.

Der Verlust meiner Mutter hatte uns alle erschüttert, und auch wenn wir wussten, dass die Leute es nur gut meinten, war es jeden Tag aufs Neue sehr schwer für uns, das Haus zu verlassen. Leute kamen auf uns zu, fragten uns, wie es uns ging, wie Dad sich hielt und wie wir damit fertig wurden. Meine Mutter war eine liebenswürdige Frau gewesen und hatte viele Freunde und Nachbarn gehabt, die über ihren plötzlichen Tod genauso erschüttert waren wie wir. Ihr Verlust war in unserer Heimatstadt Swords lange Zeit Gesprächsthema.

Im März 2003 beschlossen wir, Dad müsse von allem endlich einmal wegkommen. Mandy und ich entschieden, dass wir alle einen Urlaub brauchten. Ich weiß noch, es war kalt und feucht, und wir alle sehnten uns nach einer Ruhepause, wollten unbedingt vor der grausamen Realität fliehen, und sei es auch nur für eine Woche. Da ich damals in Sutton, im Norden Dublins, bei dem Reiseveranstalter Abbey Travel arbeitete, kannte ich die angesagten Urlaubsorte, und ich wusste, wohin man mit einem Mann in den Sechzigern reisen konnte, wenn der sich erholen sollte – und wohin nicht.

Zypern schien das perfekte Reiseziel und bot alles, was wir brauchten: Ruhe und Erholung, Strände und Sonnenschein. Ich litt damals an einer chronischen Depression und hatte das Gefühl, dass mir alles zu viel wurde, also war es genau, was ich brauchte: Entspannung und die Wärme der Sonne in meinen Knochen. Wir buchten ein schönes Hotel in Paphos zu einem guten Preis und machten uns auf den Weg. Wir waren nur eine Woche dort, und doch wusste ich, dass Zypern der Ort war, an dem ich leben wollte. Ich liebte die Insel, und ganz besonders liebte ich Paphos.

In dieser einen Woche erholte sich mein Vater, wenn wir auch wussten, dass es nichts Schöneres für ihn gegeben hätte, als meine Mutter neben sich sitzen zu haben. An dem Tag, als wir die Insel verließen, war mir völlig klar, dass ich zurückkommen würde. Mandy erzählte ich, dass ich einmal raus aus allem musste und das lieber früher als später in Angriff nehmen wollte, sonst würde ich es wohl nie machen. Mein Entschluss machte Mandy traurig, aber sie wusste, es gab kein Halten mehr, wenn ich erst einmal etwas entschieden hatte. Ich war immer schon ziemlich stur gewesen, und wenn ich mir etwas in den Kopf gesetzt hatte, ließ ich nicht mehr davon ab.

Ich sah meiner Mutter sehr ähnlich, und die Leute sprachen uns auch immer auf diese Ähnlichkeit an. Ich wusste, dass auch mein Vater das sah, und so schön es war, musste es für ihn wohl noch viel schwieriger sein, mit seinem Leben weiterzumachen, wenn er mich die ganze Zeit um sich hatte. Denn wenn er mich ansah, sah er meine Mutter. Ich wusste, er wäre am Boden zerstört, wenn ich ihm von meinem Entschluss erzählte, Irland zu verlassen, aber erst wollte ich zu

Hause alles klären, mit der Arbeit und so weiter, ehe ich ihm etwas sagte.

Als ich am Montag wieder bei der Arbeit war, fühlte ich mich total unglücklich. Ständig musste ich an Zypern denken, diese wunderschöne, idyllische Insel, und ich wünschte mir nichts anderes, als dorthin zurückzukehren und endlich neu anzufangen. Nach ein paar Wochen im Büro bat ich um ein Gespräch mit meiner Chefin Aisling. Ich erklärte ihr, wie ernüchternd ich das Leben hier fand und dass ich unbedingt weg musste. Sie war sehr verständnisvoll und meinte, ich solle eine Auszeit für drei Monate nehmen, dann zurückkommen und sie wissen lassen, was ich zu tun gedächte. Sie bot an, mir meine Stelle freizuhalten, bis ich mich entschieden hätte. Zu der Zeit war ich in meinem Bereich bei Abbey Travel die erfolgreichste Mitarbeiterin, und meine Arbeit machte mir Spaß, aber ich hatte ein schreckliches Gefühl, als stände ich nach dem Tod meiner Mutter unter immensem Druck und als würde ich jeden Moment von innen heraus explodieren. Auf die Dauer kam ich damit nicht klar. Die Pause, so wusste ich, würde mir guttun.

Den Mädchen im Büro erzählte ich von meinem großen Fluchtplan, und meine Kollegin Jenny beschloss, sie wolle mitkommen und sich einmal ansehen, wie das Leben auf Zypern so war. Wir beschlossen, dass wir bis Sommeranfang eine Auszeit nehmen wollten. An einer Abendschule hatte ich gerade einen Kurs für Fotografie belegt, der mir sehr viel Spaß machte, doch ich wusste, wenn ich Irland jetzt nicht verließ, käme ich nie mehr weg: Ich musste so schnell wie möglich raus. Ich dachte, ich könnte vielleicht meine neu erworbenen Fähigkeiten mit der Kamera dort einsetzen, denn die

Ausrüstung hatte ich mir bereits angeschafft, eine erstklassige Kamera von Nikon, und ich hatte vor, eine Weile auf der Insel herumzufahren und jede Menge Fotos zu machen.

Im Internet hatte ich über Zypern nachgelesen und war auf einen zauberhaften Ort namens Kissonerga gestoßen. So hatten wir zum sensationellen Preis von zwanzig Euro pro Nacht ein Selbstversorgerapartment gefunden. Es war ideal. Im Mai flogen wir hin, und wenn wir auch nur drei Monate wegbleiben wollten, wusste ich genau, dass ich nicht mehr nach Dublin zurückkehren würde, wenn es mir gefiel. Meine Verwandten ahnten wohl, dass das passieren könnte; ihnen war klar, dass ich nach einem idealen Ort für eine Flucht aus dem Alltag suchte. Doch als ich an diesem Tag durch die Abflughalle des Flughafens von Dublin ging, machte ich mir Sorgen um meinen Vater. Meine Abreise machte ihn offenbar kreuzunglücklich, aber Mandy hatte mir versichert, sie würde sich um ihn kümmern und ich solle mir keine Sorgen machen. Und sollte – Gott bewahre! – tatsächlich etwas passieren, wäre ich ja nur ein paar Flugstunden entfernt.

Bei unserer Ankunft verliebten Jenny und ich uns total in das Apartment. Der Flug von Dublin hatte fünf Stunden gedauert, und wir waren hundemüde, als wir ankamen, aber gleichzeitig freuten wir uns auch darauf, dass jetzt etwas Neues beginnen sollte. Es war nicht wie ein zweiwöchiger Urlaub in der Sonne; es war die Chance, uns drei Monate lang zu erholen und nur das zu tun, was wir tun wollten. Die Tage verbrachten wir an dem schönen Hotelpool, abends betrachteten wir den atemberaubenden Sonnenuntergang vom Hotelrestaurant aus, und wir freundeten uns mit vielen Einheimischen an, was toll war.

Im Juli lernte ich eine sehr nette walisische Familie kennen, die in der Gegend lebte. Rachael, eine der Töchter, war ausgebildete Stylistin. Für Haarmoden hatte ich mich immer schon interessiert, weil etliche in meiner Familie mit der Branche zu tun hatten, und so freundeten wir uns fast sofort an. Zu dem Zeitpunkt hatte ich mich praktisch schon entschieden, dass ich nicht nach Hause zurückwollte. Und Rachael erzählte, sie wolle ihren eigenen kleinen Frisiersalon eröffnen, also unterhielten wir uns darüber, und ich beschloss, ich wolle dabei mitmachen. Ich würde etwas Geld investieren und ihre Geschäftspartnerin sein, und wir könnten den Laden gemeinsam leiten.

Wir waren voller Vorfreude, als wir diese ganzen Pläne für einen Neubeginn schmiedeten! Und da wir beide gern arbeiteten und geschäftstüchtig waren, beschlossen wir, wir würden nebenan gleich noch eine Reinigungsfirma namens »Scrubbers« eröffnen. Die Gegend war beliebt bei Touristen, also wollten wir anbieten, zu einem günstigen Preis private Wohnungen und Landhäuser zu reinigen, und wir wollten Leute dafür einstellen, damit wir zwei uns hauptsächlich um den Frisiersalon kümmern konnten. Mit jedem Tag lichtete sich meine Depression ein wenig, und das war ein tolles Gefühl. Inzwischen hatten wir uns mit einer anderen jungen Frau namens Debbie angefreundet, die ursprünglich aus London stammte, und sie wurde unsere dritte Geschäftspartnerin.

Wir fuhren nach Limassol, einer Stadt nicht allzu weit entfernt, und beantragten einen Gewerbeschein für den Frisiersalon. Wir wollten den Laden in einem Gebäude in Paphos eröffnen, das uns für den Zweck ideal erschien. Wir nannten den Salon »Freckles«. Es war ein zauberhafter kleiner Laden. Wir malten ihn leuchtendrosa an, richteten alles ganz mädchenhaft ein und waren total begeistert, als das Geschäft praktisch vom ersten Tag an brummte. Der Laden war wirklich klein, wir hatten nur ein Waschbecken, zwei Spiegel und zwei Stühle, aber er war sehr beliebt bei den auf Zypern lebenden Ausländern. Besonders hektisch ging es immer freitags und samstags zu, und das Adrenalin trieb uns vorwärts. Nur zu gern hielten wir ein Schwätzchen mit unseren Kundinnen, und innerhalb weniger Wochen war das Geschäft der kleine, aber reizende Mittelpunkt, an dem die englischsprachige Gemeinde zusammenkam und sich verwöhnen ließ. In der oberen Etage hatten wir eine weitere, bisher ungenutzte Fläche, und so vermieteten wir diese Räumlichkeiten als Nagelstudio und Schönheitssalon. Mit dieser »Untervermietung« konnten wir auch die Miete fürs Erdgeschoss zahlen. Es hätte gar nicht besser laufen können. Es war ein herrliches Leben.

Den ganzen Tag arbeiteten wir, und abends machten wir Party. Wir genossen die Sonne, das Meer und das gesellige Beisammensein und verdienten dabei auch noch gut. Die Lebenshaltungskosten waren niedrig, also konnte ich den größten Teil meines Verdiensts sparen. Es lief alles bestens.

Wir Mädchen waren gut bekannt auf der Bar Street, einer Straße in Paphos, die berühmt für ihre Lokale war, und eines Abends gingen wir in eine unserer Stammkneipen, einen Nachtclub mit Namen »Rainbows«, um etwas zu trinken. Wir kannten den Besitzer, der sich immer gut um uns kümmerte. An diesem Abend stand ich an der Bar und bestellte einen Drink, als ich am anderen Ende der Bar einen Typen sah, der zu mir rüberstarrte. Ich sah gleich, dass er Ausländer war, kein Zypriote, und ich schwöre bei Gott, ich habe mich auf der Stelle in ihn verliebt. Es kam wie ein Blitz aus heiterem Himmel. Im Bauch hatte ich das Gefühl, von dem man sagt, Teenager haben es, wenn sie das erste Mal verknallt sind; die »Schmetterlinge« tanzten und wirbelten hin und her. Außer mit meinem ersten Mann, meiner Sandkastenliebe, war ich vorher nie in einer ernsthaften Beziehung gewesen, doch jetzt spürte ich eine spontane Anziehungskraft. Ich kippte ein paar Drinks, um mir Mut zu machen, und nach einer Weile begab ich mich Richtung Tanzfläche. Ich erzählte meiner Freundin, was ich empfand, und sie bestätigte, dass er mich den ganzen Abend schon angestarrt hatte. Nun, da ich die Drinks intus hatte, gab ich ihm mit Handzeichen zu verstehen, er solle rüberkommen und mit uns beiden tanzen.

Aber er ignorierte mich total. Ich war verärgert und tief enttäuscht. Ich hatte viel Mut aufbringen müssen, um den ersten Schritt zu tun, und jetzt beachtete er mich gar nicht. Ich kam mir fürchterlich dumm vor.

Ich tanzte weiter, und später, als ich von der Tanzfläche wegging, spürte ich, wie mir jemand auf die Schulter klopfte. Ich schaute mich um, und da stand er, mit den hinreißendsten Augen, die ich je gesehen hatte. In sehr gebrochenem Englisch fragte er mich, ob ich einen Drink wolle. Sein Englisch war so schlecht, dass er nur die paar klischeehaften Phrasen beherrschte, mit denen ein Ausländer ein Mädchen ansprechen würde, wie etwa: »Du bist schön.« Ziemlich albern, ich weiß, aber ich war trotzdem ganz hin und weg. An dem Abend nahmen wir noch einen Drink an der Bar, dann fuhr er mich nach Hause, und das war es. Ich war verliebt.

Mandy sollte mit Josh am nächsten Tag am Flughafen von Larnaca ankommen. Sie hatte mich schon einmal am Anfang meines Zypern-Aufenthalts besucht, und als sie den Salon gesehen hatte, hatte sie tatsächlich auch etwas eigenes Geld investiert. Jetzt kam sie also, um mich zu besuchen und zu sehen, wie es mit dem Geschäft stand. Ich freute mich sehr auf sie und konnte es kaum erwarten, ihr alles über die neue Liebe meines Lebens zu erzählen. Ich hatte mich tatsächlich Hals über Kopf verknallt. Im Auto auf der Fahrt nach Paphos muss ich sie schon dumm und dusselig geredet haben, aber ich sprudelte förmlich über vor lauter Aufregung. Ich weiß noch, ich erzählte ihr, dieser Adonis sei bildschön, charmant und der Mann meiner Träume. Ich sagte auch, dass er kaum Englisch sprach, und fragte dann scherzhaft: »Aber so ein Mann muss ja wohl nicht reden können, oder?« Mich hatte es total erwischt. Mandy fand das sehr komisch, denn in solch einem Zustand hatte sie mich wegen eines Mannes noch nie gesehen. Sie freute sich, dass ich so glücklich war und dass sich meine Depression in den wenigen Monaten gelichtet hatte.

Am nächsten Abend fuhr ich mit meiner kleinen Schwester ins Rainbows. Ich war so aufgeregt, denn wahrscheinlich wäre er wieder da. Und tatsächlich, als wir hereinkamen, stand er da mit seinem Cousin. Er kam zu uns rüber und fing an zu plaudern, und ich flirtete und strahlte ihn an – aber Mandy konnte ihn nicht ausstehen. Vom ersten Moment an, als ich sie Mostafa vorstellte, konnte sie ihn nicht leiden.

Ich weiß noch, ich war total erschüttert, als sie an dem Abend zu mir sagte: »Ich mag den nicht, Louise. Er hat irgendwas an sich; ich traue ihm nicht über den Weg.« Ich war

kreuzunglücklich. Aber wenn ich jetzt auf diesen Abend zu-
rückschaue, muss ich zugeben, dass er nur zwei Tage nach
unserem ersten Kennenlernen Anzeichen dafür erkennen
ließ, dass er kontrollwütig und misstrauisch war. Er benahm
sich, als seien wir schon seit Jahren ein Paar. Aber damals sah
ich das nicht. Ich dachte, er sei einfach eifersüchtig auf die
Menschen, mit denen ich zusammen war – weil er mich liebte.
Inzwischen ist mir klar, dass er mich auch damals schon auf
Schritt und Tritt verfolgte. Ging ich zur Toilette, dann stand
er draußen vor der Tür, wenn ich herauskam. Wenn ich zum
Tanzen aufstand, stellte er sich an die nächstgelegene Säule
und beobachtete mich oder kam mir hinterher.

Ich war völlig unwissend an diesem ersten Abend, als mich
Mostafa nach Hause fuhr. Obwohl ich in einer Reiseagen-
tur arbeitete, hatte ich keine Ahnung von der muslimischen
Kultur, und als ich ihn fragte, woher er komme, und er Syrien sagte, überlegte ich, in welchem Teil von Russland Syrien
wohl liegen mochte. Zu meiner Schande muss ich gestehen,
dass ich sehr naiv war. Deshalb war ich wegen seines Beneh-
mens auch nicht besorgt, denn ich wusste ja nichts über Syrien, den Islam oder darüber, wie manche Männer aus diesen
Ländern Frauen behandelten, vor allem ausländische Frauen.

Mandy blieb zwei Monate bei mir, und in der Zeit sah sie
Mostafa oft, aber nichts konnte sie davon überzeugen, dass
er in Ordnung war. Wir beiden Schwestern gingen abends
viel aus, meistens nur zum Essen und auf ein paar Drinks; wir
hatten schließlich Josh bei uns, und er war damals erst fünf.
Aber Mostafa wusste immer, wohin wir gingen, und ohne
Vorankündigung kam er in die Bar oder das Restaurant, um
uns zu beobachten. Wieder dachte ich, er sei eifersüchtig und

passe auf, ob sich andere Männer an mich heranmachen wollten. Um ehrlich zu sein, ich war begeistert, weil er sich so um mich sorgte, wie ich fand, aber Mandy hatte ihn durchschaut. Doch was sie auch sagen mochte, ich war verliebt in diesen Mann, so war das nun einmal.

Im Herbst reisten Mandy, Josh und ich zurück nach Dublin. Wir hatten vor, noch mehr Geld für das Geschäft aufzutreiben. Wir waren gerade erst zwei Wochen zu Hause, da sagte mein Vater, er und meine Tanten seien bereit, sich um Josh zu kümmern, falls Mandy mit nach Zypern zurückwollte, um ein paar Wochen im Salon zu helfen, denn er wusste, es käme jetzt viel Arbeit auf uns zu. In den beiden Urlaubswochen in Dublin verfolgte Mostafa mich mit Anrufen. Bis zu zehnmal am Tag, manchmal öfter, klingelte das Telefon. Er wollte wissen, was ich machte, mit wem ich zusammen war, wohin ich ging. Immer wieder fragte er, an welchem Tag ich zurückkäme. Pausenlos kamen die Anrufe, einer nach dem anderen, und die Gespräche waren vollkommen sinnlos, denn sein Englisch war ja so schlecht. Ich sah, dass weder mein Vater noch Mandy glücklich war. Ihrer Meinung nach benahm er sich alles andere als normal. Aber ich durchschaute ihn immer noch nicht.

Als wir nach Zypern zurückkamen, stand er zu unserer Begrüßung am Flughafen. Er war nicht gerade glücklich darüber, dass Mandy mitgekommen war; ich glaube, er begriff damals, dass Mandy nicht unbedingt sein größter Fan war.

Nach unserer Rückkehr wurde er noch besitzergreifender, und weil Mandy ihren Sohn nicht bei sich hatte, gingen wir zwei abends auch öfter aus, was ihm nicht sonderlich passte. Er wollte mich rund um die Uhr. Ich weiß noch, Mandy und ich beschlossen eines Abends, nach Ayia Napa zu fahren, einem sehr beliebten Urlaubsort auf der Insel mit einem großen Nachtklub und einer sehr lebhaften Barszene. Wir wollten einfach mal einen Mädelsabend verbringen und um die Häuser ziehen. Der Ort war zweieinhalb bis drei Autostunden weit entfernt, aber wir wollten in einem Hotel übernachten. Ich erzählte Mostafa davon, aber das ließ ihn völlig unbeeindruckt. Als Mandy und ich an einem unserer seltenen Abende allein in einem Nachtklub saßen, sah ich aus dem Augenwinkel heraus auf einmal Mostafa. Ich dachte schon, ich würde mir das bloß einbilden. Er erfand gar nicht erst eine Ausrede; er kam einfach herüber zu uns und setzte sich. Froh war ich darüber nicht, und das wusste er auch, aber ich konnte nichts dagegen tun. Die Sache wurde allmählich zu fest, als dass ich mich noch wehren konnte. Wenn ich heute zurückblicke, glaube ich, dass er mir entweder vom ersten Tag an selbst folgte, oder dass einer seiner Freunde oder sein Cousin das für ihn übernahm und ihm dann Bericht erstattete. Immer schien er zu wissen, wo ich mich gerade befand und mit wem ich zusammen war. Der Vorfall in Ayia Napa ist das beste Beispiel dafür, denn damals gab es in dem Ort gut dreißig Nachtklubs, und er konnte unmöglich zufällig in einen hereinspaziert sein und uns entdeckt haben.

Das brachte mich in eine schwierige Lage. Es war deutlich zu sehen, dass Mandy sich von diesem Benehmen abgestoßen fühlte, denn es ging die ganze Zeit so, aber ich konnte daran nichts ändern. Sicher, ich hätte die Beziehung zu Mostafa beenden können, aber ich liebte ihn! Ich durchschaute ihn einfach nicht.

Damals benahm er sich mir gegenüber sehr liebevoll,

wenn man einmal von der Kontrollwut absah, die in seiner Persönlichkeit lag. Er trank außerdem Alkohol, was den muslimischen Überzeugungen zuwiderlief, und er erweckte bei mir den Eindruck, dass er im Grunde kein strenggläubiger Moslem war. Ich hatte im Internet über fundamentalistische Moslems nachgelesen und aus erster Hand Geschichten von Frauen gehört, die ich auf Zypern kennengelernt hatte und die in Beziehungen mit äußerst kontrollwütigen muslimischen Männern lebten. Aber das schien alles weit weg zu sein von dem Mann, den ich kannte. Ja, das Besitzergreifende und den Wunsch, mich zu kontrollieren, erkannte ich bei ihm wieder. Aber Mostafa schlug mich nicht oder erteilte mir Befehle, er genoss einfach das Leben, wozu auch der Alkohol gehörte. Er besuchte keine Moscheen und betete auch nicht alle paar Stunden auf einem Gebetsteppich. In meinen Augen war er zwar als Moslem geboren, praktizierte den Glauben aber nicht, und ganz bestimmt war er keiner von diesen extremen Fundamentalisten. Ich hatte nichts zu befürchten.

Es gab Zeiten, da ging er nicht ans Telefon, wenn ich ihn tagsüber anrief, und später erklärte er mir dann, er sei zu beschäftigt gewesen. Aber wenn ich bei seinen Anrufen nicht ans Telefon ging, dachte er immer, ich täte gerade etwas Verdächtiges oder spräche mit einem Mann. Dass ich »zu beschäftigt« zum Telefonieren sein könnte, das ließ er nicht gelten.

Damals arbeitete er in der Baubranche und verdiente recht ordentlich. Auf Zypern gab es im Baugewerbe gerade einen wirtschaftlichen Aufschwung, denn Ausländer investierten viel in Ferienhäuser, also gab es reichlich Arbeit für ihn. Aber viel Geld hatte er eigentlich nie. Erst viel später fand ich heraus, dass er das meiste Geld nach Syrien schickte, aber ich hatte keine Ahnung, warum.

Als Mandy zurück nach Hause gefahren und damit aus dem Weg war, bat Mostafa mich, zu ihm zu ziehen. Ich teilte mir damals mit meiner Freundin Jenny aus Irland ein Haus, aber sie hatte beschlossen, wieder nach Hause zu gehen, also war ich froh, dass sich Mostafa augenscheinlich so viel aus mir machte, dass er mit mir zusammenziehen wollte. Für mich war dies ein weiteres Anzeichen dafür, dass er keiner dieser Fundamentalisten war, über die ich gelesen hatte.

Er hatte mit Verwandten in einer Wohnung am Hafen von Paphos gelebt: mit seinem Onkel, der genauso alt war wie er, einem Cousin, seiner Schwester, deren Mann und deren zwei Kindern, alle in einer Wohnung. Ich hatte sie alle ein paar Mal gesehen, aber erst Jahre später fand ich heraus, dass die Frau, die er mir als seine »Freundin« vorgestellt hatte, seine Schwester war. Ich weiß nicht, weshalb er dachte, er müsse mich in dem Punkt anlügen, aber gelogen hat er. Tatsächlich war diese Frau bei meinen gelegentlichen Besuchen in dieser Wohnung ab und zu mit einem Tablett Tee oder einem kalten Getränk auf den Balkon gekommen, aber sie hatte nie viel mit mir gesprochen. Sie servierte einfach die Getränke und ging wieder. Das war schon ziemlich seltsam.

Da ich von Mostafa nichts anderes als seine liebevolle Seite kannte, war ich einverstanden damit, dass wir uns eine gemeinsame Wohnung nur für uns beide suchen wollten. Wir fanden eine Wohnung, die zwar preiswert, aber gleichzeitig sehr nett war. Ich hatte das Glück, sie über einen Freund zu finden, der in einer Bar arbeitete. Sie gefiel uns beiden, und so zogen wir ein. Doch gleich von Anfang an wurde er mir auf einmal sehr fremd. Er war sehr unabhängig, und er wollte, dass ich das vom ersten Tag an begriff. Miteinander leben bedeutete eindeutig nicht, dass wir als Paar abends zum Essen oder auf einen Drink miteinander ausgingen. Nein, es bedeutete, dass Mostafa jeden Abend zum Essen oder auf einen Drink ausging und sich mit seinen Freunden traf. Noch schlimmer war, dass er mein Auto nahm und mich ohne Transportmittel ließ, falls ich einmal irgendwohin wollte. Ich fuhr damals ein schönes, sportliches Auto, einen Toyota Levin, und Mostafa kam gegen drei oder vier Uhr morgens zurück und zuckte nicht einmal mit der Wimper oder gab irgendwelche Erklärungen ab. Es kam mir nicht in den Sinn, den Kilometerstand zu kontrollieren und zu sehen, wie viele Kilometer er gefahren war. Hätte ich das getan, hätte ich ungefähr gewusst, wohin er jede Nacht fuhr, denn es ist eine sehr kleine Insel und man muss höchstens ein paar Stunden fahren, egal wohin man will. Anfangs dachte ich, er hätte einfach Probleme damit, sich an ein ruhiges Leben, an eine »ernsthafte Beziehung« zu gewöhnen. Er erzählte mir immer, er treffe sich mit seinen Freunden auf einen Kaffee, aber ich hätte es besser wissen müssen. Er genoss offenbar immer noch sein Leben als Single in den Klubs und Bars der Insel. Dass er das Auto nahm, gehörte zu seinem Plan, mich im Haus festzuhalten, das weiß ich jetzt, aber damals änderte kein Streit etwas an der Situation. Ich konnte damals nicht klar denken, und selbst wenn ich ihn damit konfrontiert hätte, er hätte mir nichts anderes gesagt, als dass er sich mit seinen Freunden auf einen Kaffee treffe. Und wie konnte ich das in Frage stellen, wenn ich keinen Beweis für das Gegenteil hatte?

So ging es monatelang; er kam und ging und machte, was

er wollte. Ende September waren wir in die gemeinsame Wohnung gezogen, aber mit keinem Wort erwähnte er, dass er seinen Anteil an der Miete oder den Rechnungen zahlen wollte. Vom ersten Tag an bezahlte ich alles für ihn, und er bot nie seine Hilfe an. Tatsächlich hatte er nur wenige Wochen nach unserem Kennenlernen sein Auto verkauft und benutzte nun jeden Tag meines für seine Wege über die Insel. Alles Anzeichen, die mir eine Warnung hätten sein sollen, die ich aber lieber ignorierte. Ich sagte nichts und nahm einfach alles hin.

Im darauffolgenden März, sechs Monate, nachdem Mostafa und ich zusammengezogen waren, sollte Mandy mit ihren Freundinnen Sonya und Jackie auf Urlaub kommen. Sie sollten bei uns im Apartment wohnen, aber mir war klar, dass Mandy sich in Mostafas Nähe nicht wohlfühlte und dass er sie nicht mochte. Ich dagegen fieberte ihrem Besuch entgegen. Meine einzige Sorge war, dass Mandy nicht sehen sollte, wie er jeden Abend ausging und erst in den frühen Morgenstunden wieder nach Hause kam. Am Abend vor ihrer Ankunft kam er wieder, wie üblich, mitten in der Nacht nach Hause, und da stellte ich ihn zur Rede.

Ich fragte ihn, was er sich eigentlich dabei denke. Ich wollte wissen, ob er sich womöglich mit einer anderen traf, und schließlich erklärte ich ihm, ich hätte genug von ihm.

Da verlor er die Beherrschung. Ich saß in dem Moment auf dem Bett, wollte versuchen, mit ihm zu reden, ihm begreiflich zu machen, dass er sich falsch verhielt, und er bekam den totalen Wutausbruch. Auf Englisch und Arabisch schrie und brüllte er mich an, zog sich den Gürtel aus der Hose, und als ich mich mit der Bettdecke schützen wollte, schlug er auf mich ein, prügelte mich so lange, bis er zu erschöpft war, um weiterzumachen.

Ich lag zusammengerollt auf dem Bett und schluchzte. Mir tat alles höllisch weh, aber ich konnte mich nicht rühren. Ich schrie hemmungslos vor Schmerz, und als ich an mir runterschaute, sah ich dicke Striemen über dem Bauch, den Hüften und am Oberschenkel.

Ich konnte nicht mit Weinen aufhören, und dann plötzlich kam er zu mir, mit einem furchtbar hässlichen, beängstigenden Gesichtsausdruck. Er zerrte mich vom Bett und zog mich am Kragen meines Nachthemds die Treppe runter, und die volle Wucht jeder Stufe bekamen meine Beine und mein Rücken ab. Mit dem Kopf schlug ich gegen die Wand, und ich konnte weder mich noch meine Würde schützen. In einem Wutanfall sagte er: »Na schön. Wir machen jetzt eine kleine Spritztour.«

Irgendwie hatte ich meine Flip-Flops anziehen können, als ich von der Matratze gezerrt wurde, denn sie standen direkt neben dem Bett, aber ich war wie gelähmt vor Angst, denn ich hatte keine Ahnung, was Mostafa nun tun würde. Grob stieß er mich so wie ich war, in meinem kurzen Nachthemd und dem Höschen, in den Wagen, und trotz meiner Schreie fuhr er stockend und schlingernd zu einem Ort namens Coral Bay in Paphos. Mein Geschrei machte ihn offensichtlich sehr wütend; er parkte den Wagen, zog mich heraus und zerrte mich zu dem Kliff. Er vergewisserte sich, dass ich am äußersten Rand des Abhangs stand, und dann sagte er: »So. Wenn du so was noch einmal machst, werfe ich dich hier runter.« Ich sah ihm ins Gesicht und dachte: »Dieser Typ ist wahnsinnig.« In dem Moment war ich sicher, er würde mich hinunterstürzen.

Mir war vollkommen klar, dass ich um mein Leben betteln musste. Ich schaute auf zu ihm und sagte unter Tränen: »Es tut mir ja so leid, Mostafa, so aufrichtig leid.« Und nach etwa einer Minute des Schweigens ließ er mich schließlich los. Wir fuhren nach Hause, und keiner von uns sagte ein Wort. Ich kroch ins Bett, schweigend. Mir war übel und ich hatte Schmerzen, aber ich gab mir die größte Mühe einzuschlafen, trotz des bösen, nicht zu bändigenden Ungeheuers, das dort neben mir lag.

Am nächsten Tag kamen die Mädchen an, und ich versuchte so zu tun, als sei nichts geschehen. Die ganze Zeit hatte ich Schmerzen, aber in der Woche bedeckte ich mich, so gut es ging. Ich trug Sarongs und achtete darauf, dass sie am Strand nicht hochwehten. Doch eines Tages, ich saß gerade am Meer mit meiner Freundin Sally, Rachaels Mutter, wurde der Sarong zur Seite geweht, und sofort sagte Sally: »O mein Gott! Was ist denn mit dir passiert? War er das? Hat er dich geschlagen?« Mir war klar, sie wusste, wie Mostafa war, also gestand ich, was passiert war, sagte ihr aber, ich müsse es vor meiner Schwester geheim halten. Sally meinte, ich müsse weg von ihm, ehe er mich noch umbrachte, und das sicherte ich ihr auch zu, erwiderte aber, ich dürfe ihn jetzt nicht verärgern, ich müsse warten, bis Mandy wieder in Dublin war.

Sally hatte mir schon oft auf den Kopf zugesagt, sie glaube, dass Mostafa mir gegenüber gewalttätig sei, obwohl ich ihn immer verteidigt hatte. Alle meine Freunde in Paphos waren Zeugen seines besitzergreifenden und aggressiven Verhaltens gewesen, wenn er sah, dass ich mich mit anderen Männern unterhielt oder überhaupt mit jemandem, den er nicht kannte, Mann oder Frau.

Tatsächlich war es nicht das erste Mal, dass er mich geschlagen hatte. An das erste Mal erinnere ich mich noch zu gut. Es war noch ganz am Anfang unserer Beziehung, er wohnte noch mit seiner ganzen Familie zusammen. Er war zwei Wochen in Syrien auf Urlaub gewesen, und jemand, den er sehr gut kannte, ein enger Kollege, hatte mich angemacht und versucht, mich zu küssen. Ich hatte mich sofort zurückgezogen und ihn abgewehrt, aber ich war ganz krank vor Sorge, dass es womöglich wieder passierte, also erzählte ich Mostafa davon, als er nach Hause kam. Ich sagte ihm, der Mann hätte ein paar Mal versucht, mich zu küssen, und ich wüsste nicht, was ich machen sollte. Ich sah die Wut in Mostafas Gesicht, er brüllte mich an, nannte mich eine Lügnerin, und schon hob er den Arm und schlug mir mit voller Kraft ins Gesicht. Der Schmerz war furchtbar; es brannte ganz entsetzlich. Ich war total schockiert, ganz aufgewühlt, und musste weinen. Und ich weiß noch, ich sagte ihm, es tue mir so leid, vielleicht sei ich ja auch schuld daran, dass sich der Mann an mich rangemacht hatte. Vielleicht hatte ich ja mit ihm geflirtet, ohne mir dessen bewusst zu sein, und hatte die falschen Signale ausgesandt. Ich hatte furchtbare Angst vor dem, was Mostafa mir noch antun würde, wenn ich nicht sagte, wie sehr es mir leidtue, und wenn ich nicht die Schuld auf mich nahm.

Als Mandy diesmal zu Besuch kam, war Mostafas Englisch schon ganz ausgezeichnet. Er hatte nur ein paar Monate gebraucht, um nahezu fließend Englisch zu sprechen, und alle Wörter, die er kannte, benutzte er auch. Seine Lieblingswörter für mich waren »Fotze« und »westliches Miststück«. Die Wörter benutzte er ständig, und ich nahm es einfach hin und sagte nichts dazu.

Ich glaube, ganz zu Beginn unserer Beziehung war ich noch sehr verletzlich. Ich liebte das Leben, aber ich war immer noch verzweifelt über den Verlust meiner Mutter, und ich lebte allein in einem fremden Land ohne meine Familie, die mich hätte unterstützen können. Ich wollte sie mit meinen Problemen nicht belasten, sie hatten zu Hause schon genug Sorgen. Mostafa war der Einzige, auf den ich mich stützen konnte. Und ich glaube, am meisten fürchtete ich, ohne Mann durchs Leben gehen zu müssen. Sogar nach der schrecklichen Fahrt zu den Klippen versuchte ich mir einzureden, er hätte mich ja nur ein paar Mal geschlagen und es würde bestimmt nicht wieder vorkommen, ich würde schon dafür sorgen, dass alles gut lief. Aber ich machte mir nur etwas vor.

Zum Glück bemerkte Mandy bei ihrem Aufenthalt nicht die Striemen auf meinem Körper, und ich erwähnte sie mit keinem Wort.

Als Mandy und ihre Freundinnen wieder nach Hause flogen, versuchte ich, einfach mit meinem Leben weiterzumachen. Es änderte sich nichts. Ich arbeitete den ganzen Tag, und Mostafa war weiter auf dem Bau tätig. Die ganze Nacht spielte er, und ich blieb meistens zu Hause. Ich akzeptierte dieses Muster allmählich als den Normalfall für uns, und ich sagte nichts, was ihn hätte wütend machen können. Ich machte einfach mit allem weiter und gab mir Mühe, nichts zu tun, was ihn erzürnen könnte.

Im Laufe der Zeit schien sich alles wieder zu normalisieren. Die gelegentlichen Misshandlungen sprachen wir nie an, und wir versuchten, wieder in die Spur zu kommen. Wir beide arbeiteten während der Woche, und wenn ich abends nach Hause kam, machte ich das Abendessen. Meistens ging er dann seiner Wege, und ganz selten traf ich mich mal mit den Mädchen auf einen Drink, wobei ich darauf achtete, früh nach Hause zu kommen und jeden Streit zu vermeiden. Am Wochenende gingen wir zusammen auf die Bar Street, nur wir zwei, und tranken etwas. Er liebte Wodka mit Red Bull, und sehr gern saß er draußen und beobachtete die Leute, und dabei rauchte er ein paar Zigaretten – definitiv nicht die Merkmale eines praktizierenden Moslems.

Schweinefleisch aß er allerdings nicht, was ich vom ersten Tag an wusste, aber er bestand auch nicht auf Fleisch, das nach islamischer Tradition geschlachtet wurde. So aß er zum Beispiel Huhn und anderes Fleisch aus dem Supermarkt. Gingen wir zu einer Grillparty, aß er Lamm, und ich respektierte seine Wahl. Ich hatte nie Schinken im Kühlschrank oder sonst etwas, an dem er hätte Anstoß nehmen können. Es war einfach Teil meines Lebens, und ich akzeptierte es, ohne mir Gedanken darüber zu machen. Wenn wir Pizza kommen ließen, musste ich nur darauf achten, dass es eine Margherita ohne Schinken war. Seine Religion war für mich im Grunde genommen kein Thema.

Dann fragte mich eines Tages über einer Tasse Kaffee der Lebensgefährte einer Freundin, ein Libanese, ob ich wüsste, dass Mostafa in Syrien eine Frau und zwei Kinder hatte. Ich dachte, das müsste ein Missverständnis sein; vielleicht hatte er etwas über einen anderen Mostafa gehört, zwei und zwei zusammengezählt und fünf dabei herausgekriegt. Auf keinen Fall war Mostafa verheiratet. Auf gar keinen Fall! Ich hätte Anzeichen dafür gesehen, hätte ihn mit seiner Frau telefonieren hören. Und wieso sollte er mir davon nichts erzählen, wo wir doch praktisch wie Mann und Frau, wenn auch ohne Trauschein, zusammenlebten? Ich mochte das einfach nicht glauben. Mostafas striktes Leugnen, als ich ihn darauf ansprach, ließ mich glauben, dass dieser Mann wohl etwas missverstanden haben musste. Er hatte Mostafa einfach mit jemand anderem verwechselt. Mostafa ging so weit, dass er mir erklärte, dieser Mann, wer auch immer er sei, hätte mir die »Lügen« sicherlich nur deshalb erzählt, weil er Zwietracht zwischen uns säen wollte; offensichtlich stand er auf mich. Ich weiß noch, wie ich dachte: »Wenn Mostafa Kinder hätte, würde er sie dann nicht besuchen wollen? Hätte er dann nicht Fotos von ihnen in der Brieftasche?« Doch auch wenn ich die Anschuldigungen dieses Mannes in Zweifel zog, meinte ich, irgendwas müsse da im Argen liegen. Ich war nicht so ganz sicher, ob Mostafa mir tatsächlich die Wahrheit sagte. An seinem Leugnen war einfach etwas, dass mir nicht ganz astrein vorkam.

Nach und nach kamen mir immer mehr Zweifel an seiner Unschuld. Ich hatte den Eindruck, ich hätte ihn bei etwas erwischt, und das musste wohl an ihm nagen. Immer wieder wollte er wissen, wer mir diese »Lügenmärchen« aufgetischt hätte. Im Laufe der nächsten Monate zweifelte ich mehr und mehr an ihm. Immer wieder brachte ich die Sprache auf die Behauptungen, und eines Tages knickte er ein.

Er gab zu, dass er tatsächlich verheiratet war. Er erzählte mir, die Heirat sei arrangiert worden und er liebe seine Frau nicht. Ja, er habe zwei Kinder, einen Jungen und ein Mädchen, aber er sehe sie nicht oft, da ja Zypern inzwischen sein Lebensmittelpunkt war.

Ich war erschüttert. Immer wieder fragte ich mich, wieso

ich ihn nicht durchschaut hatte. Wieso hatte ich diesem Freund nicht glauben wollen, als er mich gewarnt hatte, dass Mostafa ein Lügner war? Wieso fiel ich auf jede Lüge herein, die dieser Mann mir auftischte?

Ich hörte zu, als er mir angeblich »alles« erzählte. Seine Geschichte war folgende: Seine Familie hatte die Ehe arrangiert, als das Mädchen, seine Cousine, gerade einmal fünfzehn und er dreiundzwanzig gewesen war. Es war eine reine Zweckehe, und er hatte in der Sache keine Wahl. Er war damals in der Armee, weil alle syrischen Männer zwei Jahre in der Armee dienen mussten, doch weil er nun mal, wie er selbst bekannte, ein Feigling war, hatte er sich nach sechs Monaten, wie es durchaus möglich war, freigekauft. Und weil er nach sechs Monaten herauskam, bestand seine Familie, so behauptete Mostafa, auf dieser Ehe.

Zwei Kinder hatte er, so fuhr er fort, doch er sah sie selten. Deshalb war er auch vor einigen Monaten nach Syrien gereist, um seine Tochter und seine Frau zu besuchen, die damals gerade mit dem zweiten Kind, dem gemeinsamen Sohn, schwanger war. Das heißt, seine Frau muss schwanger gewesen sein, als er anfing, sich mit mir zu treffen. Trotzdem behauptete er, da sei nichts mehr zwischen ihm und seiner Frau und er habe tatsächlich die Scheidung verlangt.

Ich hasste ihn dafür, dass er mir nicht die Wahrheit gesagt hatte. Ich hasste ihn dafür, dass sein Leben eine einzige Lüge war. Ich hasste ihn, weil ich ihn trotzdem immer noch liebte. Und wieder einmal verzieh ich ihm. Er versprach mir, er werde mich glücklich machen, mich nie wieder anlügen und nie wieder etwas vor mir geheim halten. Und natürlich glaubte ich ihm.

Zu der Zeit lief alles richtig gut. Der Salon machte sich fantastisch, und Mostafa freute sich riesig, dass mehr und mehr Geld hereinkam. Schließlich bezahlte ich immer noch alles. Ich erklärte alles für vergeben und vergessen und versuchte einfach weiterzumachen. Doch sehr bald schon erschien er immer wieder ohne Vorwarnung im Salon. Und dann entdeckte ich ihn eines Tages auf der anderen Straßenseite, wie er herüberstarrte.

Mit meinen Kundinnen verstand ich mich prächtig, und wie in Irland und in England und auch in vielen anderen Ländern üblich, umarmte ich die Leute, wenn sie kamen oder gingen, und dachte mir weiter nichts dabei. Ab und zu wurde eine Kundin von ihrem Mann oder Freund abgeholt, und wenn sie dann gingen, gab ich beiden ein Küsschen auf die Wange oder umarmte sie. Aber als Mostafa das einmal sah, brüllte er mich an, beschimpfte mich und nannte mich »Fotze«, wie üblich. Er teilte mir unmissverständlich mit, ich sei sein Eigentum und dürfe einem Mann nicht einmal die Hand schütteln, geschweige denn ihn umarmen. Mich dagegen zu wehren hatte keinen Zweck.

Aber ein paar Mal, wenn es richtig schlimm wurde, verließ ich ihn. Vorausgegangen waren dann allerdings immer eine heftige Prügelattacke oder wüste Beschimpfungen.

Eine sehr gute Freundin von mir lebte in Paphos auf Zypern. Sie war geschieden, hatte zwei Kinder, und sie war mir eine große Hilfe. Rachael war ein Medium und hatte im Laufe der Jahre in unserem Freundeskreis viele zutreffende Voraussagen gemacht, und bis zum heutigen Tag bin ich fest davon überzeugt, dass sie wirklich mit dieser Gabe ausgestattet ist. Bei etlichen Gelegenheiten flehte sie mich buchstäblich an, Mostafa zu verlassen, denn sie glaubte, dass er eines Tages zu weit gehen und mich totprügeln würde. Sie begriff nicht, weshalb ich immer wieder zu ihm zurückging. Das konnte keiner begreifen, allerdings gab sie nie den Versuch auf, mich zur Vernunft zu bringen.

Oft kam es nach einem Streit mit Mostafa vor, dass ich meine Sachen packte und zu Rachael flüchtete. Immer empfing sie mich mit offenen Armen, und immer kämpfte sie für mich, wenn er unweigerlich an die Tür hämmerte und von mir verlangte, ich solle nach Hause kommen. Ein paar Mal zerrte er mich buchstäblich aus ihrer Wohnung, während ich in einem fort heulte, und Rachael war mittendrin und versuchte, mich aus seiner eisernen Umklammerung zu befreien.

Eines Tages, ich war gerade zwei oder drei Tage weg von ihm, beschloss ich, in die Wohnung zu fahren und so viele von meinen Sachen wie nur möglich zusammenzupacken. Rachael kam mit mir, denn wir wussten, er wäre um die Uhrzeit auf der Arbeit. Als wir hereinkamen, entdeckte ich auf der Küchentheke einen Kuchen, den er gebacken hatte, etwas, das wir oft machten. Ich weiß noch, dass ich in meiner Dummheit dachte: »Ach du meine Güte, er hat mir einen Kuchen gebacken!« Für den Bruchteil einer Sekunde hatte ich ein so schlechtes Gewissen, dass ich zu ihm zurückwollte. Wieder einmal glaubte ich, er würde mich lieben und hätte mich nicht verletzen wollen. Aber zum Glück erinnerte ich mich schnell an die Prügel, die er mir ein paar Tage zuvor erst verabreicht hatte – schon wieder Prügel –, und schnell schnappte ich mir, was ich konnte, und ging wieder.

Als ich zum Wagen zurückkam – die beiden Kinder meiner Freundin saßen auf dem Rücksitz –, parkte Mostafa mit dem

Firmenlieferwagen hinter uns ein. Als wir ihn entdeckten, starteten wir den Wagen und wollten losfahren, aber er jagte mit dem Lieferwagen hinter uns her. In rasantem Tempo folgte er uns etwa eine halbe Stunde lang, und bei jeder sich bietenden Gelegenheit lenkte er seinen Wagen neben uns und versuchte, uns von der Straße abzudrängen.

Die Kinder schrien auf dem Rücksitz; sie waren total hysterisch. Ich dachte schon, wir würden alle sterben. Auch Rachael war zu Tode erschrocken, kochte aber auch vor Wut darüber, dass er den Nerv hatte, uns immer wieder rammen zu wollen. Zumal er doch wusste, dass wir Kinder im Auto hatten. Er musste sie einfach gesehen haben, als er neben uns gefahren war. Und so stieg Rachael in einem Wutanfall auf die Bremse und sprang aus dem Wagen. Sie schrie ihn an, wollte wissen, was zum Teufel er sich dabei dachte. Er soll verschwinden und uns in Ruhe lassen, meinte sie. Sie sagte: »Louise will nicht mehr mit dir zusammen sein. Lass sie ihr eigenes Leben führen und hör auf, sie zu belästigen.«

Doch Mostafa flehte sie an, mir gut zuzureden, damit ich zu ihm zurückkäme. Er sagte, dass er mich liebe und dass ihm alles leidtue. In dem Moment klang er wie eine Schallplatte, die einen Sprung hatte. Ich hatte das alles nämlich schon viele Male gehört, aber aus irgendeinem Grund meldeten sich die Gewissensbisse wieder. Und nach ein paar Tagen und etlichen Anrufen von ihm, bei denen er mich bat, ihm zu verzeihen, ging ich auch diesmal wieder zurück.

Rachael muss es inzwischen leid gewesen sein, dass ich die ganze Zeit kam und ging. Bestimmt nervte es sie, dass ich nie auf sie hörte, aber ich kann es nicht richtig erklären, was für eine Macht Mostafa über mich hatte. Irgendwie fühlte ich mich immer wieder gezwungen, zu ihm zurückzugehen, weil ich mit ihm die erste richtige Beziehung meines Lebens hatte. Etwas anderes kannte ich nicht.

Kaum war ich wieder bei ihm, beruhigte sich alles ein bisschen, und auch die Prügel wurden seltener. Und dann drängte er mich immer mehr, ihn zu heiraten. Unsere Beziehung war erst wenige Monate alt, und diese Monate waren zum größten Teil die Hölle gewesen, aber er sagte mir, er würde sich viel besser fühlen, wenn wir Mann und Frau wären, da wir ja ohnehin schon wie ein Ehepaar lebten. Er sagte, er wolle sich scheiden lassen und alles würde gut werden. Trotz der Gewaltausbrüche und trotz seiner Kontrollwut liebte ich ihn auf eine sehr merkwürdige Weise. Doch heiraten wollte ich ihn nicht, denn insgeheim fürchtete ich, die Lage würde dann noch schlimmer werden. Mir war klar, meine Familie wollte mich nicht in seiner Nähe sehen, hätte erst recht nicht gewollt, dass ich mich durch ein Jawort für den Rest meines Lebens an ihn binde, und auch daran dachte ich. Also schob ich die Entscheidung immer wieder auf, bis ich praktisch nicht mehr zurückkonnte.

Im Jahr 2004 buchte ich einen Flug nach Hause, um meinen Vater und meine Schwester zu besuchen. Mit Mostafa war es wieder einmal ziemlich übel gewesen, und ich musste endlich mal wieder bei meiner Familie sein, einmal von allem wegkommen. Wir schliefen immer noch miteinander, aber ich machte nur mit, weil ich ihn bei Laune halten und verhindern wollte, dass er wieder einen Wutanfall bekam.

Mandy und Josh hatten ihren Urlaub bei mir verbracht, aber etwas ganz anderes war es doch, sie alle zu Hause zu sehen; also beschloss ich, mit ihnen zusammen nach Dublin zu fliegen. Mostafa war von meinen Reisepläne alles andere als begeistert, und noch am Vortag des Fluges wollte er mich dazu bringen, dass ich meine Meinung änderte.

Aber ich konnte diese Auszeit kaum noch erwarten. Die ersten Wochen verbrachte ich in Dublin, dann fuhr ich für ein paar Tage zu meiner Cousine, die ein wunderschönes Haus auf dem Land hatte, und da erholte ich mich einfach nur. Eines Morgens auf dem Weg in die Dusche spürte ich eine Art Flattern im Bauch, und sofort wusste ich, dass ich schwanger war. Ich wusste, es musste noch sehr früh sein, aber eine Frau erkennt die Anzeichen. Also kaufte ich mir einen Schwangerschaftstest in der Apotheke, ging im Haus meiner Cousine ins Badezimmer und machte den Test. Ich war sehr erschrocken, als ich den blauen Strich sah, aber insgeheim war ich auch überglücklich.

Mein Leben auf Zypern war nicht gerade rosig, das war mir klar, und obwohl wir erst ein paar Monate zusammen waren, hatte Mostafa inzwischen beträchtliche Macht über mich. Er suchte unsere Freunde aus. Er schrieb mir vor, was ich anziehen sollte und was nicht. Und ein paar Mal hatte er mich sogar gepackt, als ich gerade zur Tür hinauswollte, mir die Kleider heruntergerissen und mir verboten, in den Sachen rauszugehen, die ich mir ausgesucht hatte. Ich weiß noch, dass ich einmal abends auf einen Drink mit ihm ausging. Ich trug ein wunderschönes locker fallendes Top, schulterfrei auf der einen Seite und auf der anderen Seite mit einem weiten Ärmel, und ich fühlte mich toll. Ich liebte dieses Top. Aber als Mostafa mich die Treppe runterkommen sah, packte er mich so grob, dass der Ärmel zerriss, sodass er nur noch einen Stofffetzen in der Hand hatte. Er verlangte von mir, ich solle etwas anziehen und mich bedecken, und genau das tat ich dann auch. An dem Abend hätte ich um des lieben Friedens willen alles getan. Er meinte, wenn ich je wieder so etwas anziehen sollte, würde er mich umbringen. Und ich ging an dem Abend trotzdem mit ihm aus und tat so, als sei überhaupt nichts passiert.

Im Grunde führte ich ein Doppelleben. Ich war die übersprudelnd lustige Louise, die auf der Arbeit gern lachte und Späße machte; ich war eine Geschäftsfrau, die gern schnelle Sportwagen fuhr. Doch zu Hause war ich die unterwürfige Frau mit einem dominierenden Partner, die ständig Angst davor hatte, irgendwas zu sagen oder zu tun, was ihn aufregen könnte. Mein Leben war eine einzige Lüge.

Doch trotz allem: Mein dreißigster Geburtstag stand bevor, und ich freute mich unbändig, dass ich ein Baby bekommen sollte. Nicht einen Moment dachte ich an die Konsequenzen, die sich daraus ergeben würden, dass ich *sein* Baby bekam. Ich war einfach überglücklich, dass ich nun Mutter werden sollte.

Als ich meiner Familie davon erzählte, freuten sich alle für mich, aber ohne dass sie es sagen mussten, war ihnen klar, dass es nicht gutgehen würde. Sie freuten sich über das Baby, das unterwegs war, aber über den Vater des Babys freuten sie sich nicht. Sie hatten keine Ahnung davon, wie mein Leben wirklich aussah. Schließlich erzählte ich ihnen nur Bruchstücke der Wahrheit, damit sie sich keine Sorgen machten. Aber sie wussten genug, um das Schlimmste zu fürchten. Mandy konnte ihre Gefühle noch nie gut verbergen, ihr Gesicht verrät immer alles, und ich erinnere mich noch deutlich an ihren Gesichtsausdruck, als ich ihr die Neuigkeit erzählte. Wie üblich sah man ihr jeden einzelnen Gedanken an der Nasen-spitze an. Meine Familie wusste, besser noch als ich, dass ich jetzt nicht nur gezwungen wäre, mit Mostafa zu leben, son-dern dass ich ihn auch heiraten musste.

Wenn ich Mostafa anrief, würde ich ihm sagen müs-sen, dass er Vater wurde. Ich wusste nicht, wie er reagieren würde, aber getan werden musste es. Als ich ihm am Telefon die Neuigkeit erzählte, klang er begeistert. Er meinte, das sei eine »fantastische« Nachricht, er liebe mich mehr denn je und hätte mich sehr vermisst. Er bat mich, sofort zu ihm zurück-zukommen, und versprach, er würde sich von jetzt an immer gut um mich kümmern.

Dass es ein Junge würde, so meinte er, wisse er bereits, ein Mädchen wollte er nämlich nicht. Ich dagegen wünschte mir ein Mädchen. Ich wollte keinen Jungen, weil ich keine ex-akte Kopie von Mostafa wollte, und mir war klar, wenn es ein Junge wäre, würde er aus ihm eine Miniaturausgabe von sich selbst machen.

Ich rief Rachael an und teilte auch ihr die Neuigkeit mit. Wie alle anderen freute sie sich für mich. Nur darüber, wer der Vater war, freute sie sich nicht. Ich sagte, ich wollte in der kommenden Woche nach Zypern zurückkommen, und fragte, ob ich eine Weile bei ihr und den Kindern bleiben könne, was ich dann auch tat. Aber kaum hörte Mostafa, dass ich in Paphos war, kam er dorthin und meinte, er habe eine wunderbare Wohnung für uns gefunden, mit Swimmingpool, und er wolle sich um mich kümmern.

Trotz Rachaels inständiger Bitten, nicht darauf einzu-gehen, ging ich mit. Und ehrlich – während der gesamten Schwangerschaft war Mostafa ein völlig anderer Mensch. Er traf sich abends immer noch mit seinen Freunden auf einen »Kaffee« und tat, was er wollte, aber er schlug mich nicht, und er war mir gegenüber auch nicht so aggressiv wie vorher. Tatsächlich weiß ich noch, dass ich manchmal dachte, er habe sich irgendwie geändert und werde jetzt vielleicht immer etwas netter zu mir sein. In der Schwangerschaft hatte ich einen Heißhunger auf Obst, und oft kam er wochentags mit einem Obstkörbchen in den Salon und gab mir einen Kuss auf die Wange. Es war ein völlig anderer Mostafa, gar nicht mehr der Mann, den ich vorher gekannt hatte.

Als ich im sechsten Monat war, flog ich zu einer Vorsorgeuntersuchung nach Irland und suchte das Krankenhaus St. Michael's in Dun Laoghaire auf. Mandys Sohn war mit einer Nierenkrankheit zur Welt gekommen, einer erblichen Krankheit, also wollte ich untersuchen lassen, ob mein Kind auch davon betroffen war. Als die Frau im Krankenhaus die Ultraschalluntersuchung machte, erzählte ich ihr, mein Lebensgefährte wünsche sich einen Jungen. Da sagte sie: »Sie bekommen keinen Jungen, Herzchen, Sie bekommen ein Mädchen.« Ich war total begeistert. Es war wie die Erfüllung all meiner Träume. Ein kleines Mädchen hatte ich mir immer schon gewünscht und hatte immer gedacht, dass ich sie May nennen wollte, nach meiner Mutter. Aber mir war klar, Mostafa wäre entsetzt, wenn ich ihm von meinen Neuigkeiten berichtete, denn er war felsenfest davon überzeugt, er würde Vater eines Jungen, und hatte das auch schon überall herumerzählt. Für einen muslimischen Mann ist es wichtig, einen Sohn zu zeugen, der seinen Namen in die nächste Generation trägt, und diesen Plan sollte ich nun zunichte machen.

Ich weiß noch, ich verließ das Krankenhaus, redete tatsächlich mit meinem kleinen Mädchen und sagte: »Ach, May, die ganze Zeit hab ich gewusst, dass du ein kleines Mädchen bist, und ich liebe dich jetzt schon sehr.« Als ich zu meinem Vater zurückkam, rief ich Mostafa sofort an. Ich konnte es gar nicht abwarten, ihm zu erzählen, dass er keinen Sohn haben würde. Vielleicht war es gemein von mir, so etwas zu denken, aber ich wusste, über ein kleines Mädchen hätte er nie dieselbe Macht wie über einen Jungen, und das machte mich glücklich. Für jeden anderen Mann auf dieser Erde hätte ich liebend gern einen Jungen bekommen, nur nicht für diesen Mann. Nicht für einen Mann, der versucht hätte, unserem Sohn so viel Gift einzuträufeln, dass er glaubte, seine Mutter sei, wie Mostafa immer sagte, ein »westliches Miststück« und eine »Fotze«. Es wäre weit schwieriger für ihn, eine Tochter davon zu überzeugen, und dafür dankte ich Gott. Als ich es Mostafa erzählte, schwieg er etwa zwanzig Sekunden, ehe er antwortete: »Bist du sicher? Vielleicht wissen die das noch nicht genau. Wir werden sehen.«

Selbstzufrieden antwortete ich: »Doch, die wissen das ganz genau. Es ist definitiv ein Mädchen.«

Noch ein paar Sekunden schwieg er und sagte dann: »Verdammt.«

Ich versuchte, nicht zu lachen, musste mir aber große Mühe geben, denn seine Reaktion war der krönende Abschluss meines Tages.

Jetzt wusste ich, dass ich immer eine Tochter an meiner Seite haben würde, ganz egal, was noch in meinem Leben passieren mochte. Er konnte mir antun, was er wollte, aber meinem kleinen Mädchen würde er nichts zuleide tun. Dafür würde ich sorgen.

Mein Baby sollte im April 2005 zur Welt kommen, und das Geschäft lief fantastisch. Mostafa würde mit meinem Auto herumfahren, solange ich in Irland war, und jeden Abend die Einnahmen aus dem Salon holen, aber die ganze Zeit brachte er nicht einen einzigen Cent auf die Bank und gab mir nicht einmal einen Euro. Allmählich fand er es wunderbar, wenn ich zu Vorsorgeuntersuchungen nach Hause musste, denn so konnte er mir jeden einzelnen Cent abnehmen, der mir aus meinem kleinen Unternehmen zustand. Erklärungen gab er dafür keine ab, er fand einfach, er habe das Recht dazu, und die Mädchen im Salon hatten Angst, ihm das streitig zu machen. Und das war auch gut so. Es war einfach nicht der Mühe wert.

Als ich wieder auf Zypern war, arbeitete ich weiter, doch ich ermüdete jetzt sehr schnell, und wenn ich von der Arbeit nach Hause kam, legte ich mich einfach nur aufs Sofa und ruhte mich aus. So war ich auch am Silvesterabend 2004 nicht in der Stimmung, in irgendwelche Kneipen zu gehen. Ich wollte einfach nur einen ruhigen Abend zu Hause, was Nettes essen, ein bisschen reden und darüber nachdenken, was das neue Jahr wohl bringen würde. Aber Mostafa hatte etwas anderes im Sinn. Er fragte, ob ich etwas dagegen hätte, wenn er was trinken ginge. Ich ließ ihn gehen, hoffte aber, er wäre rechtzeitig um Mitternacht wieder zu Hause, damit wir diesen Moment zusammen erleben könnten.

Doch Mitternacht kam, und er hatte noch nicht einmal angerufen. Kurz nachdem sich die ganze Aufregung draußen auf der Straße gelegt hatte, klingelte das Telefon, aber es war nicht Mostafa. Es war eine Freundin, die den Schönheitssalon über uns leitete. Offensichtlich war sie in einem Pub, denn ich hörte im Hintergrund das Gekreische und Gelächter und das Anstoßen von Gläsern. Sie erkundigte sich, ob es mir gut ging, was ich bejahte. Dann meinte sie, ich solle mich setzen, denn sie wolle mir etwas erzählen. Ich hatte keine Ahnung, was das sein würde. Sie sagte, Mostafa sei gerade in einer Kneipe an ihr vorbeigegangen und halte Händchen mit einer anderen Frau. Ich weiß noch, ich saß auf dem Bett, als ich sie sagen hörte, dass er diese Frau auch küsste, und das vor aller Augen. Ich war entsetzt. Bevor ich ihn voller Wut anrief, packte ich ein paar Sachen zusammen und rannte nach draußen zu meinem Auto.

Als ich im Auto saß, rief ich Mostafa an. Das Telefon klingelte und klingelte, und nach ungefähr fünf Minuten, in denen ich ständig die Wahlwiederholungstaste drückte, ging er endlich ran. Er fragte, was denn los sei, und ich wollte wissen, wo er gerade war. Er sagte: »Mir geht es gut, mach dir keine Sorgen. Ich bin auf dem Nachhauseweg.«

Ich schrie ins Telefon: »Meine Freundin hat dich mit einem Mädchen in die Bar kommen sehen, du Mistkerl. Wie kannst du mir so was antun? Ich bin schwanger, ich erwarte dein Kind.«

Er kam mit den üblichen Ausreden. Er meinte, sie sei »niemand«. Er hätte gerade einer Fremden ein frohes neues Jahr gewünscht! Er gab sich große Mühe, mir einzureden, dass meine Freundin eine Lügnerin sei und dass sie nichts gesehen hätte. Und er konnte immer so überzeugend sein. Aber diesmal wusste ich, dass er ein verlogener Mistkerl war.

Ich fuhr zur Wohnung meiner Freundin, aber sie machte sich Sorgen, dass Mostafa mich bei ihr finden würde, also schlug sie vor, wir sollten eine Spazierfahrt machen. Ich schaute in den Rückspiegel, und da war er, und wieder folgte er uns. Wir hielten vor einem Kebabladen und gingen rein. Ich dachte, wir hätten ihn abgehängt, aber nur Minuten später war er da, stand einfach vor uns.

Im Kebabladen zog er mich von meinem Stuhl, und obwohl meine Freundin bat, er möge mich in Ruhe lassen, zerrte er mich den ganzen Weg bis zu einem Auto, das er sich von einem Freund geliehen haben musste. Er drückte mich auf den Beifahrersitz und sagte: »Du kommst jetzt mit nach Hause und damit basta.« Meiner Freundin rief er zu, wir müssten reden und er würde mich nach Hause bringen. Es war zwecklos, mit ihm zu streiten. Ich wusste, ich musste mit ihm mit. Ich machte mir Sorgen um das Baby, und ich hatte Angst, ich könnte das Kind verlieren, wenn er mich schlug. Ein kräftiger Hieb von ihm, und ich wäre am Boden. Ich kannte die Wucht seiner Schläge, also ging ich einfach mit, um das Kind zu schützen. Ich hörte mir seine ganzen Lügen über diese Frau an und seine Bitten, doch bei ihm zu bleiben. Um ehrlich zu sein, was er sagte, war keiner Antwort wert. Ich wollte einfach nur Ruhe und Frieden und die nächsten paar Monate damit verbringen, mich auf die Geburt meines kleinen Mädchens zu freuen. Damals hasste ich ihn, aber ich wollte ihn nicht verärgern, da ich wusste, zu was er fähig war.

Um diese Zeit lief der Mietvertrag für die Wohnung aus, und da ich ohnehin immer die Miete bezahlte, suchte ich eine kleine Ferienwohnung in Paphos und beschloss, sie so lange zu mieten, bis es Zeit war, zur Geburt unseres Kindes nach Dublin zu gehen. Mostafa wusste, dass ich das Kind in Dublin bekommen wollte, und sagte nichts dagegen. Ich hatte mich dazu bereits fest entschlossen.

Nur ein paar Tage vor meiner Abreise hob ich Geld von der Bank ab, das ich mit nach Hause nehmen wollte. Gut zweitausend Euro, vielleicht ein bisschen mehr, ließ ich auf dem Bett liegen, während ich durch die Wohnung ging und meine Sachen zusammensuchte. Mostafa entdeckte das Geld und wollte wissen, wieso ich so viel Bargeld nach Irland mitnahm. Auf einmal dämmerte ihm offenbar, dass ich wegwollte und er keinen Zugang mehr zu meinem Geld hätte. Die Erkenntnis traf ihn, als hätte jemand einen Schalter in seinem Kopf umgelegt: Der Mensch, der die Miete und die ganzen Rechnungen zahlte und die Lebensmittel kaufte, wollte weg. Es war Anfang Februar; ich musste fliegen, ehe die letzten acht Wochen meiner Schwangerschaft begannen, und Mostafa hatte saisonbedingt gerade wenig Arbeit. Jetzt begriff er wohl, dass er selbst für sich sorgen musste, wenn ich weg wäre. Er hatte nie direkt Geld von mir verlangt, aber ich sah, dass allmählich die Wut in ihm hochkochte. Ich wollte ihm erklären, weshalb ich so viel Geld brauchte: dass ich drei Monate zu Hause wäre und das Geld für unser Baby ausgeben wollte. Aber er war fuchsteufelswild.

Ein heftiger Streit brach aus, und er brüllte herum und schrie mich an. Er packte mich an der Schulter und schleuderte mich durchs Zimmer, und er gab mir solch einen Schlag an den Hinterkopf, dass tatsächlich mein Ohrring herausfiel. Dann schlug er mich, bis ich ohnmächtig auf dem Bett lag.

Ich weiß noch, dass ich in der Dusche zu mir kam, vollständig bekleidet und total durchnässt, das Wasser lief immer noch auf mich herunter. Offenbar hatte er mich vom Schlafzimmer ins Bad gezerrt. Ich kam zu mir und sah seinen Cousin, der versuchte, mich in der Dusche aufrecht zu halten, und

Mostafa auf den Knien im Badezimmer, der auf Arabisch zu Allah betete. Immer wieder sagte er, er würde mich nie wieder verletzen, wenn Allah mich nur leben ließe. Er dachte tatsächlich, ich sei tot.

Sein Cousin sagte auf Arabisch zu ihm, ich sei in Ordnung, ich käme gerade zu mir. Sie legten mich aufs Bett, durchnässt wie ich war, und wollten mich schlafen lassen, und ich weiß noch, dass ich den Cousin fragen hörte, was zum Teufel er sich dabei wohl dachte. Er sprach Arabisch, aber ich verstand genau, was er sagte. Sein Cousin war wirklich wütend auf ihn.

Als ich aufwachte, war ich völlig verängstigt. Ich hatte keine Ahnung, was passieren würde. Ich hatte die schlimmsten Kopfschmerzen meines Lebens. An dem Tag dachte ich tatsächlich, ich würde das ungeborene Kind in meinem Bauch verlieren. Vor meinen Augen tanzten Sterne, als ich aufstehen wollte, und ich weiß noch, ich dachte: »Wenn ich das Baby heute nicht verliere, ist das wirklich ein Wunder.« Und ich wartete und wartete, krank vor Sorge, dass das unschuldige Kind in meinem Bauch mir einen Tritt gab, um mich wissen zu lassen, dass es noch lebte. Ich betete, dass meine Kleine sich bewegen, mir Gewissheit geben würde, und als sie es tat, war ich überglücklich vor Erleichterung.

Bis zu diesem Tag war das wahrscheinlich der beängstigendste Moment meines Lebens. Am Abend kam Mostafa zu mir und entschuldigte sich für das, was er getan hatte. Zum ersten Mal entschuldigte er sich bei mir, und ich war total schockiert. Aber ich wusste, er hatte sich kein bisschen geändert. Es waren einfach nur Gewissensbisse, denn ihm war klar, er hätte sein Kind töten können. Mich zu töten, damit wäre er wohl zurechtgekommen, aber sein Gewissen hätte es nicht verkraftet, hätte er sein eigen Fleisch und Blut umgebracht.

Ich ruhte mich ein paar Tage in der Wohnung aus, aber ich konnte es kaum erwarten, wegzukommen. Jede Bewegung in meinem Bauch registrierte ich ganz genau. Wenn ich länger als eine Stunde nichts fühlte, geriet ich in Panik. Ich betete zu meiner Mutter, dass mein Kind gesund auf die Welt kommen möge und dass die erlittenen Schläge keine Auswirkungen auf sie hätten. Um mich machte ich mir keine Sorgen; das Einzige, was zählte, war mein Kind.

Eine Woche nach dem Vorfall flog ich nach Hause zu meiner Familie. Sie wussten nichts von dem Ganzen, und ich wollte, dass es dabei blieb. Sie konnten Mostafa ohnehin nicht ausstehen, und ich wollte ihnen nicht noch mehr Grund geben, ihn zu verabscheuen. Ich wusste ja, er würde als der Vater meines Kindes irgendwie in meinem Leben bleiben, und mir war einfach wichtig, dass ich meine Familie um mich hatte, ohne dass mich alle fragten, wieso ich mich mit diesem Mann abgab. Je weniger sie von dem wussten, was ich unter ihm zu leiden hatte, desto leichter wäre es für mich, ihn das Kind nach der Geburt sehen zu lassen. Ich hatte schon genug Sorgen und konnte keine weiteren Probleme gebrauchen.

Rückblickend kann ich sagen: Der einzige Grund, weshalb ich bei Mostafa blieb, war die von meiner Mutter übernommene Überzeugung, die im Sprichwort lautete: Wie man sich bettet, so liegt man. Ich war sehr loyal, und Mostafa war die erste richtige Liebe meines Lebens. Die Sache so zu sehen war unglaublich dumm, aber ich kannte nichts anderes, also ertrug ich, was ich ertragen musste, solange es meinem Kind nicht schadete.

Die Wehen kamen an einem Donnerstag, als ich im Krankenhaus Holles Street in Dublin lag. Den ganzen Donnerstag, Freitag, Samstag und Sonntag hatte ich heftige Schmerzen, und nach diesen vier Tagen war ich total erschöpft. Mostafa wusste, dass das Baby unterwegs war, denn ich hatte ihn am Donnerstag angerufen, und so belagerte er die ganze Familie mit Anrufen, wollte wissen, was es Neues gab.

May war ein »langsames« Baby, und als die Ärzte am Montagmorgen die Geburt einleiten wollten, rechnete ich damit, es würde alles innerhalb von Minuten vorbei sein. Doch um acht Uhr abends sagten sie, der Muttermund hätte sich nur wenige Zentimeter geweitet. Nur Minuten später brachten sie mich in aller Eile in den OP, und nach einem Kaiserschnitt kam May zum Glück vollkommen gesund zur Welt: ein wunderschönes, dunkelhaariges Kind mit großen braunen Augen und Stupsnase, eine Kopie ihres Vaters. Und ich war selig.

Wegen der Notoperation dauerte es ein paar Stunden, bis ich sie endlich im Arm halten durfte. Der Moment war der schönste meines Lebens. Nichts wird sich mit dem je vergleichen lassen. Gleich nachdem ich May im Arm gehalten hatte, rief ich Mostafa an und erzählte ihm, wir hätten ein gesundes, wunderhübsches Mädchen, und er meinte, er sei entzückt, aber ich spürte förmlich seine Enttäuschung.

Er sagte, er wolle mich sehen, doch noch wichtiger war ihm, dass ich ihm verriet, wo die Papiere für meinen Wagen waren, denn er wollte ihn verkaufen. Ich fasste es einfach nicht. Das alles nur Stunden, nachdem ich sein Kind zur Welt gebracht hatte. Ich wollte mein Auto gar nicht verkaufen; er hatte schlicht und einfach entschieden, er wollte den Wagen loswerden, und so musste es gemacht werden. Ich war in Irland, und er konnte tun und lassen, was er wollte.

Ich wusste, ich würde nach Zypern zurück müssen, denn da war mein Lebensmittelpunkt und da hatte ich ein Geschäft zu führen. Außerdem hatte ich ja keine Ahnung, was Mostafa sich alles so einfallen ließ, wenn ich ihm nicht im Weg war. Doch ich wollte auch gern ein paar Monate in Dublin bleiben, bis May glücklich alle Impfungen überstanden hatte und das Krankenhaus grünes Licht gab. Aber aus irgendeinem Grund vermisste ich Mostafa. Ich weiß nicht, wieso, vielleicht spielten einfach meine Hormone verrückt, aber trotz allem wollte ich ihn tatsächlich sehen. So flog ich zwei Wochen nach der Niederkunft nach Larnaca.

Mandy meinte, sie wolle sich um May kümmern, denn das Baby sei zu jung zum Reisen, und obwohl Mostafa sie sehen wollte, stimmte ich zu. Ich wollte May sowieso nicht mitnehmen, denn ich hatte keine Ahnung, wie er auf mich reagieren würde. Und wenn es zum Streit kam, wollte ich nicht, dass er mich vor dem Baby schlug.

Ich entschied, nur übers Wochenende zu fahren, doch kaum war ich nach dem Flug von Dublin in London am Flughafen Heathrow angekommen, sehnte ich mich nach May. Beinahe hätte ich den Anschlussflug streichen lassen und wäre nach Hause zurückgekehrt, aber ich wusste, ich hatte auch viel im Salon zu regeln, also reiste ich weiter.

Ich hatte noch mit den Folgen des Kaiserschnitts zu kämpfen, und alles fühlte sich beim Gehen wund an, aber ich hielt durch. Als ich am Flughafen von Larnaca ankam, war Mostafa da und holte mich in einem fürchterlich billigen Auto ab, das er gemietet hatte. Er schien sich über meine Rückkehr nicht allzu sehr zu freuen – es gab weder Umarmungen noch Küsse, weder Blumen noch Champagner für die Mutter seines neugeborenen Kindes –, doch kaum waren wir in der Wohnung, da wollte er Sex.

Ich sagte, ich sei zu wund für so etwas, und ich erklärte ihm, was für Folgen ein Kaiserschnitt hatte, aber er vergewaltigte mich, anders kann ich es nicht sagen. Er bestand auf dem Sex, und er drängte sich mir auf. Als es vorbei war, weinte ich nur noch. Und kaum war er raus aus dem Bett, duschte er, zog sich an und verließ das Haus, um sich mit seinen Freunden zu treffen.

Ich blieb allein in der Wohnung, untröstlich und voller Schmerzen. Etwa eine Stunde, nachdem er gegangen war, stand ich auf und zog mich an, denn er hatte verlangt, ich solle um eine bestimmte Zeit ausgehbereit fürs Abendessen sein. Als ich zur Kommode ging, fand ich eine offene Packung Kondome. Er betrog mich.

An dem Abend hatten wir einen Riesenstreit. Er leugnete, dass er sich mit anderen Frauen traf, und behauptete, die Kondome gehörten einem Freund, der bei ihm gewohnt hätte. Alles Lügen. Ich beschloss, am folgenden Morgen nach Hause zurückzureisen, nach Dublin, und den ganzen Weg zum Flughafen stritten wir im Auto.

Er bestand immer wieder darauf, May zu sehen, und ich bestand immer wieder darauf, dass es jetzt noch zu früh dafür sei. Ich hatte die Kondome gefunden, und das war für mich nur noch eine Bestätigung dessen, was ich ohnehin vermutet hatte. Ich sagte ihm, ich wolle irgendwann in den nächsten drei Monaten nach Zypern zurückkommen, aber May und ich würden dann nicht bei ihm wohnen. Ich hatte mich mit

Rachael abgesprochen und wollte bei ihr einziehen. Er wütete und schimpfte und verlangte, dass ich bei ihm und sonst keinem wohnen sollte. Seinetwegen fürchtete ich die Rückkehr nach Zypern, doch hier war mein Leben, hier war mein Geschäft, und hier waren meine Freunde.

Rachael leitete das Geschäft immer noch allein, doch Mostafa nahm weiterhin mein ganzes Geld an sich, und ich bekam nichts. Ich war es leid, wie er meine Abwesenheit ausnutzte, und ich weiß noch, ich wünschte mir, ich wäre stärker und hätte den Mut, gegen diesen Mann anzukämpfen. Doch tief in meinem Innern wusste ich, er hätte immer Macht über mich. Ich war einfach zu schwach, um gegen ihn zu kämpfen.

Als May drei Monate alt war, reiste ich schließlich nach Paphos zurück. Aber nicht, ohne etwas zu tun, von dem Mostafa bis zum heutigen Tag nichts weiß. Ich ging in die Kirche meiner Gemeinde in Swords in Dublin und ließ May katholisch taufen.

Es war meine Art zu leben, eine Art zu leben, auf die ich stolz war, und ich wollte, dass May die Taufe empfing. Gott verhüte, dass ihr je etwas passierte, doch sollte das der Fall sein, wollte ich die Gewissheit haben, dass sie den Segen der Kirche hatte. Es war ein wunderschöner Tag. Alle Verwandten und all unsere Freunde kamen, und May war der strahlende Mittelpunkt. Sie sah entzückend aus. Doch Mostafa habe ich davon nichts erzählt, und ich habe geschworen, dass May, wenn sie erst älter wäre, ihre eigene Entscheidung in Fragen der Religion treffen sollte. Wenn sie sich später einmal entschied, zum Islam zu konvertieren, dann sollte es so sein. Sie war halbe Syrerin, und damit hatte ich kein Problem; ihre Religion würde ihre eigene Sache sein, und den katholischen Glauben würde ich ihr nie aufzwingen. Doch fürs Erste wollte ich die Gewissheit, dass sie unter Gottes Schutz stand, so wie ich ihn sah.

Ein paar Tage nach der Taufe traf ich Vorkehrungen für meine Rückkehr nach Zypern. Ich freute mich sehr auf das wunderbare warme Wetter und auf die Strände, aber ich hatte auch ein wenig Angst vor Mostafas Reaktion auf meine Rückkehr, denn schließlich kehrte ich ja nicht zu ihm zurück. Mein Plan sah vor, zu Rachael in ihr schönes Landhaus zu ziehen und zu beten, dass er uns einfach in Ruhe ließ. Es war ein guter Plan, doch tief im Innern wusste ich, er würde nicht funktionieren.

Rachael sollte mich am Flughafen abholen, und sie freute sich riesig auf mich, so wie ich mich auf sie. Wir fuhren zu ihrem Haus, aber als wir vorfuhren, sprang Mostafa aus einem Auto, kam zu uns herübergelaufen, riss mir May aus den Armen und erklärte, wie schön sie sei. Wieder und immer wieder sagte er: »Ach, meine Mutter, sie sieht aus wie meine Mutter.« Es machte mich ganz krank, dass er da war.

Er folgte uns ins Haus, obwohl er wusste, dass er nicht willkommen war, aber es gab keinen Mann im Haus, der sich ihm hätte entgegenstellen können. Rachael hatte keine andere Wahl; sie musste ihm einen Kaffee anbieten, weil er keine Anstalten machte zu gehen und wir vor Durst umkamen.

Er machte »ei, ei, ei« und »du, du, du« zu dem Baby und gab sich alle Mühe, uns gar nicht zu beachten. Er wusste, wir waren beide stinkwütend. Ich sagte, er müsse jetzt gehen, aber er weigerte sich und meinte, er wolle bleiben, nur diese eine Nacht. Er sagte, ich sei seine Familie und ich würde ihn von seinem Kind fernhalten und er hätte doch ein Recht auf sein Kind. Weiter sagte er, dass er sich gleich am nächsten Tag eine Wohnung suchen wolle, und bestand darauf, dass ich zu ihm zog, denn schließlich könne ich ihm ja sein Kind nicht wegnehmen.

Nun war die arme Rachael in einer Zwickmühle, aus der sie nicht wieder herauskam, und das war ganz allein meine Schuld. Ich hatte ein furchtbar schlechtes Gewissen, dass ich ihr diesen ganzen Ärger einbrockte. Mir war körperlich übel. In der Nacht kam er in das Zimmer, in dem ich schlief, legte sich auf mich und wollte Sex. Ich sagte ihm, ich sei immer noch wund und wir seien kein Paar mehr. Ich sagte, unsere Beziehung sei beendet und ich wolle nicht mit ihm zusammen sein, aber er beachtete mich gar nicht, und ich lag halb in Tränen aufgelöst auf dem Bett, während er tat, was er wollte.

Nach diesem Übergriff – denn ein Übergriff war es in meinen Augen – wollte ich mich nur noch in den Schlaf weinen. Er sollte mich und May in Ruhe unser Leben führen lassen, ohne ihn. Aber ich wusste auch, dass das nicht so einfach wäre; denn solange ich auf Zypern war, wäre er ständig in der Nähe. Das musste ich einfach akzeptieren.

Am nächsten Tag kündigte Mostafa an, er werde auch in dieser Nacht bleiben. Mit ihm zu streiten war zwecklos. Ich wusste, ich konnte Rachael diese Belastung nicht länger zumuten. Es war ihr Zuhause, und sie hatte zwei kleine Kinder, und dies war nicht ihr Problem. Es war zu ihrem Problem nur deshalb geworden, weil ich es ihr aufgebürdet hatte. Ich wusste, ich musste fort, aber ich war entschlossen, bis zum bitteren Ende gegen ihn zu kämpfen.

Einmal stritt sich Mostafa mit Rachael, weil sie ihn wegen seines Verhaltens mir gegenüber zur Rede gestellt hatte. Das war am dritten Tag, und danach verließ er das Haus, nachdem er angekündigt hatte, er wolle eine Wohnung suchen und ich müsse bei seiner Rückkehr fertig sein, um mit ihm zu gehen. Und genauso kam es auch. Er ging und kam dann zurück, um mich zu holen. Rachael war in den Salon gefahren, und ihre Mutter Sally war im Haus. Als Sally die Küche putzte, kam Mostafa zur Haustür und erzählte, er hätte eine Wohnung für uns gefunden und ich müsste sofort mit ihm dorthin.

Als ich mich weigerte, packte er mich am Nacken und schlug mich mit dem Kopf gegen eine Wand mit Rauputz. Ich hielt mir den Kopf, betrachtete meine Hand und sah, dass sie voller Blut war. Genau in dem Moment kam Sally herausgelaufen, schrie ihn an und sagte, sie hätte gesehen, was er gemacht hatte, und verlangte, dass er auf der Stelle das Haus verließ. Er leugnete dreist, meinte, er hätte mich nicht angerührt, aber sie schrie, ihr könne er nichts vormachen.

Schließlich ging er, aber noch am selben Abend kam er wieder zurück, stürmte ins Haus und in mein Zimmer und fing an, meine Sachen zusammenzupacken. Rachael drohte, sie werde die Polizei rufen, dann lief sie zum Telefon, aber ich wusste, was ich zu tun hatte. Ich konnte meiner Freundin nicht noch mehr Ärger aufbürden. Wie meine Mutter immer gesagt hatte: Wie man sich bettet, so liegt man. Das musste ich akzeptieren. Und genau das tat ich dann auch.

An dem Tag verließ ich das schöne Zuhause meiner Freundin, und ich war verzweifelt über die Wende, die mein Leben genommen hatte. Ich sah sie an, als wir wegfuhren, und ich sah die Angst in ihrem Gesicht, denn offenbar stellte sie sich vor, welche Zukunft vor mir und meinem neugeborenen Baby lag. Aber jetzt war es zu spät zum Weglaufen. Ich hatte

Mostafas Kind zur Welt gebracht. Ich hasste ihn, ich sah in ihm ein Ungeheuer, aber er war auch der Vater meines kleinen Mädchens, etwas, was ich plötzlich mehr bedauerte als sonst irgendetwas in meinem Leben. Meine Tochter war das Beste, was mir je passiert war, aber leider war ihr Vater das Schlimmste.

So zogen Mostafa und ich wieder einmal in eine neue Wohnung, und von dem Tag an führten wir beide unser ganz eigenes Leben. Ich hasste ihn mehr, als ich je beschreiben kann. An dem ersten Tag in der neuen Wohnung befahl er mir, meinen Koffer auszupacken, denn wir würden eine Weile bleiben. Er ging unter die Dusche, und plötzlich klingelte sein Handy. Ich nahm es in die Hand und sah, dass es eine private Nummer war. Als ich mich meldete, wurde aufgelegt. Es klingelte wieder und wieder, aber jedes Mal legte derjenige oder diejenige auf, wenn ich dranging. Als Mostafa aus der Dusche kam, erzählte ich ihm von den Anrufen, und kaum hatte ich das gesagt, klingelte das Telefon schon wieder.

Diesmal meldete er sich, und ich merkte, dass er mit einer Frau sprach, denn er erklärte ihr auf Griechisch, er wolle in Ruhe gelassen werden, seine Partnerin sei zurück und er wolle sie nicht mehr sehen. Ich konnte kaum fassen, was da passierte. Ich fragte ihn, was zum Teufel da los sei, und er erzählte, er hätte sich mit dieser Zypriotin aus Limassol getroffen, die um die vierzig und verheiratet war und vier Kinder hatte. Offensichtlich wusste der Ehemann nichts von der Beziehung, und Mostafa behauptete, sie lasse sich nicht abwimmeln, verfolge ihn ständig mit Anrufen und bettele um weitere Treffen.

Ich war total am Boden zerstört. Gerade erst war ich wieder in das Leben dieses Mannes getreten, und da hatte er den Nerv und erzählte mir gleich am allerersten Tag, dass er sich hinter meinem Rücken mit einer anderen getroffen hätte. Und dann beendete er das Gespräch auch noch mit dem Satz: »Aber es war bloß wegen dem Sex.« Seiner Meinung nach war es offenbar nicht so schlimm, wenn es nur um Sex ging. Er ›liebte sie ja nicht‹. Ich hatte keine Ahnung, was ich sagen sollte. Aber eines war mir klar: Ich würde mit diesem Mann nicht länger leben als unbedingt nötig. Bei der ersten Gelegenheit wäre ich auf und davon.

Von dem Tag an redeten wir kaum noch miteinander, und Sex hatten wir zum Glück auch fast nicht mehr, es sei denn, er zwang mich dazu. Und wir gingen auch nur zusammen aus, wenn er darauf bestand.

Dann musste ich May, sie war gerade sechs Monate alt, einmal ins Paphos General Hospital bringen, da sie einen schlimmen Infekt nach dem anderen hatte. Eines Tages waren wir wieder dort, und mir fiel eine sehr hochgewachsene Frau auf, die bei der Tür stand, als wir hereinkamen. Genau mit dieser Frau hatte Mostafa, wie es sich herausstellte, die Affäre gehabt. Sie schrie ihn an, und plötzlich lagen die zwei in heftigem Streit, kreischten und brüllten auf dem Krankenhauskorridor. Er sagte zu ihr, er habe sie nie geliebt, und ich weiß noch, dass ich dastand und sie während des Riesenstreits ansah und dachte: »Bin ich eigentlich verrückt? Wieso tue ich mir das alles an?« Mir war klar, wenn es diese eine Frau gab, musste es noch mehr geben, und trotz allem lebte ich mit ihm zusammen und hatte gelegentlich Sex mit ihm.

Ich wusste aber auch, dass ich noch eine Weile durchhalten musste, und deshalb versuchte ich um des lieben Friedens willen, nett zu ihm zu sein; allerdings hatte ich das Gefühl, ich müsste sterben. Zu May jedoch war Mostafa sehr freundlich. Er ging mit ihr spazieren und half mir, sie anzuziehen und zu füttern. In der Anfangszeit war er tatsächlich ein guter Vater, und deshalb blieb ich auch so lange bei ihm.

Meine Tage verbrachte ich am Pool mit meinem kleinen Mädchen und beim Einkaufen. Und wenn Mostafa nicht arbeitete, schaute er mir am Pool entweder zu, oder er folgte mir, wenn ich die Wohnung verließ. Ich wusste, dass er das tat, aber ich machte mir nicht mehr die Mühe, deshalb einen Streit vom Zaun zu brechen. Auch wenn wir nicht verheiratet waren, war ich doch in Mostafas Augen die Frau eines Moslems und ›gehörte‹ ihm. Das musste ich eben akzeptieren.

Als ich wieder anfing zu arbeiten, musste ich May mitnehmen. Auch wenn Mostafa meist nett zu ihr war, weigerte er sich doch, auf sie aufzupassen, und das, obwohl er keine Arbeit hatte. May war ein wunderbares Kind, aber es war viel zu schwierig, alles auf einmal zu organisieren, also traf ich die harte Entscheidung, das Geschäft aufzugeben. Ich liebte meine Arbeit, mehr als alles andere, und es brach mir das Herz, einfach Schluss zu machen. Aber von Mostafa bekam ich keinerlei Unterstützung. Und während ich unter großem Bedauern meinen Anteil an einem Geschäft aufgab, das ich von den kleinsten Anfängen an mit aufgebaut hatte, ein Geschäft, auf das ich so stolz war, belog und betrog er mich mal wieder nach Strich und Faden.

Was ich nicht gewusst und er mir auch nie erzählt hatte, war, dass er seit einiger Zeit illegal im Land lebte, da sein Visum abgelaufen war. Das fand ich nur deshalb heraus, weil er nach Syrien wollte, und May und ich sollten mitkommen.

Schließlich erzählte er mir, dass es in der Wohnung, in der er in unserer Anfangszeit gelebt hatte, eine Razzia gegeben hatte. Die Polizei hatte seinen Freund verhaftet. Bei der Gelegenheit waren seine Ausweispapiere konfisziert worden, nachdem die Polizisten sie unter seinem Kopfkissen gefunden hatten. Mostafa wusste, ich würde meinen Laden verkaufen und hätte deshalb bald Geld, und ich sollte nun für uns alle, für die ganze Familie, die Reise nach Syrien bezahlen. Er wollte, dass wir dort ein neues Leben anfingen, in dem Land, in dem er seine Familie um sich hätte.

Doch dazu musste er sich der Polizei stellen, und die würden ihn des Landes verweisen müssen. Er flehte mich an, mit ihm zum Polizeirevier zu gehen und ihn zu unterstützen. Er bat mich, ich solle der Polizei sagen, ich sei seine Lebensgefährtin und May sei sein Kind; dadurch wäre sichergestellt, so meinte er, dass sie mich mit ihm nach Syrien ließen. Als Familie.

Und natürlich tat ich genau, worum er mich gebeten hatte. Dumm, wirklich dumm. Irgendwie tat er mir leid. Trotz allem, so überlegte ich, war May doch seine Tochter und ich konnte nicht Nein sagen, ich konnte ihn doch nicht davon abhalten, sie zu sehen. Wenn er nach Syrien ging und ich ihm nicht folgte, verwehrte ich ihm das Recht, seine Tochter zu sehen. Das konnte ich nicht machen. Ich war nicht allzu versessen darauf, mit ihm in sein Heimatland zu gehen, obwohl es damals, im Jahr 2005, noch keinen Krieg gab. Ich hatte einiges über Syrien gelesen und wusste, wie wenig Rechte ich dort als Mutter hatte. Doch mein Gefühl sagte mir, ich müsste es versuchen.

Als wir aufs Polizeirevier kamen, verhafteten die Beamten Mostafa sofort, genau wie er das vorhergesagt hatte. Sie brachten uns alle zusammen zum Flughafen, denn er sollte ausgewiesen werden, aber als wir dann dort waren, meinten sie, ich dürfe mit May nicht nach Syrien einreisen, da ich kein Visum hatte. Mostafa versicherte ihnen, ich sei seine Frau, und irgendwie waren sie dann einverstanden, dass ich mitflog. Die Polizisten freuten sich, dass sie ihn ausweisen konnten, denn für sie war er nur einer von vielen illegalen Immigranten. Über mich oder May machten sie sich keine Gedanken.

Ich weiß noch, ich betete, dass alles in Ordnung käme, denn ich hatte meiner Familie nicht erzählt, wohin ich ging und was ich vorhatte. Nur eine Handvoll Freunde auf Zypern wusste Bescheid; ich hatte zu große Angst davor, den Leuten alles zu erzählen, deren Meinung ich lieber erst gar nicht hören wollte. Ich wusste ja ganz genau, was sie sagen würden.

An dem Abend flogen wir nach Damaskus, und Mostafa buchte für die ersten zwei Tage ein Hotelzimmer für uns. Für mich war es eine Art Schock, in diesem Land zu sein, in dem alle Frauen von Kopf bis Fuß bedeckt waren. Ich war weit und breit der einzige Mensch aus dem Westen, noch dazu (was es deutlich schlimmer machte) die einzige Frau aus dem Westen. Aber er versicherte mir, ich würde mich schon daran gewöhnen und alles würde gut.

Am dritten Tag fuhren wir in eine Stadt namens Aleppo, die in der Nähe seines Dorfes lag. Mostafa buchte für mich und May ein Hotelzimmer und meinte, ich solle dableiben und er wäre in ein paar Tagen wieder zurück. Er wies mich an, das Zimmer nicht zu verlassen, das sei viel zu gefährlich. Er organisierte ein Kinderbettchen für May und Zimmerservice für uns, damit wir Frühstück, Mittag- und Abendessen aufs Zimmer bekamen und nicht nach draußen mussten. Ich bat ihn, uns nicht allein zu lassen, doch er meinte, er müsse seiner Familie von mir erzählen; wenn sie erst einmal über mich und May Bescheid wüssten, könne er uns in seinen Heimatort bringen.

Kaum war er gegangen, war ich völlig verzweifelt. May war gerade erst acht Monate alt, und ich musste sie in einem Hotelzimmer einsperren und durfte nicht mit ihr an die frische Luft. Mostafa war gut vierundzwanzig Stunden fort, ehe er sich endlich bei mir meldete, und das auch nur, weil ich ihm eine SMS nach der anderen auf sein Handy geschickt und ihn mit Anrufen bombardiert hatte. In einer SMS hatte ich angefragt, ob es ihm gut ginge, und er hatte geantwortet: »Ja. Aber große Probleme hier.« Ich hatte keine Ahnung, was da los sein mochte. Es stellte sich schließlich heraus, dass seine Familie für ihn am Abend seiner Ankunft ein großes Fest im Dorf veranstaltet hatte. Seine Frau und seine Kinder waren da, und in der Nacht ging er tatsächlich mit seiner Frau zu sich nach Hause. Aber er erzählte ihr, dass er sie nicht mehr liebte und jetzt mit einer anderen zusammen sei. Er habe ein Kind und wolle die andere Frau heiraten. Er hatte ihr sogar erzählt, dass wir uns schon in Aleppo befanden. Offenbar flippte sie total aus. Am nächsten Morgen gingen sie gemeinsam zur Moschee, und seine Frau erzählte seiner Mutter die ganze Geschichte. Seine Eltern waren entsetzt über sein Verhalten. Achtundvierzig Stunden, nachdem er mich allein gelassen hatte, rief Mostafa mich an und sagte, er komme jetzt zurück. Ich war erleichtert, da ich an diesem Ort mit meinem Baby gestrandet war und mich nirgendwohin bewegen konnte.

Doch was dann passieren sollte, hätte ich mir nie im Leben vorstellen können. Unverhofft klopfte es an die Tür des Hotelzimmers, und als ich aufmachte, stand dort auf dem Korridor mit Mostafa seine Frau mit den zwei Kindern. Mir blieb vor Verblüffung der Mund offen stehen, und ich fragte mich, was das nun wohl zu bedeuten hätte.

Sie kamen alle ins Zimmer. Zu mir sagte keiner ein Wort, aber seine Frau, die einen Hijab und ein bodenlanges Kleid trug, ging zu meinem Baby im Kinderbettchen, nahm die Kleine hoch und sagte auf Arabisch wieder und immer wieder, wie hübsch und niedlich sie wäre. Was mich an der ganzen Szene am meisten umhaute, war die Tatsache, dass diese junge Frau Mostafa wie aus dem Gesicht geschnitten schien. Man hätte schwören können, es sei Mostafa im Kleid; so ähnlich waren sie sich. Zu mir sagte sie kein Wort, schaute kaum einmal in meine Richtung, und ich fragte mich, was sie hier wohl wollte. Doch in dem Moment sagte Mostafa, ich solle mich fertig machen, er würde uns alle zum Essen ausführen. Das war die merkwürdigste Situation meines Lebens.

Wir stiegen in ein Auto, das Mostafa aus seinem Heimatort mitgebracht hatte, und fuhren zu einem arabischen Restaurant in einer Stadt zwischen Idlib und Aleppo. Ich erinnere mich noch an den Geruch, als wir durch die Straßen fuhren; es war eine Mischung aus Schweiß, Schmutz und Abwasser, und dieser Geruch war überall. Mir drehte sich der Magen um, als wir durch Aleppo fuhren. Massen von Menschen drängten sich in der Stadt, mehr Menschen, als ich je zuvor in meinem Leben gesehen hatte.

Wir kamen zum Restaurant und wurden zu unseren Plätzen geführt, wobei ich dieser seltsamen Frau, Mostafas Ehe-

frau, direkt gegenübersaß. Trotz seines Verhaltens ihr gegenüber und trotz der Art und Weise, wie er ihr die Nachricht
von seiner neuen Familie überbracht hatte, schien sie ihn immer noch zu lieben. Alle im Restaurant starrten uns an, starrten auf diesen Moslem mit den drei Kindern und den zwei
Frauen. Doch das alles ließ Mostafa unbeeindruckt. Einmal
nahm ich May aus dem Kinderwagen, um ihr die Windeln zu
wechseln, da sprang seine Frau von ihrem Stuhl auf, packte
May und lief mit ihr zur Toilette. Minuten später kamen sie
wieder, May in sauberer Windel und völlig neuen Anzieh-
sachen. Ich habe keine Ahnung, woher sie die Sachen hatte,
aber sie passten der Kleinen perfekt.

Nach dem Essen wurden wir wieder in den Wagen ver-
frachtet, und zu meinem Entsetzen wurden wir in Mostafas
Heimatort gefahren. Wir waren auf dem Weg zu dem Haus,
in dem er mit seiner Frau und den Kindern lebte. Es war spät
nachts und stockduster, doch ich erkannte deutlich, dass es
nirgends Wände und Mauern oder angelegte Wege gab, und
der Geruch war fürchterlich. Es war ein schrecklicher Anblick, und ich hatte keine Ahnung, wieso wir überhaupt hier
waren. Ich konnte es kaum erwarten, rauszukommen, fort
aus dieser merkwürdigen Situation, weg aus dieser Stadt. Als
wir zu Mostafas Haus am Ende einer langen Straße kamen,
nahm ich erleichtert zur Kenntnis, dass dieses Gebäude in etwas besserem Zustand war als die anderen, die ich auf dem
Weg gesehen hatte.

Mostafas Frau hatte es nett eingerichtet. So wie ich es sah,
war ich Gast im Haus dieser Frau – unter sehr ungewöhnlichen Umständen. Wäre ich an ihrer Stelle gewesen, ich glaube,
ich hätte Mostafa umgebracht oder einfach meine Sachen ge-

packt und wäre mit den Kindern fortgegangen, sie aber ertrug diese merkwürdige Situation. Und das tat ich nun seltsamerweise auch. Als wir bei dem Haus ankamen, war meine Migräne ziemlich schlimm, ausgelöst vielleicht durch den Stress dieser völlig absurden Umstände. Ich sagte zu Mostafa, dass es in meinem Kopf hämmere, und er meinte, ich solle zu Bett gehen und mich ausruhen. Vor seiner Frau sagte er zu mir, dies sei jetzt mein Haus und ich solle mich entspannen.

Er führte mich in sein Schlafzimmer, in ihrer beider Schlafzimmer, und steckte mich in ihr breites Ehebett. Vollkommen entsetzt schaute ich ihn an. Er benahm sich, als wäre das alles kein Problem; aber wenn es auch in seiner Welt hätte normal sein können, so war es in meiner Welt alles andere als normal. Seine Ehefrau, diese seltsame Frau, nahm meine Tochter, brachte sie in ihre Küche und fütterte sie mit einem Brei aus zerdrückter Banane und Milch. Sie fand die Kleine offenbar hinreißend, aber ich fühlte mich sehr unwohl. Ich stand aus dem Bett auf, um nach May zu sehen, und ich weiß noch, ich ging ins Wohnzimmer und sah diese arme junge Frau, die Mostafa dabei half, seinen Mantel anzuziehen. Sie hielt ihm den Mantel hin, damit er seine Arme durch die Ärmel stecken konnte. Dann bückte sie sich und zog ihm die Schuhe an. Es war ein erschreckender Anblick; ich beobachtete diese junge Frau dabei, wie sie ihrem Mann ihre Liebe demonstrierte, und das trotz der Lage, in die er sie gebracht hatte. Ich ging zurück ins Schlafzimmer und versuchte, so zu tun, als sei nichts Ungewöhnliches passiert.

Ich wusste, dass Mostafa sich anzog, weil er zum Haus seiner Eltern wollte, aber ich hatte keine Ahnung, was hier gerade passierte und wieso er mich seinen Eltern noch immer nicht vorgestellt hatte. Schließlich schlief ich ein, und als ich am nächsten Morgen aufwachte, sagte er zu mir, ich müsse zurück nach Zypern, nur ich mit May. Er erklärte, seine Eltern wollten nichts mit mir und meinem Kind zu tun haben und er habe die Anweisung erhalten, mich sofort aus dem Dorf zu entfernen.

Ich war vollkommen entgeistert. Es schien, als wollte Mostafa nicht mit uns nach Zypern zurückkommen; er hatte schließlich keinen Pass. Stattdessen wollte er mich und May allein zurückschicken, nach allem, was ich für ihn aufgegeben und in Paphos zurückgelassen hatte. Mir war egal, was ich mir über mein zukünftiges Leben in Syrien ausgemalt hatte; nachdem hier im Haus seine Frau und seine beiden anderen Kinder lebten, war ich irgendwie erleichtert, dass ich weg sollte. Aber mir war klar, dass Mostafa mich im Grunde loswerden wollte, weil ich unerwünscht und für seine Familie eine Peinlichkeit war.

Ich packte das Wenige zusammen, was ich in der Nacht zuvor für mich und May ausgepackt hatte, und ich wurde aus dem Haus geführt und in ein Taxi gesetzt. Er erklärte mir, er wolle mich jetzt in ein Hotel bringen. Er wollte mir klarmachen, dass es hier nicht so richtig gut laufe, aber er wolle sein Möglichstes tun, um mit seiner Familie alles zu klären.

In der Nacht ließ er mich wieder einmal allein mit May in einem Hotelzimmer und fuhr zurück zu seiner Frau und den Kindern. Irgendwie brachte ich den Mut auf, Mandy anzurufen. Ich erzählte ihr, es sehe so aus, als wolle seine Familie weder mich noch May, und ich würde wahrscheinlich wieder nach Dublin zurückkommen. Sie konnte nicht fassen, dass ich mich in solch eine Lage begeben hatte, aber um fair zu sein, muss ich sagen, dass sie mich nicht verurteilte. Sie wollte einfach nur, dass wir sicher und wohlbehalten wieder nach Hause zurückkamen.

Als Mostafa am nächsten Tag kam, sagte er nur, was ich ohnehin erwartet hatte, nämlich dass er mich in ein Flugzeug nach Hause setzen würde. Er meinte, seine Verwandten wollten, dass er mit seiner Frau wieder als Familie zusammenlebte, und sie wollten mich außer Landes haben. Also verfrachtete er May und mich wieder einmal in ein Auto und chauffierte uns nach Damaskus zurück. Fünf Stunden dauerte die Fahrt, und May weinte die ganze Zeit. Ich bat ihn immer wieder, er solle alles klären, damit ich nicht allein nach Dublin oder nach Zypern zurück müsste. Ich kam mir so blöd vor!

Er versprach mir hoch und heilig, er würde bald wieder bei mir sein. Auch jetzt gab er sich Mühe, mir zu versichern, er liebe seine Frau nicht und wolle für immer und ewig mit mir und May zusammen sein. Doch obwohl ich ihm glauben wollte und trotz all der Dinge, die in den vergangenen zweiundsiebzig Stunden passiert waren, fühlte ich mich völlig am Boden zerstört. Tief im Innern glaubte ich, dass ich ihn jetzt zum letzten Mal sah und dass er zum letzten Mal sein kleines Mädchen sah.

Über Jahre hinweg hatte dieser Mann mich aufs Übelste behandelt, und bis zum heutigen Tag begreife ich nicht, wie er solche Macht über mich erlangen konnte. Ich liebte ihn, und gleichzeitig hasste ich ihn auch. Und dafür hasste ich mich selber.

An dem Tag verabschiedeten wir uns tränenreich voneinander, und er versicherte mir: »Bald sehen wir uns wieder. Vertrau mir.« Am Flughafen ließ er uns dann allein, und ich war verzweifelt. Ich weinte und versuchte, die weinende May zu beruhigen, und dann musste ich von den Angestellten am Abflugschalter erfahren, dass ich ohne Mostafas schriftliche Erlaubnis das Land nicht verlassen dürfe. Ich konnte es einfach nicht fassen.

Wir wurden in einen Raum geführt, und dort ließ man uns eine gute Stunde warten. Ich war krank vor Sorge und fragte mich, ob wir es an dem Tag noch schaffen würden, das Land zu verlassen, und ich überlegte, ob diese Situation Mostafa am Ende womöglich zwingen würde, uns bleiben zu lassen. Die Flughafenangestellten erklärten, sie wollten ihn auf seinem Handy anrufen und ihm mitteilen, dass er zum Flughafen zurückkommen und seine Einwilligung zu unserer Abreise geben müsse. Schließlich kam er dann, unterschrieb die Formulare und ging wieder, ohne noch ein Wort mit mir zu reden.

Ich war völlig am Boden zerstört. An dem Abend flogen wir nach Mailand, mein kleines Mädchen und ich, und dort bekamen wir einen Anschlussflug nach Dublin. Ich war zu Tode erschöpft, als ich in Dublin ankam, aber heilfroh, dass ich in Sicherheit war und die Unterstützung meiner Familie hatte.

Von Mostafa hörte ich eine ganze Woche lang nichts, bis ich ihn schließlich auf seinem Handy erreichte, nach Hunderten von Versuchen. Als er sich schließlich dazu durchrang, meinen Anruf anzunehmen, erklärte er mir, er sei zu seiner Frau zurückgekehrt und habe in der Nacht zuvor mit ihr geschlafen.

Ich konnte es einfach nicht fassen. Wieder erklärte er mir, er liebe sie nicht, er liebe mich und May, doch mein Leben war gerade in eine Million Scherben zerbrochen. Ich schaute hinab auf meine wunderschöne Tochter, die friedlich in ihrem Kinderwagen schlief, und beschloss an Ort und Stelle, es sei endlich an der Zeit, dass ich mein Leben wieder in die eigenen Hände nahm, ohne ihn. Wir standen nicht mehr unter seiner Kontrolle, wir waren frei von seinem tyrannischen Verhalten. Wir hatten unser eigenes Leben, und wir brauchten ihn nicht mehr.

Darauf hatte ich so lange gewartet, und nun hatte ich es endlich.

An dem Tag beschloss ich, es sei endlich an der Zeit, mir mein Leben zurückzuerobern. Und diesmal sollte es für immer sein.

4

Und immer wieder zurück zu ihm

Als ich in Irland eintraf, waren meine Verwandten total aus dem Häuschen vor Freude, mich und May wieder bei sich zu haben. Ich wusste, dass sie insgeheim wütend und enttäuscht waren, dass ich trotz allem, trotz der Gewalt und der Lügen, Mostafa immer wieder verzieh und zu ihm zurückkehrte. Obwohl sich mein Vater nie mit mir hinsetzte und mir offen seinen Ärger erklärte (das war gar nicht seine Art), spürte ich das deutlich. Doch mehr noch als alles andere sah ich, dass er verletzt war, weil jetzt nicht mehr nur seine Tochter in all dies verstrickt war, sondern auch seine Enkelin. Er wollte sein Kind nicht verstören, und verstört war ich eindeutig. Aber er wusste sehr wenig von der Gewalt, die ich erfuhr. Mandy und ich hielten das vor ihm geheim, denn wir wollten ihm keine Sorgen bereiten. Das wahre Ausmaß der Geschichte kannte er nicht.

Wir alle redeten kaum über das, was passiert war; wir machten einfach weiter. Während der folgenden sechs Monate oder so war ich sehr beschäftigt. Ich ging zurück ans College und belegte Kurse in Fotografie, und ich hatte beschlossen, dass ich mir wieder Arbeit in der Tourismusbranche suchen wollte, denn das hatte ich wirklich gern gemacht, ehe ich ausgestiegen und nach Zypern gegangen war. Ich arbeitete von zu Hause aus, buchte Urlaube und Flüge für Einzelreisende sowie für Firmen im Auftrag einer Firma namens Travel Counsellors. Das Arrangement war ideal, denn so konnte ich den ganzen Tag mit May zusammen sein und trotzdem arbeiten. Es war der ideale Job.

Dann rief mich Mostafa eines Tages unverhofft an, und der Teufelskreis begann von Neuem. Die Anrufe wurden häufiger. Drei- oder viermal am Tag, manchmal öfter, rief Mostafa zu Hause an und bettelte, ich solle mit May kommen, damit er sie sehen könne. Immer wieder sagte ich ihm, ich hätte jetzt wieder ein eigenes Leben und würde nie mehr zu ihm zurückkommen. Und immer wieder ließ er mich wissen, seine Beziehung zu seiner Frau sei beendet und er wolle mich nie mehr verletzen. Er sagte, er wolle May sehen und als Vater habe er das Recht dazu. Er sagte, er wolle nach Dubai fahren und mich da treffen. Er sagte, es werde mich nichts kosten, da sein Bruder bei einer größeren Fluggesellschaft arbeite, und er wolle jetzt die Flüge organisieren.

Zu dem Zeitpunkt hatte ich bereits entschieden, dass ich wieder nach Zypern zurückwollte. Ich vermisste meine Freunde und mein Leben in der Sonne ganz schrecklich, und so wie ich es mir vorstellte, war Mostafa in Syrien und so sehr von seiner Familie in Anspruch genommen, dass er nie mehr nach Zypern zurückkehren würde. Ich hatte beschlossen, in eine Immobilie in Paphos zu investieren, was ich ihm aber nicht erzählt hatte, und übers Internet hatte ich bereits eine Maisonettewohnung gekauft. Mit eigenen Augen hatte ich sie noch nicht gesehen, aber eine Freundin hatte sie besichtigt, als sie zum Verkauf angeboten worden war, und sie sagte, die Wohnung sei ein Schnäppchen und ich würde sie toll finden. Also hatte ich sie übers Internet gekauft. Sie hatte zu bedenken gegeben, ich müsste etwas arbeiten an der Wohnung, aber das hatte mich nicht abgeschreckt, denn ich hatte es ohnehin sehr gern, den Dingen meinen eigenen Stempel aufzudrücken. Ich schmiedete also bereits Pläne, wieder nach Zypern zu ziehen.

Ich hatte immer noch Gefühle für Mostafa, trotz allem, was gewesen war. Und um ehrlich zu sein, ich hielt es ohnehin für unwahrscheinlich, je wieder einen anderen Mann kennenzulernen, vor allem jetzt, da ich ein Kind hatte.

Also stimmte ich zu, mich mit ihm in Dubai zu treffen. Trotz all seiner Versprechungen, sein Bruder würde mir einen günstigen Flug buchen, organisierte und bezahlte ich die Reise schließlich selbst, und als ich am Flugplatz eintraf, war von Mostafa weit und breit nichts zu sehen. Er wusste, ich wäre sehr besorgt, weil ich mit May nach einem Nachtflug in diesem fremden Land ankam, doch er ignorierte meine Bedenken. Ich versuchte, ihn anzurufen, aber als ich ihn endlich erreichte, meinte er, er schaffe es nicht, mich abzuholen; stattdessen würde sein Bruder kommen. Doch auch der kam nicht. Zum Glück war ich so vorausschauend gewesen, ein Hotelzimmer zu buchen; erst am nächsten Tag tauchte Mostafas Bruder auf.

Als ich schließlich Mostafa zu Gesicht bekam, war ich entsetzt darüber, wie verändert er aussah. Er hatte zugenommen, und er machte auf mich den Eindruck, als trüge er das Gewicht der ganzen Welt auf seinen Schultern. Aber er schien sich wirklich zu freuen, uns zu sehen – vor allem May. Immer wieder erklärte er, wie sehr wir ihm gefehlt hätten und dass alles ganz anders würde als in der Vergangenheit, wenn wir jetzt bei ihm blieben.

Damals begegnete ich seinem Bruder zum ersten Mal, und er schien ein reizender Mann zu sein, ganz anders als Mostafa. Er war sehr freundlich, und er bemerkte, dass May wunderhübsch war. Doch am zweiten Abend nahm er mich beiseite und drängte mich zu meinem großen Entsetzen, ich müsse abreisen und Mostafa verlassen. Er sagte, er liebe seinen Bruder und seine Familie sei für ihn das Wichtigste im Leben, aber er wisse auch, dass Mostafa »verrückt« sei – das schwarze Schaf in der Familie. Er sprach ausgezeichnet Englisch und meinte: »Du bist eine wunderbare Frau, deine Tochter ist zauberhaft, und du hast das hier nicht nötig. Mostafa hat Frau und Kinder in Syrien, und die wird er nie verlassen; du musst unbedingt weg von ihm. Er ist mein Bruder, und ich liebe ihn, aber zu deinem eigenen Besten und zum Besten deiner Tochter musst du ihn jetzt verlassen.«

Ich war total schockiert von seinem Ausbruch, aber ich hörte auf ihn, denn ich spürte, ich hatte einen Mann vor mir, der Mostafa sein ganzes Leben lang kannte. Er liebte ihn, traute ihm aber nicht. Wenn ich auf jemanden hören sollte, dann auf diesen Mann.

Ich fragte ihn, ob er mir Flüge nach Zypern buchen würde, und er erklärte sich einverstanden, doch als ich gehen wollte, kam Mostafa an. Ich erinnere mich nur noch an einen heftigen Streit zwischen den beiden Brüdern und daran, dass May und ich in einem Wagen mit Mostafa und seinem Bruder saßen. Pausenlos stritten sie weiter, und Mostafa weinte den ganzen Weg zum Flughafen.

Seltsamerweise war ich an dem Tag nicht so aufgelöst wie bei anderen Gelegenheiten. Tatsächlich meine ich rückblickend, dass ich so etwas wie Erleichterung empfand. Ich

glaube, Mostafas Bruder war es gelungen, zu mir durchzu-
dringen. Vielleicht, weil ich wusste, dass er Mostafa besser
kannte als irgendjemand sonst.

Ich rief meine Freundin an, als wir auf dem Flughafen Larnaca gelandet waren. Sie konnte kaum fassen, dass wir wieder
auf Zypern waren. Sie meinte, es würde ein paar Tage dauern,
bis meine neue Wohnung bewohnbar wäre, also lud sie mich
ein und bot mir an, ich könne vorübergehend bei ihr wohnen.
Es war ganz wunderbar, sie wiederzusehen und zu spüren,
dass ich hierher gehörte.

Ich liebte Zypern und mein Leben dort, und ich war total
begeistert, wieder dort zu sein. Ich dachte, dieser Neubeginn
sei genau das, was May und ich brauchten, und ich war über-
zeugter denn je, dass diesmal alles gut gehen würde. Es war unsere Chance, noch einmal von vorn anzufangen, nur wir zwei.

Am Telefon erzählte ich Mandy, was alles passiert war und
dass ich jetzt wieder auf Zypern lebte, und obwohl sie sich
Sorgen machte, dass Mostafa mir auf die Insel folgen würde,
freute sie sich doch, dass ich nicht mehr mit ihm zusammen war. Wir redeten wieder miteinander, Mandy und ich,
aber eben auch nur gerade so. Und das betrübte mich sehr,
denn wir waren ja nicht nur Schwestern, sondern auch beste
Freundinnen. Sie war der eine Mensch, dem ich mit jeder Fa-
ser meines Herzens vertraute. Wir waren eher wie Zwillinge,
verbunden durch ein unauflösliches Band, und nicht einfach
nur Schwestern – jedenfalls war das so gewesen, bis Mostafa
Assad in mein Leben getreten war und uns auseinanderge-
bracht hatte. Sie freute sich sehr für mich, dass ich eine eigene
Wohnung hatte, aber ich spürte auch ihre Verärgerung, und
eines war mir klar: Sie ahnte deutlich, dass ich ohnehin tun

würde, was ich wollte, egal, was sie sagte. Und zu meinem großen Unglück hatte sie recht damit.

Als ich schließlich in das neue Haus zog, war ich glücklicher als je zuvor. Ich verwandelte mein Zuhause in einen kleinen Palast, und es war schön, meine Freunde zum Essen einzuladen und mir keine Sorgen wegen Mostafa machen zu müssen. Zum ersten Mal seit Jahren fühlte ich mich wieder frei.

Ich besann mich wieder auf meine Fähigkeiten als Reiseveranstalterin und arbeitete bald für zwei verschiedene Firmen, Topflight und Skytours. Ich verdiente sehr viel Geld und hatte einen neuen Mann kennengelernt. Mein Leben war wunderbar.

Der Unterschied zwischen dem neuen Mann in meinem Leben und dem, den ich zurückgelassen hatte, hätte größer nicht sein können. Er hieß Al. Er war Libanese, und er war der liebevollste, aufmerksamste Mann, der mir je begegnet ist. Vom Aussehen her war er Mostafa sehr ähnlich. Er war groß, dunkel und attraktiv, aber May und ich lagen ihm wirklich am Herzen, und er wollte uns beschützen. Er war entsetzt, als er erfuhr, was ich alles durchgemacht hatte, und versprach, dass er immer für uns da sein werde. Er hatte kein Problem damit, dass ich mit meinen Freundinnen ausging, und er war sehr gesellig. Er hatte selbst viele Freunde, und er verstand sich gut mit meinen Freundinnen und deren Partnern. Das Leben war wunderbar.

Al wusste, dass ich Probleme mit den Hüften hatte und dass ich gern schwimmen ging, also holte er mich oft ab und überraschte mich damit, dass wir schwimmen gingen. Während unserer leider kurzen Beziehung verrenkte ich mir das

Knie – eine Begleiterscheinung meiner Osteoarthritis, als deren Folge sich die Gelenke lockern –, aber er war so bemüht um mich, dass er nicht nur alles für mich tat, sondern sich auch um May kümmerte und dafür sorgte, dass es ihr an nichts fehlte, solange ihre Mami ans Bett gefesselt war.

Ich weiß noch, dass Al uns eines Tages abholte und mit uns wegfuhr. Es stellte sich heraus, dass er für einen Tag ein Landhaus gemietet hatte, und als wir gegen sechs Uhr abends ankamen, stellte er Kerzen rund um den Swimmingpool auf, und bis Mitternacht schwammen wir in dem Pool, alle drei zusammen. Das war sehr romantisch, und ich war ganz begeistert, dass er May nicht außen vor ließ; er bezog sie immer mit ein, und dafür liebte ich ihn sehr.

Mandy freute sich für mich. Weil sie glaubte, die Sache mit Mostafa sei erledigt und ich hätte wieder ein eigenes Leben, redeten wir auch wieder mehr, und es war herrlich zu wissen, dass meine Schwester wieder in mein Leben zurückgekehrt war.

Sieben oder acht Monate war ich wieder auf Zypern, als mein Leben aus heiterem Himmel ein weiteres Mal auf den Kopf gestellt wurde. Ich saß eines Abends mit meinen Freundinnen, deren Partnern und mit Al in einer Bar, als ich aus dem Augenwinkel heraus Mostafa Assad durch die Tür kommen sah. Ein paar Sekunden stand er da, starrte mich an, und dann ging er einfach weiter zu den Toiletten. Ich weiß es noch, als wäre es erst gestern gewesen, dass ich mich an meinem Drink verschluckte. Lebhaft sehe ich immer noch vor mir, dass er ein weißblaues Diesel-Shirt und dunkle Jeans trug. Als ich ihn erblickte, war mein erster Gedanke, es müsse eine Sinnestäuschung gewesen sein, eine Verwechslung. Er konnte es einfach nicht sein. Ich blinzelte sogar ein paar Mal in dem Versuch, meine Augen noch einmal neu auszurichten und zu sehen, ob es wirklich der Mensch war, den ich mehr als jeden anderen fürchtete. Es war mein erster Abend in einer Bar seit Langem, außerdem mein erster Ausgehabend ohne May. Sonst trafen wir uns immer zu Hause bei anderen Leuten, meist zum Grillen oder zum Abendessen, in Kneipen ging ich also kaum, aber an diesem Abend hatte ich einen Babysitter kommen lassen, eine ältere Dame, die eine Freundin mir empfohlen hatte. Es war ein richtiges Fest, einmal allein auszugehen, obwohl ich mir Sorgen um May machte und mich fragte, ob alles gut gehen würde, wenn sie aufwachte und eine fremde Frau im Haus sah. Nicht einmal in meinen wildesten Träumen hätte ich damit gerechnet, dass Mostafa mir diesen Abend verderben würde.

Als ich gesehen hatte, wie er mich anstarrte, war ich am Boden zerstört. Ich drehte mich zu Al um, und ich sagte: »Ich habe gerade Mostafa gesehen.«

Er meinte: »Sei nicht albern, Louise, das bildest du dir ein.«

Aber plötzlich tauchte Mostafa wieder auf, diesmal draußen auf der Straße. Ich fing an zu zittern. Meine Zähne klapperten. Ich hatte eine Heidenangst.

Al ging zu ihm hin, und Mostafa bestand darauf, er wolle May sehen. Er benahm sich Al gegenüber wie ein richtiger Gentleman, und er bat Al, mich zu überreden, ihn sein Kind sehen zu lassen. An dem Abend ließ sich Al von ihm total zum Narren halten. Er kam zurück zu mir und meinte: »Er ist ein sehr netter Mensch, Louise. Er will einfach nur seine Tochter sehen. Er war wirklich sehr nett und höflich, aber er vermisst sein Kind, und ... Sei fair zu ihm.«

173

Ich konnte nicht fassen, dass Al sich so von ihm täuschen ließ, aber alle meine Erklärungen konnten ihn nicht davon überzeugen, dass Mostafa nur eine Show abzog und in Wirklichkeit ganz andere Gründe für seine Rückkehr nach Zypern hatte.

Trotzdem weigerte ich mich rundheraus, Mostafa seine Tochter sehen zu lassen. Er war wieder nach Zypern gezogen, wenn ich auch bis zum heutigen Tag keine Ahnung habe, wie er das geschafft hat, nachdem man ihn doch als illegalen Einwanderer hatte ausweisen lassen. Es stellte sich heraus, dass er in Limassol lebte, und an diesem Abend begann der Albtraum von Neuem. Mostafa war sauer, dass ich ihn sein Kind nicht sehen lassen wollte, aber noch wütender war er, weil ich mit einem anderen Mann zusammen war. So wie er es sah, war ich auf immer und ewig sein Eigentum, und obwohl sich Al von ihm hatte täuschen lassen, nahm Mostafa sich vor, diesem Mann zu zeigen, dass ich nie die Frau eines anderen sein würde. So einfach war das. Ich war ganz krank vor Sorge. Mir war klar, dass Mostafa keine Ruhe geben würde; er würde die neue Situation niemals akzeptieren. Er würde sich irgendetwas ausdenken, um sich an mir zu rächen, aber als ich mich an die Behörden wandte, begriffen die Leute nicht, weshalb ich mir solche Sorgen machte. Von diesem ersten Abend an erhielt ich nächtliche Besuche von Mostafa. Er hämmerte gegen meine Tür und wollte ins Haus. Ich sah den Hass in seinen Augen, aber ich gab seinem Drängen nicht nach, wie ich das in der Vergangenheit immer wieder getan hatte. Ich mochte Al wirklich, und ich wollte ihn nicht verlieren, aber ich wusste, dass Mostafa irgendeinen Trumpf im Ärmel hatte. Ich wusste, er würde die Sache nicht einfach so wegstecken. Und ich sollte schließlich erfahren, wie bösartig er sein konnte, wenn er wollte.

Eines Abends, als Al, May und ich mit einem Brathühnchen zum Abendessen nach Hause kamen, rannte eine Gruppe Syrer auf uns zu; die Männer bewarfen unser Auto mit Steinen und Stöcken. Al, der schon aus dem Wagen gestiegen war, sprang wieder rein und schaffte es irgendwie, im Rückwärtsgang vom Parkplatz zu fahren, wobei die Meute hinter uns herrannte und Wurfgeschosse auf den Wagen hageln ließ. Als wir wegfuhren, schaute ich mich um und sah Mostafa mit verächtlichem Gesichtsausdruck mitten in dieser Bande. Und da kam ein Stein – ich weiß nicht, wer ihn geworfen hat – durch die Heckscheibe geflogen, verfehlte uns nur knapp, ließ aber das Glas in tausend Scherben zersplittern. Die arme May in ihrem Kindersitz auf der Rückbank kreischte hysterisch. Sie war zu dem Zeitpunkt gerade erst achtzehn Monate alt.

Ich fischte in meiner Handtasche nach dem Handy, und irgendwie schaffte ich es, Mostafas Nummer zu wählen. Er war stinkwütend. Ich fragte ihn: »Wie kannst du das tun, du elender Mistkerl, wo deine eigene Tochter hier im Auto sitzt?«

Er erwiderte: »Ich habe niemanden gebeten, die Scheibe einzuschmeißen; ich wollte dem Typen bloß Angst einjagen. Du gehörst mir, und ich wollte ihm eine Lektion erteilen, damit er sich von dir fernhält.«

Sofort fuhren wir aufs Polizeirevier, um Anzeige zu erstatten. Mir war egal, was sie mit Mostafa anstellten; er sollte einfach nur aus meinem Leben verschwinden und uns in Ruhe lassen. Doch die Polizisten zeigten keinerlei Interesse. Sie meinten, es sei eine »Familienangelegenheit«. Ich fand ihre

Reaktion widerlich. Schon viele Male war ich auf dem Revier gewesen, um Anzeige gegen Mostafa zu erstatten, und jedes Mal hatten sie mich abgewiesen. Im Prinzip muss es ihnen vollkommen gleichgültig gewesen sein, was mit mir passierte, weil ich eine Europäerin in einer Beziehung mit einem Araber war; mit anderen Worten, ich forderte den Ärger ja selbst heraus.

Ich weiß noch, wie ich vom Polizeirevier wegfuhr. Überall lagen Glassplitter, und ich dachte, wie ungerecht es war, Al in diese Lage zu bringen. Mir war klar, dass ihn das, was gerade passiert war, zu Tode erschreckt hatte, aber er wollte mir nicht zeigen, wie viel Sorgen er sich über künftige Angriffe machte. An dem Abend sah Al die andere Seite des Mannes, den er nur wenige Tage zuvor für »sehr nett« und für einen »liebevollen Vater« gehalten hatte. Er war entsetzt darüber, dass ein Vater mit solch einer dummen und gedankenlosen Aktion das Leben seiner Tochter gefährdete.

Einmal beschloss Al, über Nacht zu bleiben, und irgendwann spät in der Nacht klopfte es an der Tür. Als ich aufmachen wollte, hörte ich Männer rufen und erklären, sie seien Polizisten und hätten einen Durchsuchungsbeschluss für meine Wohnung. Und im selben Moment, ich hatte gar keine Gelegenheit aufzumachen, wurde die Tür eingetreten, und in meine Wohnung strömten Beamte der Kriminalpolizei und die Leute vom örtlichen Polizeirevier. Sie nahmen meine Wohnung auseinander, Stück für Stück. Ich war völlig aufgelöst, und die kleine May schrie. Al hatte keine Ahnung, was da los war. Mir erzählten die Leute, sie hätten einen anonymen Hinweis von jemandem in Limassol bekommen, der behauptete, in meiner Wohnung würden Bomben gebastelt.

Ich konnte kaum fassen, was ich da hörte, aber wer hinter dem Anruf steckte, das wusste ich genau. Sie schütteten sogar meine vollen Farbeimer auf der Veranda aus, weil sie Material zum Bombenbau darin vermuteten, und ruinierten alles mit der Farbe.

Der anonyme Anrufer hatte Als Namen genannt, und so verhafteten sie ihn. Ich war völlig verstört. Sie behielten ihn über Nacht auf dem Revier und noch den ganzen Tag, bis sieben Uhr abends, länger als üblich, weil seine Papiere nicht in Ordnung waren. Er hatte um Asyl ersucht, und ich wusste, es gab Probleme mit seinen Unterlagen, aber das war auf Zypern nichts Ungewöhnliches, und so hatte ich mir nichts dabei gedacht. Immerhin gab es ihnen einen Grund, ihn längere Zeit festzuhalten, und das taten sie dann auch. Ich weiß noch, ich war völlig am Boden zerstört, weil dieser unschuldige Mann nun in einer Gefängniszelle saß, und zwar einzig und allein, weil er mein Freund war. Und genauso am Boden zerstört war ich wegen des Zustands, in dem die Polizisten meine Wohnung zurückgelassen hatten.

Danach ging es mit meiner Beziehung zu Al rapide bergab. Mostafa schickte immer wieder Todesdrohungen an Al und brachte sogar seine Freunde dazu, ihn regelmäßig anzurufen und ihm damit zu drohen, dass man ihn umbringen werde, wenn er mich nicht endlich in Ruhe ließe. Und der Plan ging auf. Ich spürte überdeutlich, wie ängstlich Al inzwischen in meiner Nähe geworden war. Und wenn wir abends einmal ausgingen, hatte er noch mehr Angst. Ich fand es schrecklich, das mit ansehen zu müssen.

Al wusste, wie manche Syrer hier auf Zypern waren und dass sie für ihre Freunde alles taten. Ein paar Wochen später beschloss ich deshalb, Al zu sagen, wir würden von jetzt an getrennte Wege gehen. Ich war verängstigt und verstört, genau wie er, aber dass ich ihn in Lebensgefahr brachte, das konnte ich nicht riskieren. Ich wusste nur zu gut, wozu Mostafa fähig war, und ich fürchtete aufrichtig, er werde Al entweder töten oder einen anderen anheuern, der das für ihn erledigte. Es brach mir das Herz, ihn gehen zu lassen, aber ich hatte kaum eine andere Wahl. Es war schon schlimm genug, dass Mostafa solch eine Macht über mich hatte, aber mir war bewusst, dass ich nicht auch noch das Leben eines anderen gefährden durfte. Es war wahrscheinlich das erste Mal, dass ich begriff: Mostafa Assad würde nie zulassen, dass ich die Partnerin eines anderen wurde. Er würde mich bis ans Ende der Welt verfolgen, wenn er annehmen müsste, ich sei mit einem anderen Mann zusammen. Das machte mir eine Heidenangst. So würde es von nun an bis ans Ende meines Lebens bleiben, ganz gleich, wo ich lebte.

Mit meinen Verwandten zu Hause ging ich nicht allzu sehr ins Detail. Sie wussten, irgendetwas war passiert, aber die Einzelheiten kannten sie nicht. Mein Vater beschloss, er würde für zwei Wochen zu Besuch kommen, und ich freute mich sehr darauf, ihn wiederzusehen.

Als mein Vater ankam, erzählte ich ihm, Mostafa sei wieder aufgetaucht. Er hatte keine Ahnung, wie schlimm es wirklich stand, aber er riet mir, mich mit Mostafa zu treffen, damit der wenigstens seine Tochter sehen könnte. Um des lieben Friedens willen.

Ich entschied, ich würde es machen, aber nur wenn Dad mich begleitete, was er auch tat. Wir trafen uns in Orphanides in Limassol, und Mostafa zeigte sich an diesem Tag von seiner besten Seite, er lachte, machte Späße, spielte mit May und sagte uns beiden, dass er uns sehr liebe. Drei Stunden verbrachte er mit uns, und mein Vater war vollkommen von ihm eingenommen. Er dachte, Mostafa hätte sich geändert, hatte den Eindruck, dass er May aufrichtig liebte. Ich wollte meinem Vater nicht die ganze Wahrheit erzählen, also erklärte ich mich bereit, Mostafa wieder in Mays Leben hineinzulassen. Schon damals wusste ich, es war womöglich der größte Fehler, den ich machen konnte, aber ich fühlte mich in die Ecke gedrängt.

Als mein Vater abgereist war, kam Mostafa zu mir nach Hause und sagte: »Also, wann kommst du zu mir nach Limassol? Wann wohnen wir wieder zusammen? Ich will dich wiederhaben.« Ich antwortete, ich brauche Zeit, da ich ja nun meine eigene kleine Wohnung hatte, in die ich ganz vernarrt war und aus der ich nicht wegwollte. Mein Leben in Paphos war wunderbar, ich hatte ein Zuhause und von beiden Balkonen Blick aufs Meer und die herrlichen Strände, und ich mochte mein Leben, so wie es war. Ich wollte Zeit schinden und hoffte, er wäre es bald leid, mich immer wieder zu fragen, und wäre einverstanden damit, dass ich in Paphos wohnte, während er in Limassol blieb. Vielleicht würde er sich ja damit begnügen, seine Tochter zu besuchen.

Noch am selben Abend klopfte es an der Tür; ich machte auf, und da stand Mostafa mit einem seiner Freunde. Sie kamen einfach herein und machten sich daran, meine Sachen zu packen: meine Kleidung, Mays Kleidung und ein paar persönliche Dinge. Mostafa nahm sogar meinen Fernseher mit. Egal, was ich dagegen auch vorbrachte, Mostafa belud den Wagen. Er meinte, ich könne meine Wohnung ja vermieten, aber ich würde jetzt mit ihm gehen, ob mir das nun passte oder nicht.

Ich weinte den ganzen Weg zu der Wohnung, die er in Zakaki gefunden hatte. Ich konnte kaum fassen, was ich gerade zurückgelassen hatte. Mostafa hatte eine sehr altmodische Wohnung in der dritten Etage eines Mehrfamilienhauses gemietet, und sie war wirklich schrecklich, aber ich wusste, dass ich hier nicht mehr wegkam. Ich würde nie mehr ein eigenes Leben haben, weil ich die Mutter seines Kindes war, also dachte ich, ich müsste einfach das Beste aus meiner schlimmen Lage machen. Einen Vorteil hatte das Ganze immerhin: Wenn ich bei ihm in seiner Wohnung lebte, würde er wenigstens mitten in der Nacht nicht mehr an meine Tür hämmern, totales Chaos verursachen oder mir überallhin folgen. Wenn ich bei ihm war, hatte er die Kontrolle über mich. Ich war zu erschöpft, um mich zu wehren. Ich war physisch und psychisch ausgelaugt, weil ich die ganze Zeit vor ihm auf der Flucht gewesen war, nur um unter Fußtritten und Gebrüll wieder zurückgezerrt zu werden.

Und so machten wir einfach weiter wie vorher. Er zog sein Ding durch, ich zog mein Ding durch. Und wie früher blieb ich abends im Haus und er ging aus. Ganz zu Anfang, als ich zu ihm zog, zahlte er noch die Miete, aber wenige Wochen später bestand er darauf, dass ich alles bezahlte, also waren wir nach kurzer Zeit wieder ins alte Muster zurückgefallen. Ich wusste, wenn ich nicht bezahlte, hätten wir bald keine Wohnung mehr, also akzeptierte ich alles, wieder einmal.

Zum Glück fand ich ziemlich bald, kurz nach meinem Einzug, einen guten Kindergarten für May, und ich bekam eine Stelle in der Filiale von Olympic Holidays in Limassol.

Nachmittags machten May und ich lange Spaziergänge am Strand, und unsere Tage verbrachten wir für gewöhnlich im Park und am Meer.

Als man mir bei Olympic den Job anbot, hieß es zunächst, es sei eine Vollzeitstelle mit Arbeitszeit von elf Uhr vormittags bis sieben Uhr abends. Aber ich sagte gleich, ich hätte ein Kind und könne wegen meiner Tochter nicht so lange arbeiten. Ich fragte, ob sie damit einverstanden wären, wenn ich bis vier Uhr nachmittags arbeitete, und zwar zum Stundenlohn für Teilzeitkräfte, der etwas niedriger war als der für Vollzeitkräfte. Zum Glück stimmten sie zu, denn sie kannten meine Verkaufszahlen bei anderen Firmen. Die Gehaltseinbußen störten mich nicht, weil ich wusste, ich könnte das mit den Provisionen aus meinen Verkäufen wieder ausgleichen. So waren wir alle zufrieden.

Sehr schnell hatte ich viele neue Freunde. Die meisten Angestellten stammten aus Großbritannien, und es waren ganz tolle Leute. Ich war zu vielen Partys eingeladen, scheute mich aber monatelang, eine Gegeneinladung auszusprechen. Ich fand meine Wohnung einfach abscheulich. Sie sah aus wie eine billige Ferienwohnung, und ganz gleich, was ich auch machte, ich schaffte es nicht, sie zu verschönern. So suchte ich Ausreden dafür, dass ich niemanden zu mir einlud. Als meine Freundin Nicola das erste Mal zu mir kam, um mich auf dem Weg zu einer anderen Freundin abzuholen, entschuldigte ich mich pausenlos für den Zustand der Wohnung. Zum Glück nahm Nicola das locker, machte einfach ein paar Witze, und so musste ich mich nicht genieren.

Auf der Arbeit lief es richtig gut für mich, und ich verdiente sehr ordentlich. Mostafa arbeitete auf dem Bau auch die ganze Woche, einschließlich Samstag, aber von seinem Verdienst bekam ich nie auch nur einen Cent zu sehen. Und um ehrlich zu sein, war mir das auch egal: Wenigstens konnte er mir nicht an den Kopf werfen, ich ließe mich von ihm »aushalten«.

In Wirklichkeit fand ich es herrlich, dass er die ganze Zeit außer Haus war. Sein einziger freier Tag war der Sonntag, und da hing er nur in der Wohnung herum. Ich hasste die Sonntage, und das hängt mir bis heute nach. Sonntage endeten immer mit Geschrei und einem Riesenstreit, und die kleine May bekam alles hautnah mit. Es war mir schon verhasst, samstagsabends ins Bett zu gehen, denn ich wusste ja, was mich am nächsten Tag erwartete. Mostafa war sehr streng mit May, und er demonstrierte ihr gern seine väterliche Autorität, vor allem am Sonntag.

Er wusste, dass May und ich uns großartig verstanden, aber wenn er in der Wohnung war, ließ er sie gern spüren, dass er der Herr im Haus war. Er fing an sie zu schlagen – ein kleines Mädchen! Er schlug sie auf den Po, und regelmäßig befahl er ihr, die Hand auszustrecken, damit er zuschlagen konnte. Und er schlug wirklich hart zu. Ich fand das grauenvoll, und immer wieder gerieten wir in Streit darüber, dass er seine Autorität mit so harter Hand demonstrieren musste, aber dann brüllte er mich an und erklärte, er sei der Mann im Haus und wir müssten tun, was er sagte.

Zum Beispiel brachte ich May abends immer gern ins Bett und las ihr eine Gutenachtgeschichte vor. Wir redeten eine Weile und lachten über das, was den Tag über passiert war. Aber wenn Mostafa nach Hause kam, übernahm er die Kontrolle über alles, und wenn er ihr gesagt hatte, sie solle ins Bett gehen, traute sie sich nicht mehr heraus. Sie hatte eine Riesenangst vor ihm, denn er gebärdete sich wie verrückt, wenn sie aufstand, und sei es nur, um zur Toilette zu gehen. Wenn ich hörte, dass sie aufstand und zur Toilette wollte, rannte ich sofort hin, um ihr zu helfen und sie zu beschützen, aber er rannte uns beiden hinterher, brüllte und schrie herum, und dann schlug er May und verlangte, dass sie zurück ins Bett ging. Dann brüllte er mich an und stieß mich herum und verkündete, ich hätte nichts dazu zu sagen, wie er sein Kind erzog.

Er wusste, dass ich mit Geld gut versorgt war und sein Einkommen nicht brauchte. Schließlich bestand er sogar darauf, dass ich meine Wohnung verkaufte, was ich dann natürlich auch tat. Der Verkauf ging schnell über die Bühne, und das bedeutete, dass ich ein hübsches Sümmchen auf der Bank hatte. Davon war er total begeistert, obwohl er wusste, dass es mein Geld war und nicht seins.

Dann sagte er eines Tages zu mir, er stecke in Schwierigkeiten und könne jederzeit ausgewiesen werden, es sei denn, er heiratete so schnell wie möglich. Er erklärte, seine Scheidung in Syrien sei inzwischen rechtskräftig, wenn er mir auch nie irgendwelche Papiere vorlegte, um das zu beweisen, und mir auch nie etwas davon erzählt hatte. Er ließ mich einfach in dem Glauben, die Beziehung sei beendet, er habe der armen jungen Frau gesagt, er liebe sie nicht mehr und wolle jetzt mit mir und May zusammen sein. Er wäre völlig am Boden zerstört, so sagte er, sollte man ihn ausweisen, denn das würde bedeuten, dass er sein Kind nie mehr wiedersehen könne, und das, wo er doch überzeugt sei, dass ein Vater zum Leben seines Kindes gehöre – für seine beiden Kinder in Syrien schien das allerdings nicht zu gelten. Dann verlangte er, ich solle mich anziehen: Wir würden zum Standesamt fahren, um den Tag unserer Hochzeit zu planen.

Ich war total entsetzt, weil er mich so überrumpelte. Auf der Fahrt sagte ich zu ihm, ich brauchte etwas Zeit, denn ich wollte meine Familie bei meiner Hochzeit zu Gast haben; sie müssten in Dublin Flüge buchen und Urlaub einreichen. Aber er beachtete mich gar nicht, und so fuhren wir weiter.

Als wir im Standesamt ankamen, befragte uns die Dame dort nach allen Einzelheiten. Sie fragte, an welches Datum für die Trauung wir gedacht hätten, und als ich gerade sagen wollte: »In einem Monat oder so«, fiel mir Mostafa ins Wort und sagte: »Morgen.« Total entgeistert sah ich ihn an, und auch die Beamtin war ziemlich erstaunt. Sie wartete wohl auf eine Reaktion von mir, aber ich wusste, es hätte keinen Sinn, mit Mostafa zu streiten, also nickte ich einfach nur zustimmend. Und das war es dann. Es sollte eine Blitzzeremonie werden, weil Mostafa wieder einmal mit dem Finger geschnipst hatte und ich, wieder einmal, nichts dagegen sagte.

Ich stimmte zu, obwohl ich wusste, dass Mostafa, wären wir erst einmal verheiratet, die nötigen Papiere hätte, die ihm einen gesetzlichen Anspruch auf May sicherten. An die Folgen dachte ich nicht; ich stimmte einfach zu. Allerdings machte ich mir nichts vor. Ich wusste, er hatte seine ganz eigenen Gründe, mich zu heiraten, und Liebe spielte dabei keine Rolle. Alles drehte sich, wie üblich, einzig und allein um ihn.

An dem Nachmittag rief ich meine Freundin Nicola an, die ich erst vor Kurzem kennengelernt hatte, und fragte sie, ob sie und ihr Mann am nächsten Tag unsere Trauzeugen sein wollten. Es war mir peinlich, sie darum zu bitten. Ich bin sicher, Nicola dachte, ich sei verrückt geworden, denn von Hochzeit war bisher nie die Rede gewesen. Damit hatte einfach niemand gerechnet, und urplötzlich wollte ich heiraten, und das in knapp vierundzwanzig Stunden.

Mostafa kaufte mir nicht einmal einen Trauring. Für sich selbst kaufte er übrigens auch keinen; die Ringe mussten wir uns tatsächlich von Nicola und ihrem Mann leihen. Es war fürchterlich. Auch im Nachhinein gab es keinen Ring. Ich hatte nicht einmal ein neues Kleid für meine Hochzeit, sondern ich trug schwarze Shorts und ein schwarzweißes Top, das ich in die Hose steckte. Ich war sehr niedergeschlagen an dem Tag. Am liebsten wäre ich weggelaufen und nie mehr wiedergekommen. Es gab keinen Fotografen, kein Video, nichts. Ich wusste, dass Mostafa mich nicht so liebte, wie ich geliebt werden wollte; für ihn war es eine reine Vernunftehe, eine Möglichkeit, die Ausweisung zu verhindern, und ich war nur die nützliche Idiotin.

Nach der Eheschließung und den Glückwünschen der Standesbeamtin, die wir am Vortag kennengelernt hatten und die sich, wie ich sehr wohl wusste, fragte, weshalb ich das alles mitmachte, fuhren wir einfach an den Strand und nahmen unser Hochzeitsmahl ein: Rührei auf Toast.

Das war für mich der Anfang der Ehe mit einem Mann, den ich einmal geliebt hatte, den ich aber nun mit jedem Tag noch ein bisschen mehr verabscheute. Aber ich wusste, dass ich mich eines Tages aus seiner Umklammerung lösen würde. Ich musste einfach nur darauf warten, dass sich eine Gelegenheit bot.

Fürs Erste fragte ich Mostafa, ob wir aus der Wohnung

ausziehen könnten. Er wusste, ich hasste die Wohnung, in der wir lebten, und er erklärte sich mit einem Umzug einverstanden, für den Fall, dass ich die neue Wohnung selber suchte und ich weiterhin bereit sei, die Miete zu zahlen. Dem stimmte ich natürlich zu.

Nach nur drei Wochen fand ich ein zauberhaftes Haus mit drei Schlafzimmern und einem entzückenden Garten. Es lag in der Nähe des Supermarkts von Orphanides, wo ich seinerzeit Mostafa mit meinem Vater getroffen hatte, und wo er sich als der ideale, liebevolle Vater in Szene gesetzt hatte. Das Haus war unmöbliert, doch ich sagte Mostafa, ich würde die Möbel kaufen, wenn er dem Umzug zustimmte. Die derzeitige Wohnung sei nicht gesund für May; sie brauchte einen Garten, in dem sie herumlaufen und frische Luft schnappen konnte. Er war einverstanden, und so zogen wir in unser neues Haus, und ich machte mich daran, alles gemütlich herzurichten. Ich war pausenlos auf Achse, kaufte ein neues Sofa und bequeme Sessel, eine wunderschöne Esszimmergarnitur und neue Vorhänge – das ganze Drum und Dran. Ich fand das toll.

Allmählich lud ich auch Freundinnen zum Abendessen und zum Kaffee ein, und auch May hatte oft Besuch von ihren kleinen Freunden. Eigentlich ging es uns ganz gut, mir und May. Im Grunde lebten wir ganz abgetrennt vom Leben meines Mannes, aber wir waren uns seiner Anwesenheit nur zu sehr bewusst, wenn er im Haus war. Mostafa war gar nicht übel, wenn Leute ins Haus kamen, er aß mit ihnen und redete mit ihnen. Mich überwachte er allerdings mit Argusaugen und achtete darauf, dass ich keinerlei Körperkontakt mit den Partnern meiner Freundinnen hatte. Tatsächlich musste ich eines Tages meine Freundin bitten, ihrem Mann dringend davon abzuraten, in meine Nähe zu kommen und mir einen Kuss zu geben, wenn Mostafa im Haus war. Ich erklärte ihr, dass ich mich in seiner Gegenwart wie eine muslimische Ehefrau verhalten musste. Und ich gestand, wie peinlich es mir war, ihr das überhaupt sagen zu müssen, doch ich meinte, so könne der Frieden gewahrt bleiben und Mostafa würde keinen Streit anfangen. Sie hielt mich für verrückt, dass ich bei solch einem Mann blieb, doch sie akzeptierte, dass so das Leben für mich und May einfacher war, also versprach sie, mit ihrem Mann zu reden.

Manche Zeiten im Jahr waren schlimmer als andere, und Weihnachten war eine dieser schlimmen Zeiten. Ich liebe das Weihnachtsfest, doch Mostafa konnte es nicht ausstehen, wenn ich Weihnachten feierte, und versuchte mir zu verbieten, das Haus zu dekorieren oder das Fest auf irgendeine andere Weise zu begehen. Ich wusste, er wollte May im muslimischen Glauben erziehen. Am Ende kam ich damit durch, Stechpalmen- und Mistelzweige aufzuhängen und den Baum zu schmücken, weil ich ihm glaubhaft versicherte, Weihnachten sei für mich kein religiöses Fest. Natürlich war ich vom Gegenteil überzeugt, aber wenn Mostafa von meiner inneren Einstellung gewusst hätte, wäre mir nie erlaubt worden, das schönste Fest des Jahres zu feiern. So durften wir immerhin unser Weihnachtsessen und das ganze Drum und Dran genießen. Mit Halloween war es genauso; die ganzen Kinder der Straße kamen in unser Haus, und wir spielten Spiele und lachten viel, und May fand das toll.

Doch mir war klar, dass Mostafa nicht glücklich damit war, wie mein Leben lief. Er erlaubte mir inzwischen, mit meinen

Freundinnen auszugehen, aber immer nur zum Abendessen, nie in eine Kneipe auf einen Drink. Es war furchtbar peinlich, denn er vereinbarte eine Zeit mit mir, um mich abzuholen, wenn das Essen vorbei war, und dann musste ich sofort mit ihm nach Hause. Er wartete dann immer an der Tür des Restaurants auf mich, und ich schämte mich regelrecht. Aber ich war froh, dass ich überhaupt ausgehen durfte. Allmählich lernte ich, auch für ganz bescheidene Dinge dankbar zu sein.

Meinen ersten richtigen Eindruck vom Islam bekam ich, als der Sohn einer wunderbaren Bekannten starb. Auch diese Frau war mit einem Syrer verheiratet, und der Verlust ihres kleinen Jungen brachte ihre ganze Welt zum Einsturz. Sie war so verzweifelt, dass sie nicht einmal zur Beerdigung gehen konnte. Der Kleine war gerade mal ein Jahr alt geworden, und sein Tod zeigte mir, wie Muslime mit einem solchen Verlust umgehen. In der muslimischen Tradition werden Tote so schnell wie möglich beerdigt, mindestens innerhalb von drei Tagen, meistens sogar schon nach vierundzwanzig Stunden, ehe der Körper zu verwesen beginnt. So ist die Tradition im Islam, aber ich als Katholikin war einfach nicht an so etwas gewöhnt, und ich fand es sehr schwer zu verkraften, was ich mit ansehen musste.

Der Tod dieses kleinen Jungen erschütterte mich. Seine Mutter, die mit dem Schmerz und der Trauer überhaupt nicht zurechtkam, bat mich, mit ihrem Kleinen zu gehen, nachdem der Vater ihn für die Beerdigung vorbereitet hatte, und dann bei ihm zu bleiben, wenn er zur ewigen Ruhe gebettet wurde. Ich tat das äußerst ungern, aber ich wusste, ich musste für sie da sein, weil sie einfach nicht in der Lage war, selbst zu gehen.

Ich betrat den Raum, als eine Gruppe von Männern den Kleinen gerade auf ein weißes Musselintuch legte und sich daranmachte, ihn zu waschen. Sie säuberten jeden Quadratzentimeter dieses winzigen, zerbrechlichen Körpers, und dann hüllten sie ihn in ein sauberes Tuch und machten ihn fertig für die Beerdigung.

Sein Vater war in einem furchtbaren Zustand und wurde von einer Gruppe von Männern getröstet. Ich war die einzige Frau im Raum, und ich sah, dass meine Gegenwart auf die Mehrheit der versammelten Männer höchst unpassend wirkte. Doch ich war stellvertretend für die Mutter des kleinen Jungen gekommen und machte mir nichts daraus, was sie dachten. Ich kämpfte mit den Tränen, als ich nun zum ersten Mal Zeugin der Vorbereitung einer muslimischen Beerdigung wurde. Ich dachte an May und daran, wie ich mich fühlen würde, wenn ich die Mutter dieses kleinen Jungen wäre. Und dann konnte ich die Tränen nicht mehr zurückhalten. Und als ich erst einmal mit dem Weinen angefangen hatte, fand ich es schwer, wieder damit aufzuhören.

Als die Männer ihre Arbeit erledigt hatten, klagten und schrien sie, und da sagte mir Mostafa, es sei jetzt Zeit, zum Friedhof zu gehen. Als sie gingen, bekam ich einen Anruf von der Mutter des Kleinen, die mich bat, eine Strähne vom Haar ihres Kindes abzuschneiden, wenn er zur Ruhe gelegt wurde. Ich glaube, nicht einmal sie wusste, was bei einer muslimischen Beerdigung ablief, aber ich versprach ihr, die Haarsträhne mitzubringen. Und dann bat sie mich noch, ihm ein Stückchen von seiner Schmusedecke beizulegen.

Ich rief zu Mostafa hinüber und sagte ihm, dass wir, ganz gleich, was nun passieren sollte, ihre letzten Wünsche für ihr

Kind erfüllen mussten. Aber er drehte fast durch und versuchte mir zu erklären, dass der Körper, wenn er erst einmal gewaschen und vorbereitet war, heilig sei und nicht mehr angerührt werden dürfe. Das war mir egal; ich würde dieses Baby nicht zur letzten Ruhe betten lassen, ohne seiner Mutter ihren letzten Wunsch zu erfüllen. Dieser Junge war nicht lange krank gewesen, und die Familie hatte keine Gelegenheit gehabt, sich auf seinen Tod vorzubereiten; er war einfach gestorben, und sie hatten keine Zeit gehabt zu trauern.

Ich sah, dass es die anderen nicht gerade freute, als Mostafa ihnen sagte, ich müsse dem Kleinen nicht nur eine Haarsträhne abschneiden, sondern sie müssten ihm als Trost auch noch ein Stückchen von seiner Lieblingsdecke mitgeben. Sie fingen an zu schreien und zetern und meinten, der Körper sei gesäubert und es sei unmöglich, ihn jetzt mit unreinen Dingen zu »verseuchen«, da der Leichnam in diesem Moment zur endgültigen Ruhe gebettet würde.

Keiner von den Männern wollte, dass der Leichnam berührt wurde, aber irgendwie muss der Vater des Jungen sie dann doch überredet haben. Schließlich erlaubten sie mir, eine winzige Strähne seines weichen Haars abzuschneiden, und sie nahmen ein Stückchen seiner Decke von mir und legten es auf den Musselinstoff, nicht darunter, wo es in Kontakt mit dem Körper gekommen wäre. Dann legten sie dieses winzige Kind in ein Loch in die Erde, bedeckten seinen kleinen Körper mit Latten, und dann gossen sie feuchten Zement in das frisch ausgehobene Grab.

Später fand ich heraus, dass man das arme Würmchen gut ein Meter achtzig tief in die Erde gelegt hatte, und zwar auf die rechte Seite mit dem Gesicht in die Richtung, die sie *qibla* nennen. Das ist die Richtung der Kaaba (des heiligen Steins in Mekka), die Richtung, in die sich die Muslime zum Gebet wenden. Das ist Brauch so.

Ich stand da und sah aus der Ferne zu, denn es war mir nicht erlaubt, neben den Männern zu stehen. Und ich war schockiert darüber, wie die Bestattung vor sich ging und wie schnell alles vorbei war. Irgendwann brach ich in Tränen aus und umklammerte die Haarsträhne dieses unschuldigen Kindes, das auf die Welt gekommen und nur ein Jahr später gestorben war. Und ich überlegte, ob der Junge, wäre er älter gewesen, auf dieselbe Art beerdigt worden wäre. Hätte er sich für den muslimischen Glauben entschieden? Hätte er in Fragen der Religion überhaupt eine Wahl gehabt?

Der immense kulturelle Unterschied machte mir an dem Tag sehr zu schaffen und verwirrte mich auch, aber ich war froh, dass die Mutter des Kleinen zu krank gewesen war, um an der Zeremonie teilzunehmen. Keine Mutter sollte ihr Kind beerdigen müssen, schon gar nicht auf diese Weise, wenn ihr kultureller Hintergrund so anders ist. Ich gebe zu, dass ich damals nichts darüber wusste, weshalb man im Islam die Toten auf diese Weise bestattete, aber es war Welten von meiner eigenen Kultur entfernt, und für mich war das Ganze sehr schwer zu verstehen.

Ich wusste, dass Mostafa über mein für ihn störendes Eingreifen in die Begräbnisriten seiner Religion wütend war. Doch das machte den Graben zwischen uns nur noch tiefer. Sollte May, Gott behüte, irgendetwas zustoßen, würde ich diese Zeremonie oder etwas in der Art für sie nicht wollen. Ich wünschte mir nach wie vor, dass sie später ganz frei entschied, welcher Religion sie folgen wollte, wenn überhaupt.

Allerdings machte ich mir auch große Sorgen um sie, sollte sie sich für die muslimische Lebensart entscheiden und später einmal in Syrien leben.

Allerdings sollte sie stolz auf ihr Erbe und die unterschiedlichen Kulturen ihrer Eltern sein, und sie sollte fließend Arabisch sprechen lernen. Sie sollte später einmal nicht sagen, ich hätte sie von irgendetwas im Leben abgehalten. Ich kochte weiterhin arabische Gerichte und erzählte May alles über Syrien. Ich fing sogar selbst an, Arabisch zu lernen. Als ich mich nach einer Möglichkeit zum Sprachunterricht erkundigte, lernte ich eine wunderbare junge Frau namens Justine kennen. Ihr Mann war auch Syrer, und als ich mit May in den Unterricht kam, war sie mit ihren beiden Kindern da, und die drei wurden schnell enge Freunde.

Ich dachte, Mostafa würde sich freuen, dass ich eine Frau kennengelernt hatte, die ebenfalls mit einem Syrer verheiratet war, aber ich hatte mich wieder einmal geirrt. Etwa sechs Monate, nachdem Justine und ich richtig enge Freundinnen geworden waren, kam Mostafa eines Tages nach Hause, und aus irgendeinem Grund kam es zu einem Riesenstreit. Er beschimpfte mich wüst und stieß mich herum, und ich rannte aus dem Haus und lief zu Justine.

Sie sah, dass ich verzweifelt war, und ich erzählte ihr, ich könne die Beschimpfungen und das aggressive Verhalten einfach nicht mehr ertragen. Am Tag darauf bekam ich einen Anruf von Justine. Sie sagte, Mostafa sei draußen und rede mit ihrem Mann, und er habe ihren Mann aufgefordert, ihr jeglichen Kontakt mit mir zu verbieten. Sie dürfe nicht mal mehr mit mir reden. Ihr Mann hatte zugestimmt. Ich war niedergeschmettert. Nicht nur ich hatte gerade eine gute Freundin verloren, auch May, die gerade erst vier Jahre alt war, verlor auf diese Weise ihre beiden besten Freunde.

Nach diesem Vorfall sah ich Justine beinahe zwei Monate nicht, bis wir uns eines Tages im Park trafen und sie sich reumütig näherte und für alles entschuldigte. Ich freute mich sehr, sie wieder getroffen zu haben, und wir verabredeten, so vorsichtig wie möglich zu sein. Aber ich musste mir nicht allzu lange Sorgen darum machen, wie ich das alles vor Mostafa geheim halten könnte, denn nur Wochen, nachdem ich die Freundschaft zu Justine erneuert hatte, sorgte er selbst für das endgültige Aus unserer Beziehung.

Er ging inzwischen wieder jeden Abend aus, lebte sein eigenes Leben, und ich blieb zu Hause bei May. Das war nichts Ungewöhnliches, aber eines Tages kam er gegen fünf Uhr früh nach Hause, die Haare ganz zerzaust und in der Kleidung der Gestank nach Parfüm. Sofort war mir klar, dass er bei einer anderen gewesen war, denn ich nahm tatsächlich den deutlichen Geruch nach Sex an seinem Körper wahr. Aber obwohl ich ihn anschrie und verlangte, er solle ehrlich mit mir sein, leugnete er bis zum bitteren Ende.

Allerdings konnte mich nichts davon abbringen, dass ich recht hatte, und nicht lange nach dieser Nacht bestätigten sich meine Ängste. An diesem besonderen Tag war es wunderbar warm, und sogar Mostafa hatte gute Laune. Ich brachte May ins Bett, und er ging auf seinen üblichen »Kaffee« mit seinen Freunden und ließ mich allein vor dem Fernseher sitzen. Ich wollte ins Internet und holte meinen Laptop. Als ich ihn anschaltete, erschien in der Ecke des Monitors ein kleines Pop-up mit der Meldung: »Sie haben eine neue Nachricht von Tagged.« Ich hatte keine Ahnung, wer oder was »Tagged«

war, aber als ich die entsprechende Website öffnete, wurden mir Bilder von Frauen angezeigt. Genauer gesagt, mir wurden die einhundertundzwanzig Frauen angezeigt, mit denen Mostafa seit gut einem Jahr »kommunizierte«, vielleicht auch noch mehr. Alle lebten auf Zypern; es lebten sogar alle in Limassol oder ganz in der Nähe.

Ein Chat war noch geöffnet, und ich stellte fest, dass er sich regelmäßig im Chat mit vier Frauen traf, dazu noch gelegentlich mit einer fünften. Er schickte etwa Nachrichten wie diese: »Letzten Samstag war es wirklich toll. Wir sehen uns diese Woche um dieselbe Zeit, Süße.« Mir wurde übel, als ich diese Nachrichten durchsah, und dann klickte ich einen Bereich dieser Website an, wo ich Dutzende von Fotos fand: nackte Frauen, manche in den gewagtesten Posen, die ich je gesehen hatte; diese Fotos hatten sie ihm geschickt.

Ich war stinksauer. Ohne auch nur einen Moment nachzudenken, griff ich sofort zum Telefon und rief Mostafa an. Er meldete sich mit: »Na, was liegt denn an, Süße?« Ich weiß noch, dass ich ihn anschrie: »Ich habe dein E-Mail-Account mit Tagged gefunden.« Er legte einfach auf. Ich versuchte noch einmal, ihn zu erreichen, aber er ging einfach nicht mehr an den Apparat.

Ich legte mich ins Bett, und nach ein paar Minuten ging die Tür auf. Mostafa beachtete mich gar nicht, als ich aufsprang, den Laptop schnappte und ihm das Ding unter die Nase hielt, um ihm zu zeigen, was ich gefunden hatte. Schließlich schrie er, das sei nur ein bisschen Spaß, weiter nichts. Er meinte, es sei nur ein Spiel. Ich hätte ihn am liebsten umgebracht. Ich fragte ihn, wie er mir das antun konnte, wo ich doch mit ihm schlief, für ihn kochte und saubermachte und mein Möglichstes tat, um eine gute muslimische Ehefrau zu sein. Aber er hatte überhaupt kein Interesse daran, sich zu entschuldigen und irgendwelche Erklärungen abzugeben. Ich hatte ihn längst im Verdacht gehabt, dass er mich immer noch betrog, aber dies war jetzt einfach der Tropfen, der das Fass zum Überlaufen brachte. Ich schrie ihm entgegen, ich hätte alle Regeln befolgt, die er mir aufgezwungen hatte, ich schüttelte nicht einmal einem Mann die Hand, und trotzdem tat er mir das an. Aber ihn schien das kein bisschen zu kümmern. Er beachtete mich gar nicht und ging schließlich einfach weg. Für ihn war es bloß ein ganz normaler Freitagabend mit Alkohol und wer weiß womit sonst noch; was immer er eben an den Wochenenden machte. Ich war erschüttert. Aber was sollte ich tun? Wie ich mich gebettet hatte, so lag ich nun mal, wie meine Mutter gesagt hätte.

Am nächsten Morgen wachte ich mit einem unangenehmen Gefühl im Bauch auf. Ich hatte nicht mitbekommen, wann Mostafa es in der Nacht zuvor nach Hause geschafft hatte, aber ich wusste, es war Samstag, und nach einer der Nachrichten auf der Website hatte er am Abend eine Verabredung. So gut es ging, versuchte ich, das aus meinen Gedanken zu verdrängen, denn mir war bewusst, dass ich ihn nicht ändern konnte. Ich brachte May wie üblich zu ihrem Reitkurs, den eine meiner Freundinnen außerhalb von Limassol gab. May gegenüber wollte ich mir nichts anmerken lassen.

Meiner Freundin erzählte ich, was passiert war. Sie riet mir, mich jetzt endlich von Mostafa zu trennen, da ich ja nun zweifelsfrei wusste, dass er mich immer noch betrog. Ich wusste, ich musste ihn verlassen, aber mit May machte ich ganz normal weiter, und nach der Reitstunde fuhren wir

195

wie immer an den Strand. Wir schwammen im Meer und vergnügten uns mit unseren Bodyboards etwa drei Stunden lang. Trotz allem, was mit Mostafa passiert war, muss ich doch sagen, dass ich hier auf Zypern im Grunde genommen sehr glücklich war. Ich empfand es als Privileg, meine Wochenenden mit meinem kleinen Mädchen verbringen, das ganze Jahr im Meer schwimmen und die Sonne genießen zu können. Mostafa war das Einzige, was ich an meinem Leben hasste, aber alles andere entschädigte mich dafür.

Während wir lachten und herumplanschten, schaute ich auf und sah plötzlich Mostafa in meinem BMW auf dem Parkplatz am Strand. Mir wurde übel. So etwas machte er häufig; er suchte nach uns, bis er uns fand, und dann saß er in seinem Wagen, oder besser gesagt *meinem* Wagen, und starrte zu uns herüber. Ich holte May aus dem Wasser, wir trockneten uns ab und gingen zum Auto zurück. Er hatte direkt neben mir geparkt, ich hatte nämlich den Zweitwagen genommen. Als wir eiligst unsere Sachen im Kofferraum verstauten, kurbelte er das Autofenster herunter und sagte: »Na schön, wenn du mir versprichst, du vergisst, was letzte Nacht gewesen ist, werde ich so was nie wieder machen.«

Ich erwiderte: »Das kann ich nicht.« Endlich hatte ich den Mut gefunden, ihm eine Grenze aufzuzeigen. Ich war mit meiner Weisheit am Ende. Wir fuhren beide los, und ich wusste, dass ich ein für alle Mal fortmusste.

In der Woche stritten wir pausenlos. Ich zog in Mays Zimmer um und beschloss, mich so schnell wie möglich von ihm zu trennen. Auch Mostafa wusste, dass es vorbei war. Vermutlich war ich konsequenter ihm gegenüber als je zuvor, und das spürte er. Wir stritten zu Hause, wir stritten am Telefon, es hörte einfach nicht auf. Bei einem Streit am Telefon brüllte er mir entgegen, dass er mich hasse, dass ich eine Fotze sei und ihn nie ranlasse. Ich schrie zurück, ich hätte genug von ihm und ich hätte deshalb keinen Sex mit ihm, weil die Möglichkeit bestand, ich könne mir eine sexuell übertragbare Krankheit holen. Ich teilte ihm mit, unsere Ehe sei vorüber und er würde seine Kleidung draußen vor der Tür finden. Und genau so machte ich es dann auch.

Ich packte alles zusammen und warf die Taschen nach draußen auf die Straße. Nur Minuten später hörte ich ein Auto mit quietschenden Bremsen halten, und er stürmte mit grimmigem Gesichtsausdruck herein. Ich lief ins Elternschlafzimmer, weil May in ihrem Zimmer schlief und ich sie nicht wecken wollte, und er warf seine Taschen wieder ins Schlafzimmer. Er sagte, er würde gehen, wann es ihm passte, und nicht, wenn ich es verlangte. Dann meinte er, wenn ich noch einmal so etwas machte, wäre ich tot.

Ich ging zu einem Anwalt und bat ihn um einen Rat. Die Nacht hatte ich bei einer Freundin verbracht, und sie hatte mir geraten, ihn zu verlassen, ehe es zu spät war. Doch ich liebte mein Zuhause und dachte: »Wieso soll ich denn gehen?« Aber es schien, ich hatte keine andere Wahl. Der Anwalt erklärte mir, es sei die eheliche Wohnung und ich sei mit Mostafa verheiratet, und auch wenn er keinen einzigen Cent bezahlte, könne ich ihn nicht hinauswerfen; ich müsste selbst gehen. Was das Gesetz besagte, fand ich ekelhaft, denn ich liebte mein Zuhause, aber ich wusste, ich musste gehen, da Mostafa sich wohl kaum wegbewegen würde.

An dem Abend kam er nach Hause und führte sich auf wie ein Irrer. Er schmiss die Möbel durch die Gegend, schleuderte einen Tisch gegen die Wand und warf einen Stuhl nach mir, und ich schrie immer wieder, es sei aus und er solle gehen. Ich drohte damit, die Polizei anzurufen, wenn er nicht ginge, aber das machte ihn nur noch wütender. Ich sagte, wenn er nicht ginge, dann würde ich gehen. Daraufhin brüllte er, ich würde nirgendwohin gehen, denn er wollte mich da haben, wo er mich beobachten könne.

Ich hatte meine Pflanzen immer geliebt und ein Vermögen für Übertöpfe ausgegeben. Eines der Pflanzgefäße war besonders schön und groß, aus weißer Keramik und mit einer herrlichen blühenden Pflanze darin. Mostafa rannte hinüber und trat wiederholt dagegen, bis der Topf zerbrach. Das brachte für mich das Fass zum Überlaufen, denn mir war klar, er wollte alles zerstören, was ich liebte. Er hasste mich einfach und wollte sichergehen, dass ich wusste, er würde vor nichts Halt machen, würde alles zerstören, was ich besaß.

Ich fing an zu weinen, und die arme May wachte auf und kam zu mir gerannt. Ich saß auf einem Stuhl, und sie sprang auf meinen Schoß; ich griff zum Telefon, rief Nicola an und fragte, ob sie uns abholen könne. Mostafa wollte das Telefon packen, aber ich hielt es außer Reichweite. Das ärgerte ihn so richtig. Er wollte mich treten, aber er traf die arme May mitten in den Magen; sie krümmte sich vor Schmerz zusammen und weinte.

Als er sah, dass er May verletzt hatte, rief er irgendwas auf Arabisch und lief zur Tür hinaus. Etwas später kamen Nicola und ihre Mutter Irene an. Das Haus war verwüstet: überall zerbrochene Möbel, der Fußboden verschmutzt von der Erde aus den Blumentöpfen. Die Gesichter der beiden sagten alles. May schluchzte hemmungslos; die zwei brachten sie in ihr Zimmer und legten eine DVD ein, weil sie die Kleine ablenken wollten von dem, was gerade passiert war.

Irene kam zu mir und sagte: »So, Louise, genug ist genug; du musst dich von ihm trennen. Wenn du hierbleibst, bringt er dich um, da bin ich mir sicher.« Ich wusste das selbst. Mit jedem Übergriff wurde es schlimmer.

Sie rief die Polizei an, und schließlich trafen die Beamten beim Haus ein, aber sie waren so wenig hilfreich wie immer. Wahrscheinlich hatten sie gute Gründe, sich für häusliche Gewalt in Beziehungen wie der unseren nicht zu interessieren, obwohl ich das damals noch nicht so sah. Sie waren daran gewöhnt, Fälle häuslicher Gewalt zwischen einer Europäerin und einem Araber zu protokollieren, Wochen mit der Arbeit an einem Fall zu verbringen und ihn vor Gericht zu präsentieren, nur um dann zu erleben, dass die Frau die Anzeige zurückzog. Ob aus Angst vor den Folgen oder nicht, für die Polizei musste das ein Ärgernis sein. Und so schienen sie mich, wie jeden Fall häuslicher Gewalt zwischen einem arabischen Mann und einer Europäerin, mit größter Skepsis zu betrachten. Denn sie wussten, dass in neun von zehn Fällen alle Arbeit, die sie investierten, im letzten Moment über den Haufen geworfen wurde.

Auch diesmal war ihre Skepsis groß. Sie sahen deutlich, dass das Haus verwüstet war. Ich erklärte den Beamten, Mostafa habe May getreten, mit dem Tritt aber auf mich und nicht auf unser Kind gezielt. Sie leiteten eine Fahndung nach dem Auto ein, doch ich merkte, dass sie genervt waren: Wieder einmal sah es nach einem dieser Fälle aus, die in letzter Minute zusammenbrachen, wie sie das schon so oft gesehen hatten. Sie meinten, ich könne aus Sicherheitsgründen nicht im Haus bleiben, also erklärte ich mich einverstanden, zu einer Freundin zu gehen, nachdem ein Arzt mich untersucht hätte.

May und ich mussten ins Krankenhaus fahren, um uns untersuchen zu lassen. Bei mir wurde ein Ultraschall des Kopfes gemacht, und sie sahen auch die ganzen Blutergüsse und Abschürfungen an meinem Körper, die von Mostafas früheren Attacken stammten oder von den Gelegenheiten während der vergangenen Tage, als er mich bei einem Streit grob angefasst hatte. Die Krankenhausmitarbeiter notierten das alles. Dann ging ich mit dem Krankenhausbericht zum Polizeirevier in Limassol. Ich erklärte, ich wolle Anzeige erstatten, und sie stellten einen Haftbefehl auf Mostafas Namen aus. Danach riefen sie mich immer wieder an, brachten mich auf den neuesten Stand, meinten aber, sie könnten ihn nirgends finden. Später stellte sich heraus, dass er sich in unserem Haus eingeschlossen und einfach nicht die Tür geöffnet hatte.

Am Montagmorgen verließ Mostafa das Haus und suchte einen Anwalt auf. Knapp eine Stunde später spazierte er aufs Polizeirevier und stellte sich. Ich war schockiert. Sie behielten ihn über Nacht da, ließen ihn dann aber am Dienstag nach einer kurzen Anhörung vor Gericht gegen Kaution schon wieder frei.

Er erhielt die offizielle Anweisung, seine Ausweispapiere abzugeben und sich bis zu seinem nächsten Termin vor Gericht jeden Mittwoch auf dem örtlichen Polizeirevier zu melden. Man wies ihn außerdem an, sich von mir und May fernzuhalten.

Es stellte sich heraus, dass er seinen Anwalt gebeten hatte, May auf eine Stoppliste setzen zu lassen, damit ich mit ihr das Land nicht verlassen konnte. Er wollte nämlich den Kampf um das Besuchsrecht aufnehmen. Das fand ich einfach nur widerlich, denn er war ein fürchterlicher Vater, der wenig oder gar keine Zeit für sein Kind gehabt hatte, und jetzt wollte er plötzlich als liebevoller Vater gesehen werden. Diese Stoppliste hinderte mich sogar daran, May ohne seine vorherige Zustimmung in den Ferien nach Irland mitzunehmen. Und da ich ganz genau wusste, dass er diese Zustimmung niemals geben würde, war ich am Boden zerstört. Ich begriff einfach nicht, dass das Gesetz so funktionieren konnte, aber mir blieb keine Wahl, ich musste akzeptieren, was immer die Rechtsprechung für mich vorsah. Ich machte mir außerdem große Sorgen, dass Mostafa, sollte er May jemals nach Syrien mitnehmen, als Syrer und in seiner Eigenschaft als Vater die alleinige elterliche Gewalt hatte, ich jedoch keinerlei Rechte haben würde, denn Syrien war kein Unterzeichnerstaat der Haager Konvention. Das Haager Übereinkommen, auch Haager Konvention genannt, über die zivilrechtlichen Aspekte internationaler Kindesentführung, so die offizielle Bezeichnung, enthält rechtliche Bestimmungen zum Schutz bestehender Vereinbarungen über das Sorgerecht für ein Kind. Das Übereinkommen hindert Eltern, die sich in einem Sorgerechtsstreit befinden, daran, internationale Grenzen zu überschreiten, um in einem anderen Land geneigtere Richter zu finden.

Doch niemand hörte auf mich. Stattdessen versicherten mir mehrere Juristen, dass dies nie geschehen würde, denn auch Mostafa dürfe May nicht außer Landes bringen, ohne dass ich meine schriftliche Zustimmung gab. Wie sehr sollten sie sich doch irren!

Ich zog mit May wieder in das ehemals gemeinsame Haus, und ich beschloss, unverzüglich die Scheidung einzureichen. Einige Male kam Mostafa an die Tür und bat mich, ihn reinzulassen, aber ich überraschte mich selbst und blieb immer standhaft. Ich hatte große Angst vor seiner Wut und seiner Reaktion auf meine beständige Weigerung, aber ich gab nicht nach.

May war damals gerade erst fünf geworden, und mit Besuchsrechten für Kinder befasste sich die Sozialbehörde. So erhielt ich nun regelmäßig Besuch. Die Sozialarbeiterin erklärte, sie sei dagegen, dass Mostafa May über Nacht bei sich behielt, da seine Wohnung für die Bedürfnisse eines kleinen Mädchens nicht angemessen sei, und darüber war ich einigermaßen erleichtert. Meiner Meinung nach war er als Vater vollkommen untauglich und hätte überhaupt nicht das Recht haben sollen, May zu sehen, aber wer hörte schon auf mich? Ich war ja nur die Mutter.

Wenige Wochen später fand die Gerichtsverhandlung wegen der Körperverletzung und der Sachbeschädigung statt. Mostafa und ich redeten immerhin miteinander, aber rückblickend, im kalten Licht des Tages, begreife ich, dass er mich sogar damals manipulierte. Offensichtlich wollte er mich auf seiner Seite haben, damit ich mich verpflichtet fühlte, ihm dabei zu helfen, eine mildere Strafe zu bekommen. Und natürlich hat er wieder einmal gewonnen. Am Tag der Verhandlung wurde ich in den Zeugenstand gerufen, und ich sagte aus, ich sei von Mostafa angegriffen worden. Trotzdem bat ich den Richter, Milde walten zu lassen. Das tat ich nur aus einem einzigen Grund: Sollte ich verantwortlich dafür sein, dass er ins Gefängnis kam, müsste ich seine Rache fürchten, wenn er erst einmal entlassen war. Unmittelbar nach seiner Verhaftung hatte Mostafa mir gedroht, ich würde es schwer büßen müssen, sollte er ins Gefängnis kommen. Und ich solle immer daran denken, dass er May auf die Stoppliste gesetzt hatte. Er hatte mich also in der Hand.

Ich war genau wie all die anderen Europäerinnen, die ich kannte und die es in letzter Minute mit der Angst zu tun bekamen. Stets hatte ich mich gefragt, wieso sie nach derartigen Misshandlungen wieder nachgaben, doch damals war mir nicht bewusst, dass ich eine von diesen Frauen war. Ich war zu sehr gefangen in meiner eigenen misslichen Lage und konnte deshalb nicht klar sehen.

Und weil ich den Richter bat, beim Urteil über Mostafa Milde walten zu lassen, ließ er ihn mit einer Verwarnung frei und ermahnte ihn, dass er mit einer Haftstrafe von vier bis fünf Jahren rechnen müsste, sollte dem Gericht zur Kenntnis gelangen, dass er mich innerhalb der nächsten zwei Jahre noch einmal angriff.

Noch am selben Tag wurde Mostafa auf freien Fuß gesetzt. Obwohl er sich nicht bei mir dafür bedankte, dass ich zu seinen Gunsten ausgesagt hatte, war er auf seine Art wohl doch dankbar, denn er erklärte sich einverstanden, dass ich mit May über Weihnachten für zwei Wochen nach Dublin fuhr. Wochenlang hatte ich ihn gebeten, May von der Stoppliste streichen zu lassen, und er wusste, dass ich es bitter nötig hatte, meine Familie wiederzusehen. Also traf er sich mit mir nach viel Drängen und Betteln bei einem vom Gericht vereidigten Beamten, in dessen Gegenwart wir die Abmachung unterzeichneten, die mir erlaubte, für vierzehn Tage mit May das Land zu verlassen.

Ich war sehr erleichtert, es fühlte sich alles fast ein wenig irreal an. Tatsächlich war ich immer noch skeptisch, als ich zum Flughafen von Larnaca fuhr, um nach Hause zu fliegen. Obwohl ich das Schreiben in Händen hielt, das den Stopplisten-Stempel in Mays Pass ungültig machte, hatte ich immer noch eine Riesenangst, dass man mich nicht ausreisen lassen würde. Aber total schockiert war ich dann, als sie das Schreiben nicht einmal sehen wollten. Sie beachteten den Stopplisten-Stempel einfach nicht und ließen mich ungehindert den Abflugbereich betreten. Ich weiß noch, dass ich damals dachte, wie einfach es gewesen wäre, auch schon früher mit meiner Tochter ohne Beanstandungen aus dem Land zu kommen.

So hatte ich nun also am eigenen Leib erfahren, wie wenig die Stoppliste eigentlich wert war. Rückblickend, also nachdem meine Tochter trotz eines ungültigen Reisepasses entführt worden ist, kann ich sagen: Ich begreife jetzt, wie einfach es für Mostafa war, mit May das Land zu verlassen. Doch damals war ich bloß dankbar, dass ich mich zwei Wochen lang von ihm erholen und bei meiner Familie Ruhe und Frieden finden konnte. Mein Scheidungsverfahren war in die Wege geleitet, und bald wäre ich für immer frei von Mostafa. Das Jahr 2010 konnte für mich gar nicht schnell genug kommen.

5

Leben in Idlib

In Idlib lernte ich sehr schnell, dass ich nett zu meinem Exmann sein musste. Schon auf Zypern hatte ich immer versucht, dafür zu sorgen, dass er ruhig und entspannt blieb, doch hier in seinem Heimatort war das noch wichtiger, denn in Syrien hatte ich keinerlei Rechte. Dessen war ich mir ganz genau bewusst, genauso wie der Tatsache, dass er mich jederzeit totprügeln und dann hinterher behaupten konnte, ich sei ihm untreu gewesen. Ich musste jedem seiner Befehle gehorchen, denn er konnte mir May von einem auf den anderen Moment wegnehmen und würde das auch bedenkenlos tun. Und dann sah ich sie womöglich nie wieder. Ich musste mitspielen, um ihn ruhig zu halten, auch wenn es mich wahnsinnig machte.

Gleich am Tag nach meiner Ankunft erklärte mir Mostafa, er wolle für May einen syrischen Pass beantragen. Als ich ihn fragte, warum, erwiderte er: »Was stellst du für blöde Fragen? Sie ist zur Hälfte Syrerin, und ich will, dass sie hier zur Schule geht.« Er sagte, er habe sich einen Anwalt genommen und erfahren, dass die Regierung ihm keinen Pass für May ausstellen würde, es sei denn, er könne eine offizielle Heiratsurkunde vorweisen. Er sagte, er brauche Mays Geburtsurkunde und eine Kopie meines Ausweises und dass wir in Syrien heiraten müssten, damit alles in die Wege geleitet würde.

Ich hatte nicht die Absicht, mich darauf einzulassen, aber ich war ja gerade erst angekommen und würde auf keinen Fall ohne May fortgehen, also spielte ich vorläufig mit. Zögernd gab ich ihm meinen Pass, woraufhin er seinen Cousin anrief und auf Arabisch auf ihn einredete. Nach dem Telefonat erklärte Mostafa, er würde meinen Pass ins Arabische übersetzen lassen müssen; das wolle er am selben Tag noch in Idlib in Auftrag geben. Er nahm meinen Pass, erledigte, was er zu erledigen hatte, und gab mir den Ausweis am nächsten Tag zurück.

Mir war klar, er würde die Sache mit der Heirat wieder zur Sprache bringen, sobald er alle nötigen Papiere hatte, doch ich beschloss, von mir aus erst einmal nichts dazu zu sagen und nichts zu tun, bis der Moment gekommen wäre.

Diesen ganzen ersten Tag nach meiner Ankunft war ich sehr niedergeschlagen, denn ich war nicht nur eine Gefangene in Mostafas Haus, sondern er hatte auch alles so gut durchdacht, dass ich keinen Ausweg aus diesem Höllenszenario sah. Ich war entsetzt darüber, dass er in so kurzer Zeit alles bis ins kleinste Detail durchdacht hatte und dass er fest entschlossen schien, dafür zu sorgen, dass May endgültig in Syrien blieb. Ich fand eine Schultasche und darin zusammengerollt die Uniform einer Schule in der Nähe, und mir wurde ganz übel. Er hatte offensichtlich nicht vor, May jemals wieder aus Syrien herauszulassen, aber diese Gedanken musste ich verdrängen und jeden Tag für sich angehen.

Tag und Nacht betete ich, die Türken sollten kommen. Ich betete, es möge ihnen gelingen, an den streng bewachten Grenzübergängen mit den schwer bewaffneten Wachposten vorbei bis zu Mostafas Haus zu kommen. Und ich betete, Mostafa möge an dem Tag, an dem sie ankamen, nicht zu Hause sein. Oder wenn er zu Hause war, sollte er wenigstens tief und fest schlafen.

Das Haus, in dem wir uns befanden, war Lichtjahre entfernt von allem, was ich mir auf Zypern als ein Zuhause vorgestellt hatte. Es gab keinerlei Luxus, keinen Komfort – nicht einmal etwas zu essen. Wir ernährten uns von Joghurt und Reis, und wenn Mostafas Küchenschränke wieder einmal leer waren, schickte seine Mutter, die ich immer noch nicht kennengelernt hatte, Lebensmittel für uns. Ich durfte das Haus nicht verlassen, nicht einmal, um Lebensmittel einzukaufen.

Das Haus selbst ging nach vorn auf eine hohe Mauer aus Zement raus, sodass niemand zu uns hereinsehen konnte, aber genauso wenig konnte ich sehen, ob wir viele Nachbarn hatten, wenn überhaupt welche. Hinter dieser Mauer lagen die Grundschule des Stadtteils und eine Moschee. Jeden Morgen um fünf Uhr von den Gebeten geweckt zu werden war beängstigend und vertiefte nur noch meine Furcht vor diesem streng religiösen Land. Der Klang der Gebete war mir fremd und wurde mir im Lauf meines Aufenthalts auch nicht angenehmer. Ich fürchtete die Gebetszeiten. Jeden Tag aufs Neue musste ich versuchen, meine Ängste zu verdrängen. Nur so würde ich dieses Martyrium überstehen.

An meinem zweiten Tag ging May in den Kindergarten ihrer Tante. Es war mir ganz furchtbar, sie zur Tür hinausgehen zu sehen, und als sie dann fort war, kamen mir alle Schrecken der Situation wieder voll zu Bewusstsein. Mostafa wusste, wie sehr es mich aufregte, dass er sie in den Kindergarten geschickt hatte, und ich flehte ihn an, sie nicht wieder hingehen zu lassen. Er wusste, ich würde nicht lange im Land sein, und deshalb glaube ich, er wollte mich einfach nur etwas besänftigen, denn danach schickte er sie tatsächlich nicht mehr hin.

Ich konnte nichts anderes tun, als den ganzen Tag grübeln. Sobald Mostafa das Haus verlassen hatte, rief ich Mandy an, um zu hören, was es für Neuigkeiten über die Menschenschmuggler gab, doch egal, wann ich anrief, die Nachrichten waren immer schlecht. Hektisch suchte Mandy außerdem den Kontakt zu allen irischen Zeitungen und Rundfunksendern sowie zu Politikern in der Stadt und auf Landesebene. Außerdem versuchte sie, das Außenministerium zu Hause zum Einschreiten zu bewegen, damit man May und mich herausholte. Aber nichts schien zu funktionieren.

Erst als ich wieder zu Hause war, erfuhr ich, dass meine Geschichte tagelang auf den Titelseiten sämtlicher Zeitungen gestanden hatte. Zum Glück war es Mandy und Yvonne, einer Journalistin und inzwischen guten Freundin der Familie, gelungen, die Geschichte aus der britischen Presse und den ausländischen Fernsehsendern herauszuhalten. Damit wollten sie verhindern, dass Mostafa von der Berichterstattung Wind bekam. Denn sie wussten, seine Stimmung konnte jeden Moment kippen und er könnte mit May auf und davon laufen und mich in Syrien vollkommen allein zurücklassen. Ihnen allen waren die Risiken für mein und für Mays Leben bewusst, aber sie riefen Gott und die Welt an, wirklich alle, die in der Lage gewesen wären, die Öffentlichkeit auf unseren Fall aufmerksam zu machen. Ich hatte überhaupt keine Ahnung davon, wie viel zu Hause unternommen wurde; ich verbrachte meine Tage ja eingesperrt in einem schrecklichen Haus ohne Aircondition und mit wenig Essen. Die Minuten dehnten sich zu Stunden, die Stunden zu Wochen. Ich lebte nur dafür, dass meine kleine May durch die Tür gelaufen kam, denn dann wusste ich, sie war in Sicherheit.

Es war offensichtlich, dass ihr Bruder und ihre Schwester mich nicht ausstehen konnten, doch erst einige Zeit später erfuhr ich, dass ihre Mutter nur ein paar Häuser weiter weg auf derselben Straße wohnte, sie beide aber bei ihrem Vater leben mussten; das war eben so üblich. Ich glaube, sie verabscheuten mich dafür, dass ich mit ihrem Vater zusammen war. Wahrscheinlich dachten sie, wenn ich nicht wäre, könnten sie alle als Familie gemeinsam in ein und demselben Haus wohnen. Sie hatten ja keine Ahnung, wie sehr ich mir genau das wünschte!

Tag für Tag versuchte ich verzweifelt, durch die Fenster auf die Welt dort draußen zu schauen, aber es war kaum etwas zu erkennen, denn vor jedem Fenster waren Gitter und Maschendraht angebracht. Ich weiß nicht, ob Mostafa die Fenster selbst so hergerichtet hatte, zu meiner Sicherheit oder zur Sicherheit aller Hausbewohner; jedenfalls verstärkte es nur noch den Eindruck, dass ich mich in einem Gefängnis befand.

Selbst auf die Toilette zu gehen war eine fürchterliche Anstrengung in diesem Haus. Es gab zwei Markierungen auf dem Boden, auf die man sich mit den Füßen stellte, und dann hockte man sich über ein Loch, um sein Geschäft zu verrichten. Anstelle von Toilettenpapier gab es einen Wasserschlauch, der aus der Wand kam und mit dessen Hilfe man sich abwusch; eine Möglichkeit, sich abzutrocknen, gab es allerdings nicht. Der Gestank im Toilettenbereich war grauenhaft – und die Toilette befand sich auch noch direkt neben der Küche. Mostafa hatte auch noch ein richtiges Badezimmer mit einer europäischen Toilette; Toilettenpapier gab es aber auch dort nicht, sondern nur den allgegenwärtigen Wasserschlauch.

In der Küche gab es zwei große Waschbecken und viele Wandschränke ohne Türen voller Töpfe und Pfannen, aber keine Lebensmittel. Als ich das erste Mal den Wasserhahn am Spülbecken aufdrehte, kam schmutzig braunes Wasser herausgeströmt. Auch wenn man es eine Ewigkeit laufen ließ, blieb es so braun. Unter keinen Umständen wollte ich von dem Wasser trinken, auch wenn es vorher abgekocht wurde. Dann gab es noch einen riesigen Kühlschrank, der aber nicht funktionierte, und einen alten Küchenherd. Hätte es Lebensmittel gegeben, hätte ich den Herd benutzt, aber oft gab es nichts zu essen, also stand der Herd einfach wie zur Dekoration da.

In manchen Gegenden Syriens ist es üblich, mit Pita-Brot statt mit Besteck zu essen. Die Familien sitzen auf einem Teppich und bedienen sich beim Essen von einer gemeinsamen großen Platte. Obwohl mir diese Art zu essen ganz ungewohnt war, verschlang ich jeden noch so winzigen Bissen, wenn Mostafas Mutter Lebensmittel herübergeschickt hatte.

Ich weiß noch, dass ich in einem der Schlafzimmer etwa fünfzig große schwarze Tüten voller Schwarztee sah. Der Geruch daraus war ekelhaft und zog den ganzen Tag durchs Haus, also achtete ich immer darauf, die Tür so fest wie möglich zu schließen.

Als ich eines Tages ziellos durchs Haus ging, fiel mir eine Hintertür ohne Gitter und ohne Schlösser auf. Als ich sacht dagegendrückte, ging sie auf. Ich konnte es kaum fassen! Ganz vorsichtig, damit mich niemand entdeckte, ging ich nach draußen und sah, dass von da, wo ich stand, eine Treppe auf eine Art Dach führte. Dort hätte man noch eine weitere Etage aufbauen können. Ich entdeckte ein Loch in Form eines Fensters und nahm an, dass sie es wohl ursprünglich verglasen wollten, aber stattdessen einfach offen gelassen hatten. Als ich den Kopf durchstreckte, um hinauszuschauen, sah ich, dass es davor gut dreieinhalb Meter in die Tiefe ging. Einen Sprung dort hinunter würden May und ich nicht überleben. Sofort ließ ich meinen anfänglichen Gedanken fallen, diese Möglichkeit als Fluchtweg in Betracht zu ziehen, wenn die türkischen Fluchthelfer endlich kamen. Als ich dann, ohne meinen Hijab, die Treppe hinaufging, entdeckte ich, dass ich alle auch etwas weiter entfernt liegenden Häuser in dem Viertel gut sehen konnte. Also machte ich, dass ich schnell wieder ins Haus kam, falls die Leute aus den anderen Häusern auch mich sehen konnten.

An dem Nachmittag kam Mostafa nach Hause und ging sofort wieder. So hatten May und ich wieder einmal Gelegenheit, uns zu unterhalten. Sie erzählte mir, dass sie ihre Großeltern kennengelernt hatte und dass ihre Oma eine sehr zornige Frau sei, dass sie den Opa allerdings »okay« fand. Sie erzählte, die Schwester ihres Vaters, ihre Tante, wohne auch bei den Großeltern. Die Tante beschrieb sie als Frau mit »sehr langen Haaren« und als »richtig nett«. Sie meinte, diese Tante hätte vor meiner Ankunft auf sie aufgepasst. Ich wollte herausfinden, wer wo wohnte und welche Verwandten in unserer Nähe waren.

Später kam Mostafa mit Essen vom Haus seiner Mutter, Reis und Linsen, aber ich hatte an dem Tag große Mühe, ihn überhaupt anzusehen. Ich weiß noch, dass ich in Tränen ausbrach und ihn anflehte, mich mit May nach Hause zu lassen. Tatsächlich empfand ich fast so etwas wie Mitleid mit ihm, denn ich wusste, dass dieses Leben so ganz anders war als alles, was er von Zypern gewöhnt war. Es überraschte mich, dass er es als normal anzusehen schien. Ich sagte sogar zu ihm (und meinte das damals aufrichtig), er könne bei uns in Dublin wohnen, wenn er uns gehen ließe, und ich würde ihn dort finanziell unterstützen. Ich meinte das wirklich, denn besonders an dem Tag dachte ich, man habe ihn einer Art Gehirnwäsche unterzogen, damit er glauben konnte, dieses Leben mit Bomben, Gewehrfeuer und Mord und Totschlag in Syrien sei normal. Ich wusste, er hatte sich wohlgefühlt auf Zypern, und dies hier war Lichtjahre davon entfernt. Ich verstand nicht, wieso er lieber hier sein wollte, in einem Land, das sich im Krieg befand, wo er doch das gute Leben auf Zypern so geschätzt hatte. Aber an dem Tag hatte ich Zeit zum Nachdenken gehabt und meinte, Mostafa sei wohl vor allem deshalb nach Syrien zurückgekommen, weil er in diesen Kriegszeiten bei seiner Familie sein wollte. Dass er so leben musste, tat mir beinahe leid; ich glaubte, er müsse sich hin und her gerissen fühlen zwischen dem wunderbaren Leben in einem westlichen Land mit mir und May und dem, was von ihm in seinem Heimatland erwartet wurde.

Ich flehte ihn an, mich gehen zu lassen. Ich erzählte, ich hätte den ganzen Tag explodierende Bomben und Geschützfeuer um mich herum gehört, und ich hätte große Angst um mich und unser Kind. Alles, was ich kannte, ging mir in diesem Haus verloren; fernsehen war das Einzige, was ich den ganzen Tag tun konnte, und die einzigen Fernsehsender waren Kanäle, die mir zeigten, was unmittelbar vor unserer Türschwelle passierte. Doch seine einzige Reaktion war die Ankündigung, dass er mit mir an dem Abend in die Stadt fahren würde.

Ich versuchte zu erklären, dass ich nicht mitfahren wollte. Ich wollte nach Hause. Er bat die Kinder, für eine Stunde zu den Großeltern zu gehen, damit wir reden könnten, und ich glaube, er dachte wohl, dass ich mich nach diesem Ausbruch schon beruhigen würde; ich würde die Dinge akzeptieren, wie sie waren. Aber da irrte er sich gewaltig.

Als die Kinder weg waren, brach ein Riesenstreit aus, und ich nahm einen Stuhl und warf ihn quer durchs Zimmer. Und zum ersten Mal, seit ich Mostafa kennengelernt hatte, stand er einfach nur da und nahm das hin. Alles, was er sagte, war: »Was passiert ist, ist passiert. Ich kann es nicht ändern. May wird Syrien nie verlassen, niemals mehr, begreif das endlich.« Ich sagte, ich könne so nicht leben, ich brauchte meine Familie, worauf er antwortete: »Klar, die können ja herkommen. Die können ja hier Urlaub machen.« Ich weiß noch, wie ich dachte: »Ist der irre? Hat der jetzt total den Verstand verloren? Wie zum Teufel kann er denken, dass das hier ein Urlaubsort ist?«

Ich wusste, ein Streit wäre vollkommen sinnlos. An dem Abend gingen wir nicht aus, wie er vorgeschlagen hatte. Ich benahm mich so normal wie möglich, May zuliebe. Wir alle sahen gemeinsam fern. Mostafa konnte europäische und amerikanische Fernsehsender empfangen, wie die meisten Leute in Syrien, trotz der Verachtung der Regierung für die USA und den Westen. Doch insgeheim, ganz still und leise für mich, betete ich, als die Gebetsrufe von der Moschee wieder einmal erschallten, dass die Menschenschmuggler schnell kämen und uns retteten.

Ich weiß noch, ich dachte damals, dass der Islam der einzige Lebenszweck von Mostafa und seinen Landsleuten war, und überlegte, wie anders doch mein Glaube war. Vollkommen freiwillig besuchten wir die Messe und beichteten dem Priester unsere Sünden, doch im Islam gibt es feste Gebetszeiten, und zu diesen Zeiten müssen Muslime beten. In Idlib dauerten die Rufe zum Gebet jedes Mal ungefähr eine Viertelstunde, und immer, wenn es losging, wurde mein Heimweh immer stärker. Wenn der Gebetsruf erst einmal erschallte, war jedes Gespräch mit Mostafa unmöglich. Er hatte keinen Gebetsteppich, nicht einmal hier bei sich zu Hause, doch er respektierte den Gebetsruf und ehrte die Viertelstunde mit Schweigen. Nach außen hin war er nicht religiös, doch er schien in mancher Hinsicht wie vom Islam gefangen. Mir war von Anfang an klar, dass ich auf verlorenem Posten kämpfte. Mostafa würde nie nachgeben. Ich würde ewig hier feststecken, bis mir die Flucht gelang. Schließlich ging ich zu Bett, schützte Krankheit vor.

Am nächsten Tag fühlte ich mich tatsächlich krank. Ich hatte großen Durst, aber ich konnte mich nicht überwinden, das Wasser aus der Leitung zu trinken, egal, wie oft ich es abkochte. Ich wusste, wenn ich das Wasser trank, würde es mir doppelt so schlecht gehen. Ich bat May, ihren Papa wecken zu gehen, denn er sollte für mich in den Laden, aber er brauchte so lange zum Aufstehen, dass mir nichts anderes übrig blieb; ich musste gerade genug Wasser abkochen, um mir eine Tasse Kaffee zu machen. Ich trank nur sehr zögernd, denn ich wusste, mir würde anschließend noch schlechter sein, aber ich fühlte mich derart ausgetrocknet, dass ich das Risiko eingehen musste. Als Mostafa schließlich aufgestanden war, fuhr er zum Laden, aber statt Wasser einzukaufen, brachte er kleine Kartons mit Saft. Mir war egal, was für ein Saft das war; ich wollte bloß wissen, ob ich ihn trinken konnte und anschließend nicht an Cholera sterben würde.

An dem Abend sagte Mostafa, ich solle mich nett anziehen, wir würden uns mit seinem Cousin und dessen Frau zum Essen treffen. Ich wollte May nicht allein lassen, denn ich machte mir immer Sorgen, ihr könnte während meiner Abwesenheit etwas passieren, aber ein Nein wollte er nicht gelten lassen. Schließlich war er damit einverstanden, dass May mit uns kommen sollte.

Ich wusste, ich würde den schwarzen Hijab tragen müssen, den er mir an meinem ersten Abend hier gegeben hatte. Aber als es Zeit zum Abfahren war, schob er mich ins Auto und befahl mir, den Hijab am Kinn festzuhalten, bis wir beim Haus seines Cousins waren, weil ich das Kleidungsstück nicht richtig schließen konnte. Die Tatsache, dass ich meinen eigenen Hijab nicht ordentlich anziehen konnte, ärgerte ihn.

Wir waren etwa zweihundert Meter die Straße raufgefahren, da deutete Mostafa auf eine gut drei Meter hohe Mauer und erklärte mir, dass dahinter das Haus seiner Eltern lag. Wir fuhren weiter über einen unbefestigten Weg in eine schmuddelige Gegend, in der es nach Abwasser und Schmutz stank, doch Mostafa schien davon nichts zu merken.

Als wir beim Haus seines Cousins ankamen, stellte sich heraus, dass es sich um denselben Cousin handelte, der auch einmal auf Zypern gelebt hatte. Ich hatte ihn getroffen, mit ihm gegessen und getrunken, und er hatte an jenem Abend, als Mostafa mich bewusstlos geprügelt hatte, dabei geholfen, mich aus der Dusche zu heben. Da stand er nun vor mir, in arabischer Kleidung, Lichtjahre entfernt von dem Menschen, den ich auf Zypern kennengelernt hatte, einem Menschen, der Whisky trank, die ganze Nacht tanzte und das Leben liebte. Auch er war ein anderer geworden, als er die Grenze nach Syrien überquert hatte. Diese Veränderung zu sehen war ein regelrechter Schock. Aber er hieß mich mit offenen Armen willkommen.

Es stellte sich heraus, dass ihm das Haus von seinen Eltern vererbt worden war. Davor war er mittellos gewesen und hatte in einem schäbigen Loch in einer Gegend gehaust, in der die Armut regierte; ein Haus zu besitzen war für ihn so etwas wie ein Lotteriegewinn. Er war ungeheuer dankbar, dass er nun ein Haus sein Eigen nennen konnte. An dem Abend bat er mich in sein Haus, damit ich seine Frau kennenlernte, der ich einmal zuvor schon begegnet war. Damals hatte Mostafa uns nach Syrien gebracht, um May seinen Eltern vorzustellen; ganz am Anfang unserer Beziehung war das gewesen. Tatsächlich war ich zweimal schon vor Mays Entführung in Syrien gewesen. Das erste Mal war in Aleppo gewesen, als May und ich in einem Hotel gewartet hatten, während Mostafa in seinen Heimatort gefahren war; ich habe davon schon berichtet. Der zweite Besuch, nur zwei oder drei Tage, hatte stattgefunden, nachdem Mostafa sich von seiner Frau hatte scheiden lassen und wir in Limassol geheiratet hatten. Das war die einzige Zeit in unserer Ehe gewesen, in der wir halbwegs glücklich waren. Wir waren nach Latakia gefahren, wo sein Cousin lebte. Ich blieb damals sogar allein mit seinem Cousin und dessen Frau in einem heruntergekommenen Wohnblock, bis Mostafa May am nächsten Tag zurückbrachte. Ich erinnere mich lebhaft, wie ich bei Mostafas Cousin aus dem Fenster schaute und überall am Straßenrand verrottete Lebensmittel und Haufen über Haufen von Müll liegen sah; ein großer roter Lastwagen fuhr vorbei und sprühte im Vorbeifahren etwas auf diesen ganzen Unrat. Es stellte sich heraus, dass es eine Art Insektengift zum Abtöten der Mücken war, denn die ganze Gegend war verseucht mit diesem Getier.

Ich war entsetzt, dass meine Anwesenheit in Idlib weder Mostafas Cousin noch dessen Frau überraschte. Es schien, als wüssten sie alle nicht, dass Mostafa May entführt hatte und ich mich gegen meinen Willen in Syrien befand, weil es einfach die einzige Möglichkeit war, wie ich bei meinem Kind sein konnte. Irgendwie verhielten sich alle ganz normal. Mostafa bat die Frau seines Cousins, mir beim Befestigen des Hijabs zu helfen, und er schlug den beiden vor, zusammen in die Stadt zu fahren. Sie trug einen Haus-Hijab; Frauen haben immer ein Kleidungsstück fürs Haus und sehr üppige, elegante Ausgehkleidung. Leider besaß ich Letzteres nicht. Als sie mein Kopftuch befestigt hatte, ging sie in ein anderes Zimmer, um sich selbst und ihre Tochter anzukleiden; die Tochter war etwa fünfzehn Jahre alt. Nur Minuten später erschienen sie beide wunderschön gekleidet, mit langen schwarzen Gewändern, die an den Seiten über und über mit funkelndem Schmuck besetzt waren, und ihre Hijabs waren sensationell. Ich kam mir wie die arme Verwandte vor.

Wir zwängten uns alle ins Auto, wobei wir beim Verlassen des Hauses zu den Dächern hochschauten, um zu sehen, ob Heckenschützen in der Nähe waren. An einem Wachposten versahen Männer aus der Gegend in lässiger Straßenkleidung, Jeans und Sweatshirts, ihren Dienst. Kurz vor dem Posten fuhr Mostafa mit dem Wagen an den Straßenrand und bat seinen Cousin zu fahren. Wieso, das sollte ich später erfahren. Wir näherten uns den Männern, die schwer mit Maschinenpistolen bewaffnet waren, und zum Glück winkten sie uns einfach durch. Meine Erleichterung hatte etwas Unwirkliches, denn ich entdeckte weitere Männer versteckt hinter Sandsäcken.

Nach dem Passieren eines weiteren Wachpostens, diesmal Soldaten, erreichten wir die Stadt und parkten an einer Einkaufsstraße. Überall entlang dieser schmuddeligen Straße gab es Stände, an denen Schuluniformen verkauft wurden, denn das Schuljahr hatte in Syrien gerade angefangen. Mütter gingen mit kleinen Kindern herum und stöberten an diesen Straßenständen. Als wir uns unter die Leute mischten, fragte ich Mostafa, wie er eventuelle Einkäufe bezahlen wollte, denn ich wusste nur zu gut, dass er kein Geld hatte. Er verlangte alles an Euros, was ich bei mir hatte, und meinte, er wolle in eine Wechselstube, um alles in syrische Pfund umzutauschen. Als er herauskam, gab er seinem Cousin etwas von meinem Geld und ging dann los. Ich hatte May fest an der Hand, denn es war klar, dass es keine sonderlich nette oder sichere Gegend war. Als wir so gingen, schrie die kleine May plötzlich, ich solle auf den Boden schauen, und als ich das tat, sah ich Kakerlaken über unsere Füße laufen. Sie krochen aus den Abflüssen und rannten überallhin. Ich wurde fast hysterisch, doch sonst schien sich keiner etwas daraus zu machen. Das war das Leben, so wie die Leute hier es kannten.

Nur Minuten später hörten wir Geschützfeuer, und plötzlich liefen die Leute wild durcheinander. Ich sagte zu Mostafa, ich wolle sofort weg. Er wollte mich beruhigen und meinte, das Geschützfeuer sei ziemlich weit weg, aber mir war egal, wie weit weg es war; ich war zu Tode erschrocken, und May ging es genauso. Ihr bestürztes Gesicht sagte alles.

Ich schaute auf und sah auf den Dächern Heckenschützen oder Spitzel; genau weiß ich es nicht. Ich bekam eine Heidenangst, denn mir war klar, sie könnten jeden Moment, ohne Grund, das Feuer auf uns eröffnen. Zum Glück sah Mostafa sie auch. Schließlich war er einverstanden damit, dass wir gingen, und meinte, wir könnten in ein Restaurant gehen, um von der Straße wegzukommen.

Wir gingen zum Wagen zurück und fuhren zu einem Lokal, das sie ein Fünf-Sterne-Restaurant nannten. Es war die Art Lokal, in das wir zu Hause nie gehen würden, aber es wurde von den Leuten hier offenbar sehr geschätzt. Das Restaurant erinnerte mich an einen Bingo-Saal, es gab hässliche Tische und harte Stühle, doch die Gäste waren sehr gut gekleidet und hatten offenbar Geld. Wir bestellten das Essen, und nachdem wir fertig waren, gingen wir auch gleich wieder. Wir fuhren auf einen Drink zum Haus von Mostafas Cousin zurück, und ich weiß noch, ich sah meinen Ex-Mann in einem bequemen Sessel sitzen, als hätte er keine Sorgen in dieser Welt.

Später fuhren wir zurück nach Hause, und als ich am nächsten Morgen aufwachte, stellte ich wie üblich fest, dass er weg war und alle Türen abgeschlossen hatte, um mich im Haus zu halten. Ich rief Mandy an, um zu hören, was es Neues gab und ob Hilfe käme, aber wieder einmal hatte sie mir nichts Neues zu berichten. Ich hörte die Enttäuschung in ihrer Stimme, spürte, dass sie nah am Aufgeben war. Sie versuchte, mich aufzuheitern, und sagte: »Das wird schon werden, mach dir keine Sorgen«, aber ich kannte sie gut genug, um zwischen den Zeilen lesen zu können. Es sah nicht gut aus für mich, so viel war klar.

Ich erzählte ihr, wie schlimm es hier in Idlib war und dass Mostafa immer noch vorhatte, May zur Schule zu schicken. Das war eine albtraumhafte Vorstellung für mich, denn ich wollte sie nicht in einer Schule haben, in der sie Arabisch sprechen und aus dem Koran rezitieren musste. Ich glaubte, mit jedem Tag dort würde sie mehr und mehr einer Gehirnwäsche unterzogen und in eine Religion gepresst werden, von der sie nichts wusste. In dem Kindergarten, den seine Schwester leitete, hatte es ihr gar nicht gefallen, trotzdem nahm er sie jeden Morgen mit, wenn seine beiden älteren Kinder zur Schule gingen, und ich wusste nie, ob sie auch in der Schule gewesen war, bis sie nach Hause kam und mir von ihrem Tag erzählte. Wie es schien, wurde sie immer zu ihren Großeltern gebracht. Ich glaube, Mostafa wollte einfach nicht, dass May in meiner Nähe war. Ihre Schuluniform lag neben ihrer Schultasche, und jede Nacht machte ich mir Sorgen, dass Mostafa gegen meinen Willen entscheiden und sie zur Schule schicken würde. Ich betete und betete, dass dies alles bald ein Ende fände und dass uns heil und gesund die Flucht gelingen würde.

Meine größte Sorge war, dass May den ganzen Tag weg von mir im Haus ihrer Großeltern blieb und dass es womöglich zu einer Demonstration oder einem Angriff käme. Was wäre dann? Wie sollte ich meine Kleine dann von dort wegbekommen? Als sie an diesem Tag zurückkam, war ich bei ihrem Anblick so erleichtert wie noch nie.

Ich weiß noch, als ich auf May wartete, hörte ich Ziegen hinter dem Haus und ging sie mir anschauen: seltsame Ziegen mit großen, knollenförmigen Köpfen, aber sie faszinierten mich. Es stellte sich heraus, dass ein Hirte sie jeden Tag am Haus vorbeiführte, und von da an hielt ich immer Ausschau nach ihnen, wartete auf das Klingeln der Glöckchen, das zu hören war, wenn sie sich dem Haus näherten. Unter normalen Umständen wäre es dumm gewesen, von so etwas fasziniert zu sein, aber in diesem langweiligen Haus war es für mich eine wunderbare Abwechslung, jeden Tag ein paar Minuten lang eine Zigarette zu rauchen und den Ziegen bei ihrer kleinen Reise zuzusehen. Ich achtete allerdings sorgsam darauf, dass der Hirte mich nicht entdeckte, denn sollte das der Fall sein, würde Mostafa mich umbringen, so viel war sicher.

An dem Samstag nach meiner Ankunft in Idlib verlangte Mandy von mir, ich müsse eine Art Markierung im Haus oder in der Nähe des Hauses anbringen, falls die türkischen Helfer uns suchten. Ich erinnerte mich daran, dass die Tür zum Dach an den meisten Tagen offen stand. Und da das der einzige mir mögliche Zugang zur Außenwelt war, wollte ich ein weißes Handtuch aufs Dach legen, an eine Stelle, an der sie es deutlich sehen könnten.

Mostafa hatte das Haus verlassen, also lief ich raus und rannte die Treppe hoch, gerade als es dunkel wurde, und ich legte das Handtuch hin. Ich trug keinen Hijab, da es mein Plan war, so schnell wie möglich hinauf- und wieder hinunterzukommen, aber kaum hatte ich das Dach betreten, hörte ich die Stimme einer Frau. »Merhaba« (»Hallo« auf Arabisch) rief sie zu mir herüber. Ich schaute auf die Straße hinunter und erkannte die Frau, die ich schon mehrmals gesehen hatte, wenn sie mit ihrer Tochter vorbeiging. Mir war klar, sie wusste, dass ich in dem Haus war, denn beide reckten jedes Mal im Vorübergehen den Kopf. Ich wusste nicht, ob sie zu Mostafas Familie gehörte, aber sie hatte mich gesehen, also konnte ich nicht weglaufen. Ich antwortete ihr auf Arabisch, und sie war hocherfreut, dass ich ihre Sprache sprach, auch wenn ich ihr gleich erklärte, ich könnte nur ein klein wenig Arabisch. Sie lud mich auf einen Kaffee ein, aber ich lehnte dankend ab und meinte, ich könne im Moment nicht und würde ein andermal zu Besuch kommen. Sie schien sich zu freuen, aber ich war ganz krank vor Angst, weil ich nicht wusste, wer sie war oder mit wem sie verwandt war. Mir war klar, dass Mostafa mich übel verprügeln würde, sollte er herausfinden, dass ich auf dem Dach gewesen war, und das auch noch ohne Hijab, um mich zu bedecken. Ich lief schnell wieder hinein, nachdem ich das Handtuch an den besten Platz gelegt hatte, den ich ausmachen konnte.

Dann rief ich Mandy an und erzählte ihr, ich sei draußen erwischt worden. Sie meinte, ich solle jetzt bloß nicht in Panik geraten. Ich musste eben einfach abwarten, bis Mostafa nach Hause kam, und beten, dass er nichts davon erfuhr.

Als er kam, war alles ganz normal. Er sagte, wir würden am Abend wieder ausgehen und ich solle mich bedecken. Da flippte ich aus. Ich schrie, das sei nicht meine Art zu leben. Ich sagte, ich sei es leid, Frauen so ganz bedeckt zu sehen, und ich glaubte nicht, dass sie das aus eigenem freien Willen täten. Er brüllte zurück: »Es geht nicht um dich, Louise, es geht um meine Ehre!« Er widerte mich an. Ich wollte nicht mehr irgendwohin gehen, weil ich Angst vor Demonstrationen und Geschützfeuer hatte. Außerdem hoffte ich, so hoffnungslos es vielleicht auch war, dass diese Nacht die türkischen Fluchthelfer kämen. Mandy konnte für nichts garantieren, aber auch sie hoffte es. Doch mir war klar, ich musste alles tun, um keinen Argwohn zu wecken, und wenn das bedeutete, dass ich mit Mostafa ausgehen musste, dann musste es eben sein. Mir blieb nur die Hoffnung, dass sie nicht gerade kamen, wenn ich außer Haus war.

Wir stiegen mit May in den Wagen und fuhren in die Stadt, wo Mostafa ein paar Bananen kaufte. Kaum hatten wir den Laden verlassen, ging das Geschützfeuer wieder los, und ich hörte etwas, was nach einer Bombenexplosion klang. Ihn beunruhigte das kein bisschen. Wir stiegen wieder ins Auto und fuhren zu demselben Restaurant, in dem wir am Abend zuvor schon gewesen waren. Dort trafen wir uns wieder mit Mostafas Cousin und dessen Frau, und nach dem Essen fuhren wir zu einem nahegelegenen Park. Ich hatte eine Riesenangst, dass wir in Geschützfeuer gerieten oder dass jeden Moment eine Bombe hochgehen würde, aber die anderen schienen sich überhaupt nichts daraus zu machen.

Als wir zu dem Park kamen, klingelte Mostafas Telefon. Es war Mandy, die mich sprechen wollte, denn mein Telefon war zu Hause. Ich hatte beschlossen, es an dem Tag zu Hause zu lassen, denn ich wusste, Mostafa hätte das Gefühl, alles unter Kontrolle zu haben, wenn Mandy seine Nummer wählen musste. Es würde jeden Verdacht beseitigen, den er meinetwegen oder wegen meines Handys haben mochte. Ich hatte Mandy schon gesagt, ich würde das Telefon an dem Tag zu Hause lassen und sie sollte Mostafa anrufen, wenn sie mich sprechen wollte. Ich dachte, es würde ihn ein bisschen beruhigen, wenn er wusste, dass ich mein Handy nicht Tag und Nacht bei mir hatte. Ich blieb ganz ruhig und sagte, wir hätten viel Spaß und alles wäre in Ordnung. Mitten im Gespräch bat mich May, mit ihr auf die Toilette zu gehen. Sie packte meine Hand und bettelte, ich solle mit ihr gehen, aber zum Glück sagte Mostafa, ich könne weiter mit Mandy reden, er würde mit May gehen. Ich war erleichtert. Ich sagte Mandy, es sei in Ordnung, Mostafa sei mit May zur Toilette, und ganz beiläufig ließ ich sie wissen, ich sei hier mit seinem Cousin, der gerade neben mir stehe, zuhöre und an meinen Lippen hänge, um Mostafa alles zu berichten.

Dann benutzte Mandy den verabredeten Code und sagte, Sean sei immer noch trocken. Das bedeutete, die Männer würden kommen! Und zwar, wie sie sagte, definitiv noch diese Nacht. Ich hatte richtig Bauchschmerzen vor Aufregung, aber ich musste ruhig bleiben. Ich sagte: »Das ist ja großartig. Wir sprechen dann später weiter«, und damit beendete ich das Gespräch.

In diesem Moment kam eine SMS an. Darin stand: »O Liebling, ich denke viel an dich und liebe dich sehr. Bitte sag Bescheid, ob bei dir alles in Ordnung ist«, gefolgt von ungefähr zehn Küssen. Den Namen der Absenderin kannte ich; es war eine Engländerin, die mit Mostafa auf Zypern zusammengewesen war – eine seiner vielen Eroberungen. Als er wiederkam, sprach ich ihn sofort an, um ihn von der Tatsache abzulenken, dass Mandy mich auf seinem Telefon angerufen hatte. Ich fragte ihn, was zum Teufel da zwischen ihm und dieser Frau los war, worauf er ganz schlicht erwiderte: »Ach, ich kann nichts dafür. Die ist eben verrückt nach mir und schickt mir eine SMS nach der anderen.« Ich wusste, es ärgerte ihn, dass ich die SMS entdeckt hatte, und damit war jeder Argwohn erledigt, der bei ihm womöglich wegen meines Gesprächs mit Mandy aufgekommen war.

Ich wandte mich an seinen Cousin und fragte ihn: »Weißt du eigentlich, dass er mir May weggenommen hat? Er hat seine eigene Tochter entführt. Ich habe dich auf Zypern kennengelernt, und ich hatte wirklich großen Respekt vor dir. Was meinst du, wie ich mich fühle, wenn ich gegen meinen Willen hier sein muss?«

Der Cousin versuchte mich zu beruhigen und meinte, Mostafa werde allmählich ärgerlich. Er sagte: »Kommt alle mit zu mir. Da reden wir dann darüber.« Die arme May wusste gar nicht, wie sie sich verhalten sollte. Sie tat mir so leid. Mostafa sah richtig wütend aus.

Wir fuhren zurück zum Haus seines Cousins, und der ganze Streit fing von vorne an. Im Auto waren wir mucksmäuschenstill gewesen. Als Mostafa auf der Toilette war, fragte mich sein Cousin, was eigentlich los sei. Ich erzählte ihm noch einmal, Mostafa habe May von Zypern weg entführt und wir beide, May und ich, wollten nicht hierbleiben. Er sah mich einfach nur an und meinte: »Also hör mal, May wird ein gutes Leben hier in Syrien haben. Bei ihrem Vater erhält sie eine gute Schulbildung und eine gute Erziehung. Ihr zwei streitet euch andauernd, ihr müsst das irgendwie klären.«

Ich konnte kaum fassen, wie er reagierte. Ich schaute zu seiner Frau hinüber, die bei der Tür stand, und erkannte an ihrem Gesichtsausdruck nur zu deutlich, wie sehr meine Enthüllung sie entsetzt hatte. Aber als gute muslimische Ehefrau sagte sie nichts. Sie kannte ihren Platz nur zu genau. Ich sah, dass sie Mitleid mit mir hatte, aber an der ganze Sache nichts tun konnte. Offensichtlich hatte sie nicht einmal an die Möglichkeit gedacht, dass Mostafa May entführt haben könnte.

Als wir an diesem Abend nach Hause fuhren, tat mir

Mostafa trotz unseres Streits aufrichtig leid. So wie ich es sah, würden May und ich in dieser Nacht mit Hilfe der Typen aus der Türkei fliehen, und ich wusste, Mostafa wäre verzweifelt und ohne alle Hoffnung, wenn wir erst einmal weg waren. Ich weiß noch, ich dachte, wie schwer es für ihn sein würde, ohne uns in Syrien zu leben. Aber dann machte ich mir klar, dass ich ihm während der sechs Tage, die ich in Syrien war, viele Gelegenheiten gegeben hatte, mich gehen zu lassen. Ich hatte ihn angefleht, May und mich fortzulassen, hatte ihm versprochen, ihm würde nichts passieren, hatte ihm mein Wort gegeben, ich würde ihn finanziell unterstützen, wenn er auch aus dem Land fort wollte. Aber er hatte sich anders entschieden.

Auf der Heimfahrt bekam er einen Anruf. Ich sah, dass er sich fast sofort völlig veränderte. Sein Gesichtsausdruck versteinerte, und mit Hass und Verblüffung im Blick wandte er sich zu mir um. Er sagte: »Das war mein Cousin. Er hat mir erzählt, dass wegen der Entführung von May ein internationaler Haftbefehl auf mich ausgestellt ist und dass du in Irland in sämtlichen Zeitungen bist.«

Ich stand total unter Schock, aber ich wusste, ich musste ruhig bleiben, wenn ich aus der Situation heil herauskommen wollte. Wie üblich täuschte ich vor, ich könnte nicht glauben, was er da gesagt hatte. »Wer hat das veranlasst?«, fragte ich cool, obwohl ich mich tief drinnen ganz krank fühlte. »Du willst behaupten, ich bin mit meiner Tochter in der Zeitung? In welcher Zeitung?«

Er schien darauf reinzufallen. Er antwortete: »Keine Panik. Das finde ich schon raus. Ich werde meinen Cousin zurückrufen.«

Ich sagte: »Wieso um alles in der Welt ist denn ein Haftbefehl auf dich ausgestellt? Wenn das stimmt, Mostafa, heißt das doch, du kannst nie mehr zurück nach Zypern, und wenn du nie mehr zurückkannst, können May und ich auch nicht mehr zurück. Das bedeutet, ich stecke hier fest, Mostafa, für immer.« Ich habe ihm richtig was vorgespielt und so getan, als wüsste ich nichts von dem, was zu Hause passiert sein musste, während ich hier in Syrien war. Damals war mir klar, er konnte sehr wohl herausfinden, dass ich genau Bescheid wusste, und wenn das passierte, war ich so gut wie tot. Von einem Moment auf den nächsten konnte er richtig bösartig werden, und ich wusste, die Folgen würden schrecklich sein.

Wieder ging Mostafas Telefon, und diesmal meldete sich einer seiner Freunde, der ihm von der ersten bis zur letzten Zeile einen Zeitungsartikel vorlas: »Louise erklärte einem heimischen Fernsehsender, sie sei verzweifelt über die Entführung ihrer Tochter. Ihr Exmann habe sie angerufen und ihr befohlen, all ihren Besitz und ihre Autos zu verkaufen und sofort nach Syrien zu kommen, wenn sie ihr Kind je wiedersehen wolle ...«

An dem Abend, als Mandy und ich in der Türkei gewesen waren, kurz vor meiner Weiterreise nach Syrien, war ich über Skype in der Sendung *Prime Time* des irischen Senders RTÉ aufgetreten. Meine Knie fühlten sich an wie Pudding, aber ich musste jetzt die Nerven behalten. Totale Unwissenheit vortäuschen. Am liebsten wäre ich in einem Loch im Erdboden versunken. Er drehte sich zu mir um und sah wie ein richtiger Irrer aus, als er zähnefletschend zu mir sagte: »Du bist in einem irischen Fernsehsender aufgetreten und hast den Leuten erzählt, ich hätte May entführt. Was spielst du eigentlich für ein Spiel?«

Ganz ruhig erklärte ich: »Mostafa, wie soll ich denn in einem regionalen Fernsehsender in Irland aufgetreten sein? Ich war auf Zypern, als du May mitgenommen hast, dann an dem Samstag im Krankenhaus, und dann habe ich mich von Zypern aus auf den Weg hierher gemacht. Deine Freunde haben mich sogar auf Zypern gesehen, denn die sind mir verdammt noch mal überallhin gefolgt. Also wie um alles in der Welt bin ich nach Irland ins Fernsehen gekommen und dann wieder hierher? Außerdem kann ich mit den Schmerzen in den Hüften kaum gehen. Bist du wahnsinnig oder was?«

Und irgendwie, wenn ich auch nicht weiß, wieso, glaubte er mir. Er beruhigte sich. Ich sah, wie es in ihm arbeitete, aber er sagte weiter nichts mehr.

Ich würde Mandy anrufen müssen, sie warnen, dass Mostafa wusste, dass etwas vor sich ging, aber ich hatte Angst, ich könnte kein Netz haben. Es passierte ziemlich oft, dass die Leitung ganz plötzlich zusammenbrach. Anfangs dachte ich, meine Anrufe nach Irland würden abgehört, als Teil einer Überwachungsaktion, aber bald begriff ich, dass alle Mobilfunksignale blockiert wurden, sobald die Regierung eine geplante Demonstration auch nur vermutete. Sie legten das Mobilnetz lahm, um jegliche Kommunikation zwischen Demonstrantengruppen zu unterbinden, in der Hoffnung, dass die Protestaktion im Keim erstickt würde. Das gelang jedoch nie.

Ich weiß noch, wie ich einmal in der Türkei total in Panik geriet, als ich Mostafa zu erreichen versuchte und im Telefon immer nur *tut tut tut* hörte. Ich dachte tatsächlich, er hätte sich mit May auf und davon gemacht, oder Schlimmeres. Als ich dann bei seinem Cousin anrief, erzählte er mir, aufgrund von Problemen in der Gegend seien die Telefone stundenlang tot gewesen. Da wurde mir zum ersten Mal klar, dass die Regierung sich an den Telefonleitungen zu schaffen machte. Nur Minuten nach dem Anruf meldete sich bei mir ein Freund von Mostafa, der in Limassol lebte, und fragte, ob ich mich in der Provinz Hatay befände. Ich bejahte und erklärte, dass ich verzweifelt versuchte, Mostafa zu erreichen. Er erzählte mir dieselbe Geschichte über die Telefone, erklärte aber, nur die Mobilfunkleitungen seien blockiert, er werde Mostafa also übers Festnetz anrufen.

Später erzählte mir Mostafa, dieser Mann sei kurz nach dem Telefonat mit mir von der zypriotischen Polizei verhaftet worden, und da er illegal eingewandert war, habe man ihn sofort nach Syrien ausgewiesen. Das fand ich ganz furchtbar, denn ich wollte diesem Mann nichts Böses; nun war er meinetwegen in ein Land zurückgeschickt worden, in dem ein Krieg wütete. Doch andererseits war es sein eigenes Risiko, denn er hielt sich illegal auf Zypern auf. Trotzdem hatte ich irgendwie ein schlechtes Gewissen.

Doch an dem Tag, als Mostafas Cousin ihm von der Medienberichterstattung über die Entführung erzählte, betete ich einfach nur, ich würde Mandy erreichen und sie warnen können, dass es jetzt womöglich schwierig wurde, wenn Mostafa ahnte, dass ein Haftbefehl auf ihn ausgestellt worden war. Mir war bewusst, er musste denken, dass Mandy die Polizei verständigt hätte; entweder Mandy oder eine meiner Tanten. Fürs Erste schien er immerhin zu glauben, dass ich es nicht gewesen war, Gott sei Dank.

Aber jetzt musste ich mich auf die Flucht konzentrieren, denn diese Nacht sollte die Nacht der Nächte sein. Ich weiß noch, dass ich auf der Autofahrt ständig dachte: »Was, wenn sie schon da waren und ich war nicht im Haus?« Und: »Was, wenn sie schon da sind und draußen in einem Auto sitzen, und Mostafa sieht sie?« Jedes nur denkbare Szenario ging mir durch den Kopf. Aber als wir schließlich um die Ecke bogen und weit und breit nichts zu sehen war, bekam ich eine Riesenangst. Immer wieder dachte ich, sie versteckten sich womöglich unter den Olivenbäumen neben dem Haus oder um die Ecke und warteten auf ein Lebenszeichen im Haus, obwohl mein Instinkt mir sagte, dass sie womöglich überhaupt nicht kommen würden. Aber mir war klar, ich musste diesen Gedanken tief in meinem Innern vergraben und vorausschauend planen, in der Hoffnung, dass sich ein besseres Szenario ergeben sollte.

Als wir ins Haus kamen, klagte Mostafa über Kopfschmerzen, die er schon den ganzen Tag gehabt hätte. Etwas Besseres hätte gar nicht passieren können, denn so hatte ich eine Ausrede, ihm ein »Schmerzmittel« geben zu können. Er hatte keine Ahnung, dass das, was ich ihm tatsächlich gab, Xanax war, ein Medikament, das Mandy mir gegeben hatte, im Prinzip ein starkes Beruhigungsmittel. Wenn ich Glück hatte, würde die Tablette ihn außer Gefecht setzen und mir Gelegenheit geben, mit May zu flüchten, sobald die Männer kamen. Auf einmal war ich wieder ganz aufgeregt. Vielleicht würde es ja in einer Stunde passieren, oder in zwei Stunden. Immer wieder sagte ich mir: Jetzt ist es endlich soweit; May und ich werden uns heute Nacht auf den Nachhauseweg machen. Jetzt endlich geht es los.

Zehn Minuten, nachdem ich Mostafa zwei Xanax und eine Flasche Wasser gegeben hatte, war er vor dem Fernseher tief und fest eingeschlafen; es hatte ihn regelrecht umgehauen. Einmal wachte er noch kurz auf und meinte, er wolle jetzt ins Bett.

Die drei Kinder schliefen tief und fest im großen Wohnzimmer, und ich weiß noch, dass ich plötzlich panische Angst bekam, weil ich keine Ahnung hatte, wie ich May mitten in der Nacht aus dem Zimmer bekommen sollte, ohne ihre Geschwister zu wecken. Daran hatte ich bis zu diesem Moment noch nicht einmal gedacht. May lag auf der Matratze gleich bei der Tür. Da hatte ich sie vom ersten Tag an hingelegt, weil ich schon an die Nacht unserer Flucht dachte, und zum Glück lag sie immer noch da. Ich betete bloß, dass der knarrende Fußboden nicht zu viel Krach machen würde, wenn ich sie herausholte, denn ich wusste, die anderen beiden Kinder könnten aufwachen und ihren Vater holen.

Ein paar Mal schaute ich nach Mostafa, und er schnarchte jedes Mal. Nach etwa einer Stunde machte ich mich deshalb daran, meine Kleider und ein paar Sachen für May zusammenzupacken. Ich zog meinen Hijab und ein bodenlanges Kleid an, und ich wartete, schaute aus dem Fenster und hielt Ausschau nach einem Lebenszeichen. Ich wusste nicht, wie diese Männer aussehen würden, aber ich nahm an, sie würden irgendwie bewaffnet sein und türkisch sprechen. Ich hatte Mandy die bestmögliche Wegbeschreibung zum Haus gegeben, und nun lag alles in Gottes Hand.

Es war sehr heiß in dieser Nacht, und ich bemühte mich, sowohl die Schlafzimmertür als auch die Straße draußen im Auge zu behalten, und zwischendurch warf ich immer mal wieder einen Blick auf mein Handy; nur für den Fall, dass sie anriefen. Ich wartete und wartete und hatte eine panische Angst, dass Mostafa aufwachte, ehe die Männer da wären, und dass er mich dann voll angezogen sah und ihm sofort klar wurde, was hier los war. Aus irgendeinem Grund ging ich zur Vordertür und sah nach, ob er sie abgeschlossen hatte, und zu meinem großen Schrecken stellte ich fest, dass sie offen war. Es war das erste Mal, und das überzeugte mich mehr als alles andere davon, dass es jetzt so weit war; ich würde in dieser Nacht mit May gerettet werden. Die unverschlossene Tür zeigte, dass das Schicksal eingegriffen hatte. Mostafa hatten die Tabletten umgehauen, noch ehe er Gelegenheit gehabt hatte, die Tür abzuschließen.

Aber während ich so wartete, fühlten sich die Minuten wie Stunden an, und die Stunden dehnten sich endlos, und die ganze Zeit wuchs meine Angst immer weiter. Vor den fremden Männern, die hier eintreffen sollten, fürchtete ich mich nicht; über diese Männer machte ich mir überhaupt keine Gedanken. Meine größte Angst war einfach nur die, dass Mostafa aufwachte, ehe wir unseren Plan in die Tat umsetzen konnten.

Es war kurz nach drei Uhr in der Frühe, als die SMS kam, die ich so gefürchtet hatte. Mandy hatte geschrieben. Die Nachricht lautete ganz einfach: »Heute Nacht wird es nichts mehr, Liebes. Lass den Mut nicht sinken. Sie werden es morgen versuchen.« Am liebsten wäre ich weinend zusammengebrochen, aber was hätte ich tun können? Ich hatte keinen Einfluss auf die Sache.

Leise ging ich in das Zimmer, in dem May schlief, küsste sie sacht auf die Stirn und ging dann zurück in unser Schlafzimmer, wobei ich sorgsam darauf achtete, meinen ahnungslosen Mann nicht zu wecken, der friedlich in unserem Bett lag und schlief.

Alles, was ich gepackt hatte, verwahrte ich wieder, hängte meine Kleider in den Schrank, so wie sie vorher da gehangen hatten, und kletterte ins Bett. Ich fühlte mich ganz zittrig vor Verzweiflung und Enttäuschung. Aber ich musste weitermachen, als sei nichts geschehen. Was auch passierte, ich musste Mostafa davon überzeugen, dass alles unverändert war. Die Farce musste weitergehen. Ich hatte wenig Hoffnung, dass die Männer tatsächlich am nächsten Tag kommen würden, aber ich musste weiterhin positiv denken. Kurze Zeit später sank ich in einen leichten Schlaf, doch nach nur zwei Stunden weckte mich der Gebetsruf der nahegelegenen Moschee wieder auf.

Mein Tagesablauf war wie sonst auch immer: Ich wusch Kleider, räumte auf und saß mit einer Tasse Kaffee und einer Zigarette irgendwo herum. Es gab keine Anzeichen, dass Mostafa bald aufwachen würde, was mich ein wenig ängstigte. Ich weiß noch, wie ich dachte: »Was, wenn er noch länger bewusstlos ist, was wird dann passieren?« Es würde bedeuten, dass er ins Krankenhaus müsste, und da würde man feststellen, dass ich ihn unter Drogen gesetzt hatte. Etwa alle zehn Minuten sah ich nach ihm, und zum Glück wachte er schließlich gegen zwei Uhr nachmittags auf.

Er hatte äußerst schlechte Laune und wirkte sehr angeschlagen. Er sagte, ich solle May fertig machen, er wolle mit ihr weg. Ich fand es furchtbar, wenn er einfach so mit ihr wegging. Alle paar Tage passierte das, und ich wusste nie, wohin er ging und ob er wieder zurückkommen würde. Immer wenn er das vorhatte, flehte ich ihn an, nicht zu gehen, May bei mir zu lassen, aber natürlich war ihm völlig egal, wie ich mich fühlte. An diesem Tag, so stellte sich heraus, sollte eine seiner Schwestern aus Dubai nach Hause kommen, aber das musste mir May erzählen, da Mostafa sich nie dazu herabließ, mir zu erklären, was er vorhatte oder welche Leute er treffen wollte. Das war eine seiner Methoden, mich zu quälen. Mehrmals im Lauf der vergangenen Tage hatte er mir gedroht und mir gesagt, wenn ich hier nicht glücklich wäre, könnte ich ja gehen, aber dann würde ich May nie wiedersehen. Ich wusste nie, was er sich gerade dachte und wie sein Gehirn funktionierte.

An dem Nachmittag schaute ich aus dem Fenster und wartete auf Mays Rückkehr. Endlich entdeckte ich sie, wie sie vor ihrem Vater herlief, und nur einen Moment später kam sie ins Haus gerannt und warf sich in meine Arme. Ich weiß noch, ich dachte damals, dass ich trotz unserer verzweifelten Lage doch immer noch das große Glück hätte, überhaupt bei ihr sein zu können.

Ich hatte eine SMS von Mandy bekommen; sie schrieb, sie habe den ganzen Tag nichts von den Menschenschmugglern gehört und ich solle mir keine allzu großen Hoffnungen machen. Und obwohl ich die ganze Nacht wach blieb und das Handy auf Vibrationsalarm gestellt hatte, weil ich hoffte, sie würden doch noch plötzlich auftauchen, tat sich nichts. Mein einziger Plan war, alles einfach stehen und liegen zu lassen, wenn sie anriefen oder eine SMS schickten; andere Pläne machte ich erst gar nicht, genau wie in der Nacht zuvor. Ich würde mir einfach May schnappen, und dann würden wir übers Dach flüchten, wenn es denn sein musste. Aber die Gelegenheit dazu bekamen wir nicht.

In den nächsten ein oder zwei Tagen war ich sehr krank. Am Dienstag ging es mir tatsächlich so schlecht, dass ich

Mostafa bat, einen Arzt zu rufen. Er weigerte sich rundheraus, denn es sollte ja niemand wissen, dass ich hier bei ihm war, aber mir ging es so schlecht, dass ich nicht einmal mehr aufstehen konnte. Er sah, wie schlimm es um mich stand, zeigte aber keine Regung. Ich übergab mich und hatte heftigen Durchfall, und in meinem Kopf drehte sich alles. Meine Rückenschmerzen waren fürchterlich, und die Probleme mit meinen Hüften machten alles nur noch schlimmer. Jeder einzelne Knochen tat mir weh, und obwohl es brütend heiß war, zitterte ich vor Kälte. Aber er bequemte sich immer noch nicht, einen Arzt zu holen.

Am Donnerstag dachte ich tatsächlich, ich würde jeden Moment sterben, und auf einmal wurde mir klar, was die Ursache der ganzen Probleme war. Mostafas Tochter hatte meine Wasserflasche aus dem Kühlschrank genommen, hatte den Inhalt ausgekippt und Leitungswasser in die Flasche gefüllt. Mostafa und seine ganze Familie waren immun gegen die Parasiten und Bakterien, die sich im Leitungswasser befanden, aber ich war das leider nicht, und das war die Quelle des fürchterlichen Darminfekts, den ich mir eingefangen hatte.

Als Mostafa schließlich sah, dass es mir einfach nicht besser gehen wollte, erklärte er mir, seine Schwester sei Apothekerin, und er würde sie bitten, später vorbeizukommen. Und etwas später, noch am selben Tag, kam sie dann auch, ganz bedeckt in einem Hijab und einem langen, fließenden Kleid. Sie sagte kein einziges Wort zu mir, suchte nicht einmal Blickkontakt. Sie wies mich einfach an, mich auf die Seite zu drehen, und holte eine riesige Injektionsnadel vor. Als sie mir die in die Pobacke rammte, dachte ich: »So, das war's, jetzt bringt er mich um«, aber ich war zu krank, um mir etwas daraus zu machen oder mich aufzulehnen. Ich konnte nur noch denken: »Dann soll es bitte wenigstens schnell vorbei sein.« Gleich darauf schlief ich tief und fest ein.

Ein paar Stunden später wachte ich auf und fühlte mich bedeutend besser. Ich konnte es kaum fassen. Ich schaute in den Spiegel und sah, dass ich ganz grün im Gesicht war, aber ich war entschieden auf dem Weg der Besserung. An dem Abend kam Mostafa mit etwas Essen, das seine Mutter gekocht hatte, Auberginen gefüllt mit Reis, und ich konnte tatsächlich ein bisschen was davon zu mir nehmen.

Mostafas Schwester, die Apothekerin, hatte ich bisher noch nicht kennengelernt. Ich wusste, dass er drei Brüder und fünf Schwestern hatte, aber nur eine Schwester und einen Bruder hatte ich bisher getroffen. Ich weiß noch, dass ich dachte: »Was müssen sie von dem Ganzen denken? Sie wissen, dass ich hier bin, sind aber bisher weggeblieben.« Ich begriff das alles nicht.

Gleich am nächsten Tag streckte derselbe Virus auch May nieder. Sehen zu müssen, wie sie zitterte und sich übergab, brach mir fast das Herz. Die Krankheit haute sie völlig um. Sie war auf der Toilette und schrie vor Schmerzen, und weil es kein Toilettenpapier gab, musste sie sich mit dem Wasserschlauch waschen. Sie war wirklich übel dran.

Mostafa brachte die beiden anderen Kinder für eine Weile aus dem Haus, aber kaum waren sie wieder da, verschwand er und die beiden schlugen aufeinander ein, bissen um sich und zogen einander an den Haaren. Wie die wilden Tieren führten sie sich auf, und obwohl ich gern gesehen hätte, dass ihr Vater sie bestrafte, vor allem weil May so krank war, zögerte ich doch, ihm zu erzählen, wie schlecht sie sich die meiste Zeit benahmen, denn er schlug sie regelmäßig mit einem Gürtel und fügte ihnen große Schmerzen zu. Obwohl er das mit May noch nicht angefangen hatte, wusste ich nur zu gut, dass es bald so weit sein würde, und das war nur ein weiterer Grund dafür, dass wir so schnell wie möglich wegmussten. Die arme May musste alles mit ansehen, während sie sich vor Schmerzen auf dem Bett krümmte, aber ich konnte nichts dagegen tun. Nach und nach ging es ihr ein bisschen besser, aber Mostafa weigerte sich, Hilfe für sie zu holen. So weit er das sah, gab es nur eine Möglichkeit: Er würde sie ins Krankenhaus bringen, und zwar ohne mich. Aber ich hatte Angst, sie gehen zu lassen, also musste ich selbst für sie sorgen, so gut es eben ging.

Als es ihr eines Morgens ganz besonders schlecht ging, stritten Mostafa und ich uns darüber, dass wir im Haus überhaupt keine frische Luft hatten, und das nur, weil er entschlossen war, mich wie eine Gefangene zu halten. Ich argumentierte, es gäbe schließlich auch eine gewisse Brandgefahr und er müsse in dem Punkt etwas unternehmen. Aber das perlte alles an ihm ab. Auf keinen Fall wollte er mir auch nur einen einzigen Zentimeter entgegenkommen. An dem Tag habe ich mich so über ihn geärgert, dass ich total ausgeflippt bin. Ich schrie ihn an, nannte ihn ein Arschloch und sagte, ich wäre nie und nimmer hierhergekommen, hätte er nicht unser Kind entführt. Ich sagte, ich würde ihn hassen und ich würde ihn am liebsten umbringen, und daraufhin brüllte er mich an und sagte, ich sei jetzt nicht mehr auf Zypern, und dann zerrte er mich ins Badezimmer und boxte mich mehrfach, so heftig, dass ich stürzte und mir den Kopf auf dem Fliesenboden aufschlug.

Immer weiter schlug er auf mich ein, versetzte mir etliche Hiebe an den Hinterkopf, und dann boxte er mich in die Seite. Ich spürte, wie mir die Kräfte schwanden und ich zusammensackte, aber er packte mich, als ich fiel, und zerrte mich durchs Badezimmer ins Schlafzimmer, wo er mich auf den Boden warf.

Ich sah, dass sich May von ihrem Schlafzimmer aus den Kopf verrenkte, weil sie wissen wollte, was da los war. Sie schrie: »Ich will meine Mami, ich will meine Mami!« Ich war völlig fertig. Er schubste mich immer weiter herum und sagte: »Jetzt stirbst du, du Miststück.« Ich hatte große Schmerzen, und in meinem Kopf hämmerte es wie wild, aber ich war vor allem krank vor Sorge um die arme kleine May, denn sie hatte alles mit ansehen müssen.

Ich schrie ihn an, er solle bitte Hilfe für mich holen: »Mostafa, ich brauche einen Arzt, in meinem Kopf dröhnt es nur noch.« Aber er ging einfach rüber in Mays Schlafzimmer, holte ein Glas Seven Up vom Tisch und leerte es über mir aus.

Die arme May fing an zu weinen. Sie fragte: »Baba, wieso hast du Seven Up über Mami geschüttet?«

Und er antwortete: »Ich habe sie nur ein bisschen abgekühlt, damit es ihr besser geht.«

Überall spürte ich die klebrige Limonade, und in dem Moment hasste ich ihn noch viel mehr.

6

Erste Schritte Richtung Freiheit

An den Tagen, die auf die Verdächtigungen wegen der Zeitungsartikel folgten, sagte Mostafa nichts zu dem, was geschehen war. Ich hatte versucht, ein Gespräch mit ihm anzufangen, aber obwohl er wusste, dass ich absolut keine Möglichkeit gehabt hatte, in den Tagen nach der Entführung nach Irland zu reisen, war er immer noch misstrauisch. Das sah ich in seinem Blick. Er hörte einfach nicht auf das, was ich sagte oder tat, und benahm sich, als wäre ich gar nicht da. Was er an Vertrauen zu mir gehabt hatte, war verschwunden, ganz klar.

Eigentlich war es bald Zeit für mich, nach Zypern zurückzukehren. Er wusste, ich sollte nur wenige Tage später operiert werden, aber ich würde unter gar keinen Umständen zurückfahren, egal was passierte. An dem Abend vor seinem Gewaltausbruch hatte ich ihn gebeten, mein Visum zu verlängern. Ich tat, was ich konnte, um bei ihm den Eindruck zu erwecken, dass ich mir wünschte, wir würden wieder eine Beziehung miteinander haben.

Am Tag nach den Schlägen raffte ich mich auf und riss mich zusammen. Ich hasste Mostafa, aber ich wusste, ich musste ihn wieder auf meine Seite bringen. Zwei Stunden lang putzte ich wie wild das Haus. Ich weiß noch, ich fegte den Boden mit dem typischen Strohbesen, den alle syrischen Frauen benutzen und der beinahe wie ein Hexenbesen aussieht. Ich fegte sämtliche Böden und überzeugte mich davon, dass nirgends auch nur ein Körnchen Staub zu sehen war, und dann wischte ich feucht durch mit Hilfe eines Wasserschlauches, der vom Flur durchs ganz Haus reichte. In jedem Zimmer gab es einen Abfluss, in den man das Wasser fegte. Auch das war typisch für alle syrischen Häuser.

Anschließend wischte ich Staub mit einem feuchten Tuch. Ich wollte unbedingt, dass alles schön aussah. Schließlich war ich total erschöpft, aber trotzdem machte ich mir noch die Mühe, ein leckeres Abendessen für ihn zu kochen: gebratenen Reis mit Eiern und eines seiner Lieblingsgerichte, nämlich Tzatziki, den griechischen Dip aus Naturjoghurt, dünn geschnittenen Gurkenscheiben, Knoblauch, Salz und Olivenöl. Ich schminkte mich, legte auf, was ich an Make-up bei mir hatte, zog mir das lange weiße Kleid und die weiße Strickjacke an, dann wusch ich mir die Haare und frisierte mich. Ich wollte wirklich alles tun, damit er mich noch länger bleiben ließ.

Als Mostafa nach Hause kam, war er ganz rot im Gesicht und schien sehr verärgert. Die Hände hatte er zu Fäusten geballt. Ich glaube, er hatte keine Ahnung, was er bei seiner Rückkehr von mir zu erwarten hatte. Ich sah, dass er bemerkte, was ich im Haus gemacht hatte, aber mit keinem Wort erkannte er die viele schwere Arbeit an, die ich trotz der schlimmen Schmerzen in meinen Hüften geleistet hatte. Er setzte sich einfach vor den Fernseher, und ich brachte ihm sein Essen, stellte es vor ihn auf den Boden, und dann aßen wir beide, ganz ruhig, ohne ein Wort zu sagen. Er hatte die beiden älteren Kinder mitgebracht, und sie gingen ins Kinderzimmer, um mit May zu spielen.

Beiläufig erwähnte ich, dass ich kurz vorher die Nachrichten gesehen hätte und dass die Lage in unserer Gegend offenbar besonders schlimm war. Sie hatten über die Aufstände vom Wochenende berichtet, und es war ein Schock für mich gewesen, zu sehen, wie Menschen erschossen wurden und wie überall auf der blanken Erde Leichen lagen, und das so nah bei dem Haus, in dem wir wohnten. Ich machte ihm eine Tasse Tee, schluckte meinen Stolz herunter und entschuldigte mich für mein Verhalten. Ich erklärte ihm, ich hätte mir nur wegen May Sorgen gemacht; schließlich könnten wir alle bei einer Bombenexplosion oder im Geschützfeuer sterben. Ich betonte außerdem, dass May wohl gar nicht erst krank geworden wäre, hätte er sie nicht nach Syrien mitgenommen.

Ich redete auf ihn ein, aber er starrte nur immer weiter auf den Fernsehschirm und sagte kein Wort. Ich sagte, mir sei klar, dass mein Visum jetzt bald ablaufe. Das hatte er mir am Morgen noch zugeschrien und gesagt, es laufe am nächsten Tag ab und ich würde nach Zypern zurückkehren, ob mir das nun passte oder nicht. Er ging sogar noch weiter und meinte, sollte ich nicht abreisen, sollte meine Familie mir den Flug am nächsten Tag nicht bezahlen, würde er höchstpersönlich zur Polizei gehen und mich verhaften lassen. Mir war klar, sobald mein Visum abgelaufen war, würde ein einziger Anruf von ihm dazu führen, dass man mich aus dem Haus zerrte und in ein syrisches Gefängnis sperrte, ohne irgendwelche Fragen zu stellen. Ich war ihm auf Gedeih und Verderb ausgeliefert.

Ich meinte, May würde mich sehr vermissen, sollte ich jetzt abreisen, und es wäre doch besser, ich würde noch etwas bleiben, ehe ich wegen der Operation nach Zypern reiste. So könnte sie sich an den Gedanken gewöhnen, dass ich irgendwann endgültig wegfahren würde. Ich bettelte und flehte ihn an, erklärte, dass ich am nächsten Tag sowieso nicht abreisen könnte, bei den Schmerzen, die ich hatte. Als ich sah, dass das Jammern über meine Krankheit keinen Eindruck auf ihn machte, benutzte ich Mandy als Vorwand und meinte, sie hätte die finanziellen Angelegenheiten für uns noch nicht geklärt und brauche wohl noch ein paar Tage. Er glaubte immer noch, Mandy würde auf Zypern alles verkaufen, was mir gehörte, und uns dann das Geld nach Syrien schicken. Im Prinzip erzählte ich ihm genau das, was er hören wollte. Ich sagte, wenn er mich noch vierzehn Tage bleiben ließe – das war das Maximum für Ausländer, die zu Besuch im Land waren –, würde ich dafür sorgen, dass er finanziell gut abgesichert wäre, bis ich wieder zu ihm und May zurückkehrte. »Denk doch einfach mal darüber nach, Mostafa.«

Plötzlich drehte er sich mit grimmigem Gesicht zu mir um und meinte: »Na schön. Ich werde drüber nachdenken.«

Sanft erwiderte ich: »Um mehr kann ich dich nicht bitten.«

Ich wusste, das Geld hatte den Ausschlag gegeben, weiter nichts.

Ich ging ins Kinderzimmer und machte May fürs Bett fertig, dann legten sich die drei Kinder in ihrem Zimmer auf die Matratzen. Als ich zurück ins Wohnzimmer ging, stand er auf und ging in den Flur; dann verließ er das Haus. Jetzt konnte ich nur noch warten.

Am nächsten Morgen weckte mich wieder einmal der Gebetsruf von der nahegelegenen Moschee. Wie oft ich ihn auch hörte, ich gewöhnte mich einfach nicht daran. Ich spürte eine sehr unbehagliche Atmosphäre im Haus, so als sei Mostafa richtig schlechter Laune. Wir würden an dem Tag äußerst vorsichtig sein müssen, für den Fall, dass wir etwas machten, das ihn verärgerte.

Ich machte mir Sorgen über mein bald ablaufendes Visum, denn ein Flug zurück nach Zypern war für mich nicht gebucht. Außerdem war mir klar, dass Mostafa viel Ärger ins Haus stand, wenn ich mit abgelaufenem Visum im Land blieb – er hatte mich schließlich hierhergebracht, er hatte die Verantwortung für mich –, und genauso viel Ärger würde ich bekommen. Für mich als Ausländerin wären die Konsequenzen höchstwahrscheinlich noch viel schlimmer als für ihn. Ich mochte gar nicht daran denken, was alles passieren konnte.

Ich wollte das Thema aber nicht noch einmal zur Sprache bringen, sonst würde er vielleicht wieder brüllen und herumwüten. Also ging ich in die Küche, machte mir eine Tasse Tee und fragte ihn, ob er auch gern eine Tasse hätte. Er bejahte, und dann ging er ins Wohnzimmer, um fernzusehen. Er sagte weiter nichts, und auch ich schwieg, aber als er seinen Tee getrunken hatte, stand er auf und meinte, er ginge weg und wäre in einer Stunde wieder zurück. Er sagte, ich solle mich fertig machen, damit ich bei seiner Rückkehr mit ihm das Haus verlassen könne. Ich wusste nicht, ob er womöglich einen Rückflug nach Zypern organisiert hatte, also beschloss ich, nichts zu packen, sondern einfach mich und May anzuziehen.

Ich rief Mandy an und sagte als Erstes zu ihr: »Herzlichen Glückwunsch zum Geburtstag, Schwesterchen.« Ich hörte, dass sie aufgeregt war, aber ich erklärte, ihr Geburtstag sei mir und May immer noch wichtig, trotz der Umstände. Ich erzählte ihr, Mostafa habe das Haus verlassen und ich hoffte, er würde das Visum für mich verlängern.

Dann wurde ihr Ton ganz ernst. Sie sagte: »Hör zu, Louise, es kommt dich keiner holen. Es ist alles schiefgegangen. Die türkischen Typen haben sich abgesetzt, ohne Bescheid zu geben, und es sieht so aus, als hätte die Regierung keine Handhabe, in Syrien einzuschreiten. Keiner will das Risiko eingehen, deinetwegen ins Land zu reisen, es ist einfach zu gefährlich. Ich sage dir das nur äußerst ungern, Louise, aber du bist jetzt wirklich auf dich allein gestellt. Was auch passiert, du und May, ihr müsst versuchen herauszukommen, sonst werdet ihr ewig da feststecken. Ich wünschte, ich hätte bessere Neuigkeiten.«

Zu dem Zeitpunkt wusste ich noch nicht, dass Mandy fünftausend Euro an die türkischen Fluchthelfer gezahlt hatte, damit sie uns herausholten, und dass die Männer mit dem Geld einfach abgehauen waren. Ich dachte, sie hätten nur einfach zu große Angst, um ins Land zu kommen. Die Lage in Idlib war entsetzlich, und ich dachte, sie wollten ihr Leben nicht riskieren.

Ich hörte, was sie sagte, und war am Boden zerstört. So lange hatte ich gehofft, aber ich wusste, dass es jetzt wichtiger war denn je, dass ich flüchtete. Ich sagte: »Ich werde mein Möglichstes tun, Mandy. Ich packe jetzt eine kleine Tasche und werde dich weiterhin auf dem Laufenden halten.«

Mein Handy war voll geladen; darauf achtete ich immer, und ich überzeugte mich, dass mit dem Mobiltelefon alles in Ordnung war, für den Fall, dass ich es am selben Tag noch würde benutzen müssen. Ich legte den Hijab und mein bodenlanges Kleid an. Ich wusste, das Buch, das ich gerade halb ausgelesen hatte, konnte ich ebenso wenig mitnehmen wie meine Kleider aus dem Schrank. Ich musste mit ganz kleinem Gepäck reisen. Also nahm ich meine große Handtasche und packte nur ganz wenig ein, damit Mostafa nicht merkte, dass etwas nicht stimmte: Unterwäsche für May und mich, ein paar Motilium-Tabletten gegen Übelkeit, meinen Pass, Mays Nintendo DS, das Ladegerät fürs Handy und alles Geld, was ich bei mir hatte. Als ich mein Kosmetiktäschchen einpacken wollte, fiel mir auf, wie ausgebeult die Handtasche aussehen würde. Das würde Mostafas Argwohn erregen, und deshalb ließ ich das Make-up zurück; sollte mir tatsächlich die Flucht gelingen, würde ich ohnehin keine Schminke brauchen. Nicht in diesem Land. Ich weiß noch, dass ich in dem Moment dachte, wie wichtig mir doch Kleinigkeiten waren, wie zum Beispiel Make-up oder ein Parfüm, das Mandy mir letzte Weihnachten geschenkt hatte und das ich nun nicht mitnehmen konnte.

Ich wünschte bei Gott, ich hätte Ausweispapiere für May, doch ihren Pass trug Mostafa vom Tag meiner Ankunft an in einer Tasche an seinem Gürtel. Er schlief sogar mit dieser Tasche neben sich, damit ich sie ihm nicht wegnehmen konnte. Er war ein schlauer Mann. Es gab keine Möglichkeit, wie ich an den Ausweis gelangen könnte.

Mandys Worte gingen mir immer wieder im Kopf herum, und ich beschloss, die Gelegenheit so gut wie möglich zu nutzen, auch wenn ich nicht genau wusste, was passieren würde, wenn Mostafa mich holen kam. Ich weiß nicht, wieso, aber ich hatte das seltsame Gefühl, dass ich an dem Tag fliehen würde. Genauso war mir allerdings bewusst, es würde an ein Wunder grenzen, sollte mir die Flucht tatsächlich gelingen.

Als ich Mostafas Wagen vorfahren hörte, rief ich May. Wir standen zusammen in der Küche, und als er hereinkam, sagte er bloß: »Kommt mit, wir fahren nach Idlib, wegen deines Visums.«

Er sagte, ich solle in den Fond des Wagens steigen, also nahm ich an, er wollte den Beifahrersitz freihalten, weil noch jemand mit uns käme. Tatsächlich fuhren wir zum Haus seines Cousins und holten ihn ab. Er stieg ein, und ich weiß noch, dass ich dachte, Mostafa nähme ihn wohl mit, damit May und ich zu keinem Zeitpunkt allein wären. Das machte mir Angst, denn wenn er die ganze Zeit bei uns war, gab es für uns keine Möglichkeit zu einem Fluchtversuch. Es würde einfach nicht klappen.

Wir fuhren in die Stadt und an den Wachposten vorbei. Wieder einmal stank es entsetzlich nach Abwasser, und ich versuchte, zu Mostafa und seinem Cousin etwas Scherzhaftes darüber zu sagen. Tatsächlich lächelte er ein bisschen. Irgendwie erschien mir Mostafa viel ruhiger als noch am Morgen, viel selbstbewusster. Mir war klar, er musste irgendeinen Plan haben, aber ich hatte keine Ahnung, um was es sich handeln konnte.

Wir fuhren zur Einwanderungsbehörde, konnten aber nirgends einen Parkplatz finden. Mostafa musste zweimal die Straße auf und ab gehen, bis er schließlich etwa dreihundert Meter weiter weg einen Parkplatz entdeckte. Er verlangte meinen Ausweis und schnappte sich seine Gürteltasche, von der ich wusste, dass sie Mays Ausweis enthielt. Er suchte alle Papiere für den Antrag zur Visumsverlängerung zusammen, und dann stiegen sein Cousin und er aus dem Wagen.

Ich konnte kaum fassen, dass Mostafa uns tatsächlich hier in der Stadt allein ließ. Aber dann wurde mir klar, dass er denken musste, es sei absolut unmöglich, dass ich mich als

Frau, noch dazu als Europäerin, mit einem syrisch aussehenden Kind irgendwohin bewegen könne. Aber er unterschätzte meinen Drang zu fliehen und meine Entschlossenheit, mit May von ihm fortzukommen, zurück in ein normales Leben, zurück in die Sicherheit.

Als er schon ein paar Schritte vom Auto weg gemacht hatte, drehte er sich plötzlich noch einmal um und sagte: »Ich lasse den Zündschlüssel stecken und den Motor laufen, weil es so heiß ist. So bleibt die Aircondition an.«

Ich war total erschüttert, doch nicht einmal eine Sekunde lang zog ich in Erwägung, sein Auto für meine Flucht zu benutzen. Würde ich das tun, hätte man mich nur Minuten später aufgegriffen.

Als er außer Sicht war, sagte May, sie müsse ganz dringend auf die Toilette, aber da konnte ich ihr nicht helfen, denn ich wollte alles versuchen, um hier und jetzt wegzukommen. Ich zog mein Handy heraus und schickte Mandy eine SMS mit dem Inhalt: »Ich habe eine Gelegenheit wegzukommen. Aber keinen Pass.«

Sofort kam die Antwort: »Scheiß drauf. Lauf los.«

Ich drehte mich zu May um und sagte: »Wir gehen jetzt weg, May. Ich weiß, du musst auf die Toilette, aber halt es ein und sei tapfer.«

Und das arme Kind sagte einfach nur: »Ja, Mami, ist gut.«

Ich wusste, sie wollte genauso dringend weg wie ich. Ich weiß noch, ich packte den Türgriff und dachte, dass diese kleine Bewegung den Fortgang meines Lebens für immer verändern würde, zum Guten oder zum Schlechten, und dann stieß ich mit aller Kraft und meinem ganzen Willen die Autotür auf.

Wir liefen vom Auto weg, und ich winkte ein Taxi heran. Wir sprangen beide hinein, und sofort, ohne dass ich ihr auch nur ein Wort sagen musste, kauerte sich May auf den Boden, um sich zu verstecken. Manchmal glaube ich, sie ist viel älter als ihre zarten sechs Jahre, weil sie solch ein kluges Kind ist.

Wir fuhren geradewegs an der Einwanderungsbehörde vorbei, und mir blieb fast das Herz stehen. Direkt vor der Tür der Einwanderungsbehörde reihten wir uns in einen Kreisverkehr ein, und ich sah, dass der Taxifahrer mich über den Rückspiegel anstarrte. Ihm war klar, dass etwas nicht stimmte. Er drehte sich um und fragte May: »Wo ist dein Vater?«

Und meine Kleine antwortete, ohne dass ich ihr vorsagen musste: »Der ist tot.«

Auf Arabisch fragte der Taxifahrer, wohin wir wollten.

Auf Arabisch antwortete ich: »Nach Aleppo.«

Darauf sagte er nichts, aber ich fürchtete, er würde etwas tun, also rief ich eine Bekannte auf Zypern an, die etliche vertrauenswürdige Syrer kannte, und bat sie, jemanden zu holen, der Arabisch sprach und mir helfen sollte, indem er mit dem Taxifahrer redete. Ich sagte ihr, wen auch immer sie auswählte, sie müsste ihm hundertprozentig vertrauen können, denn unser Leben sei in Gefahr. Sie wusste über die ganze Situation Bescheid, weil sie mitbekommen hatte, dass May entführt worden war und ich nach Syrien reiste. Allzu viele Fragen stellte sie nicht; an der Panik in meiner Stimme hörte sie wohl, dass ich in unmittelbarer Gefahr war.

Kaum eine Minute später rief jemand zurück. Es war ein Mann namens Tariq, den ich auf Zypern schon einmal gesehen, mit dem ich aber nie gesprochen hatte. Meine Bekannte hatte ihm in Kurzversion meine Lage geschildert. Ich bedankte mich bei ihm und bat ihn, zwischen mir und dem Taxifahrer zu dolmetschen. Das wollte er gern tun, also gab ich das Handy an unseren Fahrer und betete. Nach etwa einer Minute Gespräch mit Tariq gab er mir das Handy zurück, und Tariq sagte: »Hören Sie zu, Louise, der wird Sie nirgends hinfahren. Er fährt definitiv nicht nach Aleppo.«

In diesem Moment lenkte der Taxifahrer den Wagen zu einer Bushaltestelle, und die arme May rief: »*Yalla, yalla, yalla*« (»Weiter, weiter, weiter«). Immer wieder schauten wir durch die Heckscheibe, denn wir waren überzeugt, Mostafa würde uns sehen und uns nachlaufen. Aber Tariq hatte recht: Der Fahrer würde uns nirgends hinbringen. Unvermittelt drehte er sich zu uns um und sagte: »Ich hole Ihnen Busfahrkarten.« Aber mir war klar, ich hätte absolut keine Chance, mit einem Bus wegzukommen, innerhalb von Minuten hätte man uns erwischt. Als er also aus dem Taxi stieg, rannten wir weg. Er rief uns hinterher: »Fahrkarten, Fahrkarten. *Massari, massari*« (»Geld, Geld«). Aber ich lief immer weiter.

Während wir weiterrannten, klingelte das Telefon, und weil ich dachte, es wäre wieder Tariq, ging ich ran und sagte: »Das ist kein Spiel, das ist Ernst. Wir müssen hier unbedingt weg.«

Da hörte ich Mostafas Stimme: »Louise, wo bist du?«

Hastig schaltete ich das Handy aus und steckte es in die Tasche zurück, mit dem einen klaren Gedanken im Kopf: Jetzt gibt es keine Chance mehr, hier wegzukommen. Mostafa befand sich buchstäblich um die Ecke, und mir war klar, er würde an der Bushaltestelle nach uns suchen, ehe er woanders nach uns Ausschau hielt. Ich lief auf einen Taxistand zu, an dem drei oder vier gelbe Taxis warteten. Ein junges Mädchen kam zu mir gelaufen und bettelte, sagte immer wieder: »*Massari, massari*«, aber ich schob einfach ihre Hand weg und hielt May fest. Als ich mich dem ersten Taxi näherte, sah ich, dass der Fahrer ein junger Mann war, und aus irgendeinem Grund hatte ich auf einmal ein schlechtes Gefühl, so als gäbe es keine Chance, dass er mich irgendwohin fuhr. Er erinnerte mich zu sehr an Mostafa.

Im nächsten Taxi saß ein älterer Mann in den Fünfzigern am Steuer. Er hatte ein freundliches Gesicht, und ich beschloss, es zu riskieren. Im Grunde hatte ich auch gar keine andere Wahl, denn ich wusste, die Zeit rannte mir davon; jeden Moment konnte Mostafa um die Ecke kommen, und dann wären wir erledigt. Wenn er mich zu fassen bekam, wäre das mein Tod. Ich könnte mich auf der Stelle für immer von meinem Kind verabschieden, denn mir war klar, er würde mich so heftig verprügeln, dass ich wahrscheinlich nicht überleben würde. Dies hier war meine einzige Chance, und wenn dieser Fahrer sich weigerte, uns zu fahren, wäre das Spiel aus.

May und ich sprangen auf den Rücksitz des Taxis. Ich sagte, wir wollten nach Aleppo, und der Fahrer erkundigte sich nach meinem Geld. Immer wieder sagte er: »Dollar, Dollar« (was den Syrern mehr wert ist als ihre eigene Währung), und ich sagte: »Nein, Euro, Euro«, und ich zeigte ihm den Inhalt meines Portemonnaies. Er fuhr weiter, passierte einen Wachposten und verließ die Stadt. Ein Wegweiser zu unserer Linken deutete nach Aleppo, und dann plötzlich bogen wir zu einer Tankstelle ab. Der Fahrer drehte sich um zu mir, rieb die Finger aneinander und sagte: »*Massari, massari.*« Ich hatte noch mehr Geld im BH versteckt, und ich griff unter meine

Kleidung und zeigte ihm, was ich an Geld dabeihatte. Dann holte ich noch einmal das Portemonnaie heraus, um ihm zu zeigen, dass ich nichts versteckte. Er lächelte und schien zufrieden und zuversichtlich, dass er am Ende der Fahrt sein Geld bekommen würde. Und dann ließ er den Motor wieder an.

Sofort rief ich Tariq an, und er war bereit, auch mit diesem zweiten Fahrer zu reden, ihm die Situation zu erklären und ihn zu bitten, mich so weit weg wie möglich zu bringen, in Sicherheit. Wir saßen da und warteten darauf, dass Tariq das Gespräch mit dem Taxifahrer beendete, und als ich rüber zu May schaute, sah ich den Ausdruck schrecklicher Angst in ihrem Gesicht. Wie ich blickte auch sie sich ständig um und hielt Ausschau nach Mostafas Auto. An dem Morgen fuhr er den rotbraunen Wagen seines Vaters, und es war, als sei an dem Tag jedes rotbraune Auto in ganz Syrien hier auf den Straßen unterwegs: Wohin ich auch schaute, überall sah ich rotbraune Autos.

Der Taxifahrer drehte sich um und gab mir das Handy zurück. Tariq sagte: »Sie haben Glück, Louise. Dieser Mann fährt Sie bis nach Damaskus, und da klären wir dann alles mit ihm. Die Fahrt dauert fünf bis fünfeinhalb Stunden, und sie ist gefährlich. Haben Sie einen Hijab an?« Ich antwortete, ich hätte den Hijab am Morgen angelegt, sei also ordentlich bedeckt. Darüber schien er mehr als erleichtert. Er wünschte mir Glück und forderte mich auf, ihn wieder anzurufen, falls ich ihn noch einmal brauchte.

Ich konnte es kaum fassen, dass der Taxifahrer uns bis nach Damaskus bringen wollte. Ich war so erleichtert! Was genau wir tun würden, wenn wir die Stadt erreicht hätten, wusste ich nicht, aber ich hoffte, er würde uns direkt zum irischen Konsulat fahren, wo auch immer das sein mochte.

Plötzlich stieg der Fahrer aus dem Taxi und winkte May zu, ihm zu folgen. Ich bekam eine Heidenangst, ich hatte ja keine Ahnung, was er vorhatte. Sofort nahm ich an, dass er womöglich Mostafa kannte und irgendwie wusste, dass May seine Tochter war, und dass er versuchte, sie mir wegzunehmen. May weigerte sich beharrlich, mit ihm zu gehen, und schließlich gab er auf und ging allein ins Tankstellengebäude. Ich weiß noch, ich saß da und dachte: »Wieso will er unbedingt, dass May aus dem Wagen aussteigt? Wieso wirkt er so eifrig bemüht? Wartet er auf Mostafa, dass der uns abholt? Hat er ihn angerufen?« Alle diese Gedanken rasten mir durch den Kopf.

Nach etwa einer Viertelstunde sagte ich zu May: »Liebes, wir werden jetzt gehen müssen. Dem Mann können wir nicht trauen. Der führt irgendwas im Schilde.« Im selben Moment ging die Wagentür auf, und er stand mit zwei Flaschen Limonade, zwei Stück Kuchen und einem Päckchen Zigaretten für mich da. Ich hatte ein furchtbar schlechtes Gewissen, dass ich diesen Mann verdächtigt hatte, aber ich hatte einfach kein Vertrauen mehr zu den Menschen.

Wir fuhren weiter, und ich bedankte mich immer wieder bei ihm. Er schaute in den Rückspiegel, suchte Blickkontakt mit uns und lächelte. Er war ein ehrlicher Mensch, das ist mir heute klar, doch damals nahm ich das Schlimmste an, nur weil er Syrer war. Ich schämte mich für meine Gedanken, aber es war einfach so: Meine panische Angst hatte meine Intuition und mein Unterscheidungsvermögen getrübt.

Wir fuhren weiter über unbefestigte Straßen, durch Gegenden, von denen ich nie gehört hatte, und durch andere, deren Namen ich aus den Fernsehnachrichten kannte. Ich wusste, dass manche dieser Gegenden, etwa die in der Nähe der Städte Hama und Homs, durch die wir fuhren, gefährlich waren und dass dort täglich Menschen getötet wurden, weil sie gegen die Regierung demonstrierten. Es machte mir große Angst, durch Regionen zu fahren, die ich aus den Nachrichten kannte, und ich achtete besonders sorgsam darauf, dass mein Hijab jedes kleinste Härchen auf meinem Kopf bedeckte und dass ich den Blickkontakt mit den Menschen mied, an denen wir vorbeifuhren.

Ein paar Stunden später sahen wir erstmals Hinweisschilder mit dem Namen Damaskus. Auf einem stand die Entfernung 108 Kilometer, aber es hätten genauso gut eine Million Meilen sein können, so weit weg schien mir das.

May und ich unterhielten uns nur flüsternd. Außerdem beteten wir und rezitierten gemeinsam das *Gegrüßet seist du, Maria*. Viele Male auf unserer Reise spendete es mir Trost.

Immer wieder steckte sich der Fahrer eine Zigarette an, und jedes Mal gab er mir auch eine. Ich war sehr dankbar, denn das Rauchen schien meine Nerven zu beruhigen. Trotzdem war ich immer noch sehr ängstlich; dauernd dachte ich, Mostafa wäre hinter uns her, würde uns einholen, und ständig bat ich den armen Taxifahrer, doch bitte schneller zu fahren.

Ganz plötzlich fuhr er an den Straßenrand und hielt den Wagen an; dann nahm er sein Handy und machte einen Anruf. Ich hatte keine Ahnung, was er vorhatte. Dann reichte er mir das Handy weiter. Am anderen Ende der Leitung war Tariq; seine Nummer hatte ich dem Fahrer gegeben, für den Fall, dass er ihn noch einmal als Dolmetscher brauchte. Tariq meinte: »Ständig bitten Sie den Fahrer, schneller zu fahren. Wieso?«

Ich antwortete: »Ich will nur möglichst schnell irgendwohin, wo es sicher ist.«

Darauf erwiderte der arme Tariq: »Das weiß ich doch, Louise, aber er hat mich gebeten, Ihnen zu sagen, dass überall Radarfallen angebracht sind, und wenn er wirklich schneller fährt, hält ihn die Polizei an, und dann ist alles aus.«

Ich fühlte mich richtig elend. Langsam fuhren wir weiter in diesem uralten Taxi, das sicher aus den Siebzigerjahren stammte. Aber kaum hatten wir die mit Radarfallen gepflasterte Gegend verlassen, drückte der Fahrer aufs Gas, und wir schossen nur so vorwärts.

Viele Male auf unserem Weg wurden wir angehalten, und jedes Mal schauten nur kurz bewaffnete Männer ins Wageninnere, sagten bloß *Yalla* und winkten uns durch. Das war sehr ungewöhnlich. Von meinen Fahrten mit Mostafa wusste ich, dass wir fast immer und überall angehalten wurden. Ich hatte das sehr starke Gefühl, dass wir auf dieser Reise einen Schutzengel bei uns hatten. Irgendjemand wachte definitiv über uns, und ich glaube bis heute fest daran, dass es meine Mutter war. Ich betete, dass sie, falls sie es war, bei uns bliebe, bis wir sicher aus diesem Höllenloch heraus wären.

Noch einmal rief ich Tariq an, damit er überprüfte, wo wir gerade waren. Er bat mich, auf das nächste Ortsschild zu warten und es ihm vorzulesen. Wenige Minuten später kamen wir an einem Schild vorbei, das uns anzeigte, wir würden uns einer Stadt namens Douma nähern, und da sagte er zu mir: »Sie sind fast da, Louise. Nur noch etwa eine Stunde. Großartig.«

In dem Moment, in dem ich das Gespräch mit Tariq beendete, kamen wir an einen weiteren, sehr großen Wachposten. Es gab viele schwer bewaffnete Soldaten, die ihre Gewehre mit dem Lauf nach unten hielten, den Gewehrkolben auf der Straße. Die meisten trugen Uniform, aber einige gehörten offensichtlich zu einer Spezialeinheit und trugen Hemd und Jeans. Die meisten hockten zu beiden Seiten von zwei Lastwagen. Die Männer wirkten sehr militärisch. Sie prüften jedes einzelne Fahrzeug und ließen jedes Auto langsam heranrollen, immer eines nach dem anderen.

Als wir näher herankamen, sah ich, dass ein Soldat May und mich unverwandt anstarrte. Ich versuchte, nicht allzu angespannt zu wirken, obwohl ich sehr nervös war. Aber dann winkte er uns ganz lässig durch.

Ich stieß einen Seufzer der Erleichterung aus und drückte May enger an mich. Der Fahrer schaute in den Rückspiegel und lächelte. Es war eine so beängstigende Reise für uns alle gewesen. Mir war klar, dieser arme Mann hätte alles verlieren können, vielleicht sogar sein Leben, hätte man ihn dabei erwischt, dass er illegalen Einwanderern wie uns bei der Flucht half. Aber er hatte alles für uns aufs Spiel gesetzt, nachdem er mit Tariq gesprochen hatte. Diesem Taxifahrer verdanke ich mein Leben und das meiner Tochter.

Kaum waren wir von dem Wachposten weggefahren, nicht einmal hundert Meter waren wir wohl gekommen, da fing das Auto an zu stottern, und ich sah Rauch aus dem Motorraum aufsteigen. Ich fasste es einfach nicht. Immer wieder sagte ich zum Fahrer: »*Yalla, yalla, yalla*«, und als ich zurückschaute, sah ich einen der Soldaten auf unseren Wagen zukommen. Ich dachte: »So, jetzt ist es aus. Hier ist unser Weg nun also zu Ende, und alles ist umsonst gewesen.«

Aber irgendwie fuhr der Fahrer weiter, sehr, sehr langsam, und als der Wagen um eine Ecke bog, schaute ich durch die Heckscheibe und sah die Soldaten allmählich hinter uns entschwinden. Wir rollten auf eine sandige Straße, überall umgeben von Bergen, und am Fuß eines Hügels blieb das Auto einfach stehen. Der Motor war aus.

Ich konnte es einfach nicht fassen. Sofort schickte ich eine SMS an Tariq: »Wir haben angehalten. Der Wagen ist liegen geblieben. Bitte helfen Sie uns.« Dann schickte ich eine SMS an Mandy und erstattete auch ihr Bericht. Sie textete zurück, und ich konnte zwischen den Zeilen lesen, wie krank vor Sorge sie war. Sie hatte einfach nur geschrieben: »O mein Gott, Louise!«

Ich schaute mich um, musterte die Umgebung und entdeckte einen massiven Felsblock nahe am Straßenrand. Wenn wir uns dahinter versteckten, würde Mostafa uns nicht sehen, wenn er vorbeifuhr. Ich hatte furchtbare Angst, dass er, wenn er hier entlangkam und ein Taxi mit einem Nummernschild aus Idlib sah, sofort wissen würde, dass höchstwahrscheinlich May und ich in dem Wagen waren.

Ich sah den Schrecken im Gesicht des armen Taxifahrers, als er den Wagen trotz all seiner Bemühung nicht wieder anlassen konnte. Er wäre jetzt nicht nur in Schwierigkeiten, wenn man ihn mit May und mir im Auto erwischte, sondern nun war auch noch sein Taxi, seine einzige Verdienstmöglichkeit, zusammengebrochen. May und ich blieben hinten im Wagen sitzen, doch nach ein paar Minuten stieg ich aus und zündete mir eine Zigarette an. Der Fahrer sagte uns auf Arabisch, wir sollten bleiben, wo wir waren, sollten das Auto nicht verlassen, und ging ein Stückchen die Straße rauf.

Als er zurückkam, hob er die Kühlerhaube, warf einen prüfenden Blick ins Innere und schloss sie wieder. Er kam nach hinten, und ich fragte ihn, was denn los sei. Auf Arabisch sagte er bloß: »*Khalas*« (»Kaputt«) und riss die Arme in die Luft. Ich war verzweifelt wegen May und mir, und auch mit ihm hatte ich viel Mitleid. Er hatte alles riskiert, aber umsonst. Wir waren verloren.

Der Fahrer machte ein paar Anrufe, und ich sagte May, wir würden das Auto reparieren lassen. Die arme May meinte: »Nein, Mami, es ist vorbei. Schnapp deine Tasche, wir gehen zu Fuß.« Ich sagte ihr, wir könnten das nicht machen. Ich erklärte, es sei eine Stunde Fahrt mit dem Auto, aber zu Fuß wären wir viele Stunden unterwegs, und so unterwegs zu sein wäre sehr gefährlich. Ich versuchte, ihr zu erläutern, dass wir nur eine Möglichkeit hätten, nach Damaskus zu kommen: Wir müssten warten, bis das Auto repariert war.

Als ein Bus angefahren kam, hielt das arme Kind den Daumen hoch, um ihn anzuhalten. Unfassbar! Natürlich hielt der Bus nicht, er hupte einfach und fuhr an uns vorbei, aber selbst, wenn er angehalten hätte, hätten wir es nicht riskieren dürfen, mit öffentlichen Verkehrsmitteln zu fahren.

Kurz darauf näherte sich ein Militärlastwagen. Sofort ging ich zum Auto und kletterte wieder auf den Rücksitz. Als der Lastwagen herangekommen war, wurde er langsamer, und der Fahrer starrte herüber. Der Taxifahrer reagierte großartig; er hob einfach die Hände, als wollte er sagen: »Wir haben eine Panne. Ich kann nichts mehr machen.« Der Lastwagenfahrer nickte einfach und fuhr vorbei.

Es war fast nicht zu glauben, aber Tariq kannte jemanden hier in der Gegend und sagte, derjenige würde in zehn Minuten bei uns sein. Es grenzte schon an ein Wunder, dachte ich, dass er jemanden kannte, der in der Nähe wohnte und uns abholen konnte. Meine Erleichterung war riesig. Ich sagte dem Fahrer, Hilfe sei auf dem Weg. Er war total verblüfft.

Mittlerweile war ein weiteres Taxi gekommen, und dessen Fahrer befestigte ein Abschleppseil an unserem Taxi und machte sich daran, uns abzuschleppen. Sofort schrieb ich eine SMS an Tariq mit der Botschaft, dass sein Bekannter zwei Taxis sehen würde, auf derselben Straße; eines würde das andere ziehen.

Etwa eine Viertelstunde lang wurden wir so durch die weitläufige hügelige Landschaft gezogen, und nichts war zu sehen: keine Vögel, überhaupt keine Tiere, es gab keinen Lärm und kaum Straßenverkehr. Es war eine sehr merkwürdige, von Sand bedeckte Gegend.

Irgendwann kamen wir an ein kleines Gebäude, das ich für einen weiteren Wachposten hielt, aber es stellte sich als eine Art Kiosk heraus. Einige Männer standen davor, und sie alle starrten in unser Auto. Der Taxifahrer kam zu uns und sagte, wir sollten aussteigen. »*Yalla, yalla*«, sagte er. May und ich packten unsere wenigen Sachen und sprangen raus. Dann setzte uns der Taxifahrer in ein anderes Auto, und ein junger Mann, der hinter dem Lenkrad saß, sagte in fließendem Englisch zu uns: »Alles in Ordnung, Sie sind jetzt in Sicherheit.« Ich konnte es kaum glauben. Außerdem sagte er noch: »Erwähnen Sie nichts von Geld gegenüber dem Taxifahrer. Sagen Sie einfach gar nichts. Ich regele das.«

Dann stieg er aus dem Wagen und ging zu den beiden Taxifahrern. Den Fahrer, der angehalten hatte, um uns zu helfen, fragte er, ob er das andere Taxi weiter abschleppen könnte, da er eine Werkstatt kannte, die den Wagen reparieren konnte. Ich sah, dass beide Taxifahrer nickten.

Also machten wir uns auf die nächste Etappe unserer Reise Richtung Freiheit. May und ich saßen jetzt in dem anderen Wagen mit einem neuen Fahrer, und die beiden Taxifahrer folgten uns. Der neue Fahrer sagte zu May: »Wir sind bald da. Ich weiß, ihr hattet eine lange Fahrt, aber jetzt wird alles gut.« Ich weiß noch, er sagte zu May, sie sei ein wunderhübsches Mädchen, und sie erwiderte sein Lächeln.

Wir fuhren etwa eine Viertelstunde, bis wir eine Autowerkstatt erreichten. Mein neuer Fahrer ging zu unserem ersten Taxifahrer und fing an, mit ihm zu reden. Der bedankte sich dann bei dem Taxifahrer, der ihn abgeschleppt hatte, woraufhin dieser zweite Taxifahrer in seinen Wagen stieg und wegfuhr.

Während sich mein neuer Fahrer und der Taxifahrer unterhielten, dachte ich, dass Mostafa uns nie im Leben finden würde, wenn er jetzt hier vorbeifuhr, denn wir saßen hinten in einem Auto mit verdunkelten Fenstern und einem Nummernschild aus Damaskus. Wir waren wohl tatsächlich in Sicherheit. Aber irgendwie fühlte es sich unwirklich an. Ich dachte: »Wie um alles in der Welt habe ich das nur geschafft? Ich bin in Syrien, einem vom Krieg erschütterten Land, in dem Tag für Tag Leute in hellen Scharen erschossen werden.« Ich konnte es kaum glauben.

Der Taxifahrer setzte sich auf den Beifahrersitz, neben unseren neuen Fahrer, und wir fuhren nach Damaskus. Auf der Fahrt unterhielt sich unser neuer Fahrer auf Arabisch mit dem Taxifahrer; er erklärte ihm, er werde eine bestimmte Strecke fahren müssen, um Wachposten aus dem Weg zu gehen.

Wenig später kamen wir auf eine breite Straße, und überall gab es Autowerkstätten und Läden, die Ersatzteile verkauften. Hier stieg unser erster Taxifahrer aus, und ich sah, wie unser Fahrer ihm Geld gab. Dann öffnete der Taxifahrer die Autotür und sagte auf Arabisch: »Möge Gott Sie und Ihre schöne Tochter segnen.« Ich hätte am liebsten geweint, und ich dankte ihm von ganzem Herzen für alles, was er für May und mich getan hatte. Er lächelte nur und nickte. Diesem Mann verdanke ich mein Leben und das meiner Tochter. Er war einer von vielen Engeln in diesem furchterregenden Land. Er hat wahrscheinlich eine eigene Familie, und doch hat er sein Leben für zwei Fremde aufs Spiel gesetzt. Auch als das Taxi liegen blieb, hat er uns nicht verflucht oder angebrüllt; er akzeptierte einfach, was geschehen war, und nahm alle Ereignisse so, wie sie kamen.

Als er gegangen war, erklärte uns unser neuer Fahrer, dass wir unsere neue Kontaktperson in fünf Minuten kennenlernen würden. Wir parkten am Straßenrand, und bald darauf erschien ein silberfarbener Van.

Der Fahrer kam zu uns herüber und sagte: »Na, das war ja eine ganz schöne Höllenfahrt. Aber jetzt sind Sie in Sicherheit, kommen Sie bitte mit.« Er fragte den anderen Mann, wie viel er dem Taxifahrer gezahlt hatte; dann kam er zu mir und meinte, es würde einhundert Euro kosten. Sofort zog ich das Geld heraus und gab es ihm.

Die beiden Männer unterhielten sich noch kurz, dann stieg der Fahrer des Van wieder ein und fuhr uns zu sich nach Hause. Wir fuhren eine gute Stunde durch die Hügel, und der Mann, der sich als Sayed vorstellte, erklärte mir, das Haus, in das er uns nun bringen werde, sei »sicher«, eine »Zufluchtsstätte«, in der wir unbesorgt bleiben könnten, bis das irische Konsulat uns sicher außer Landes brachte.

Meine Erleichterung war unbeschreiblich, als wir Sayeds Wohnung erreichten. May war ganz aufgeregt. Immer wieder umarmte und küsste sie mich. Wir dachten, wir würden nur ein paar Tage hier bleiben, im äußersten Fall, ehe wir uns endlich auf den Heimweg nach Dublin machen konnten. Beide konnten wir kaum glauben, dass wir es überhaupt so weit geschafft hatten.

Die Gegend, in der der Wohnblock lag, wirkte sehr heruntergekommen; alles baufällig, vieles noch nicht fertig. Es gab in dem Wohnblock keinen eigentlichen Eingang mit Tür, nur einen offenen Eingangsbereich, und sofort stiegen wir die Treppe in den fünften Stock zu Sayeds Wohnung hinauf. Als wir an die Wohnungstür kamen, begrüßten uns dort seine Frau und seine drei Kinder. Wir betraten die Wohnung, und ich fühlte mich gleich heimisch, so schön war hier alles.

Man forderte mich auf, einzutreten und mich frisch zu machen, und ich roch Essen, das gerade gekocht wurde. Ich betrat ein Schlafzimmer und fragte May, ob sie meinte, ich solle den Hijab im Haus dieser Leute abnehmen oder ihn anlassen. Ich trug ihn so ungern, denn ich war nicht daran gewöhnt, mich die ganze Zeit von Kopf bis zu Fuß zu bedecken. May wusste nicht, was sie mir antworten sollte.

Ich fragte Sayed, was er für das Richtige hielt, denn er und seine Familie hatten mich aufgenommen, und ich wollte nichts tun, was sie beleidigen könnte. Er antwortete, ich solle tragen, was immer ich bequem fand, und es sei nicht nötig, dass ich mich bei ihm zu Hause von Kopf bis Fuß bedeckte. Dann fügte er noch hinzu, sein Zuhause sei unser Zuhause, solange wir bei ihm wären. Ich duschte und zog mir wieder die eher europäischen Kleider an, die ich unter meinem langen schwarzen Kleid getragen hatte. Ich weiß noch, ich fühlte mich ein bisschen unbehaglich so, aber als ich herauskam, breitete Sayeds Frau Rahil die Arme aus, hieß mich in ihrem Haus willkommen und führte mich an den Tisch, wo ich mit ihrer Familie essen sollte.

An dem Abend empfand ich es als großes Privileg, bei ihnen zu Hause zu sein. Schon jetzt verdankte ich ihnen sehr viel, weil sie sich für mich eingesetzt hatten und so gastfreundlich waren. Aber so sehr ich ihre Hilfe auch zu schätzen wusste, hoffte ich doch, ich würde sie nicht allzu lange in Anspruch nehmen müssen.

An dem Abend erlebten May und ich den ersten Anflug von Komfort und Behaglichkeit seit vielen Wochen. Wir aßen eine wunderbare Hühnersuppe mit Reis, und wir aßen alle zusammen. Es war Welten entfernt von dem, was wir in Idlib kennengelernt hatten, und ich konnte unseren beiden Gastgebern gar nicht genug danken.

Mays Gesichtsausdruck zeigte mir, dass sie sehr erleichtert, aber auch unglaublich erschöpft war. Die Müdigkeit stand ihr ins Gesichtchen geschrieben. Ihre Augen waren verquollen, und darunter waren dunkle Ringe zu erkennen. Sie wirkte völlig ausgelaugt. Ich fühlte mich genauso, wie sie aussah, und ich weiß noch, ich dachte, es sei in Ordnung für jemanden in meinem Alter, sich so zu fühlen und so auszusehen, aber doch nicht für ein kleines Mädchen! Und Mostafa, ihr eigener Vater, hatte ihr das angetan.

Ich saß da und dachte an die Schmerzen, die ich im Taxi auf dem Weg nach Damaskus gehabt hatte. Hauptsächlich saßen die Schmerzen in der Brust, vermutlich einzig durch die Angst ausgelöst, erwischt zu werden. Ich dachte aber auch, wie wunderbar sich May die ganze Zeit benommen hatte: Sie hatte meine Hand gehalten und sie immer mal wieder gedrückt und mir gesagt, es komme schon alles in Ordnung. Sie war nur etwas über neunzig Zentimeter groß, aber vor meinem inneren Auge wirkte sie eher wie gut drei Meter, denn während dieses ganzen Albtraums war sie mein Fels in der Brandung gewesen. Ich lebte für sie, und ich wusste, dass sie für mich lebte. Es war diese unausgesprochene Liebe zwischen Mutter und Kind, die keiner erklären kann.

Nach dem Essen saß ich mit bedecktem Haar auf der Veranda, neben mir eine Schale mit Früchten und in der Hand die höchst willkommene Zigarette. Ich fühlte, wie aller Druck von mir abfiel. Ich holte mein Handy aus der Tasche und rief Mandy an. Ich erzählte ihr, es gehe uns gut und wir seien an einem sicheren Zufluchtsort. Ich bat sie, sich um meinen Vater zu kümmern und ihm zu versichern, dass ich auf dem Nachhauseweg sei.

Sie war total aus dem Häuschen. Wegen unseres Aufenthaltsorts war ihr ein bisschen unbehaglich zumute, weil sie die Leute ja nicht kannte, genauso wenig wie ich. Ihrer Meinung nach konnten diese Leute alles Mögliche sein. Aber wäre dieses Paar bei ihr zu Hause gewesen und hätte sie deren aufrichtige Zuneigung für mich und May und ihre Anteilnahme für unsere Lage gespürt, wäre sie wie ich fest davon überzeugt gewesen, dass wir uns am derzeit bestmöglichen Ort aufhielten.

Sayed hatte gesagt, wir würden am nächsten Vormittag

zum Büro des Honorarkonsulats fahren, damit wir unsere Flucht planen konnten. Mandy hatte Kontakt mit den Leuten dort aufgenommen, als wir auf dem Weg nach Damaskus waren, und die Leute hatten mir eine SMS geschickt und mich gebeten, ich solle mich gleich nach meiner Ankunft bei ihnen melden. Also beschloss ich, sofort dort anzurufen.

Sie klangen erleichtert, als sie meine Stimme hörten; wahrscheinlich hatten sie gar nicht damit gerechnet, dass ich es bis nach Damaskus schaffen würde, so wie die Situation in Syrien war. Jetzt meinten sie, ich sollte mich sofort mit ihnen treffen, morgen Vormittag wäre zu spät. Sayed schlug ein Hotel vor, das er kannte; auf einem bestimmten, für mich weniger riskanten Weg wollte er mich dorthin bringen, falls es Wachposten gäbe. Es war Montagabend, auf den Tag genau zwei Wochen, nachdem ich in Syrien angekommen war, und zum Glück waren die Posten am Wochenanfang nicht so oft besetzt. Sayed hoffte, wir könnten es bis zum Hotel schaffen, ohne überhaupt einmal angehalten zu werden. Auf jeden Fall musste ich aber den Hijab tragen.

Mir war klar, dass ich May nicht mitnehmen konnte, und ich freute mich nicht gerade darauf, ihr zu sagen, sie müsse bei einer Familie bleiben, die sie gerade erst kennengelernt hatte. Sie hatte so große Angst, dass sie sich nicht einmal allein auf die Toilette traute; wenn sie ins Bad ging, stand ich draußen vor der Tür, bis sie fertig war. Sie hatte große Angst, dass ich wieder verschwinden würde. Aber diesen Weg musste ich nun wirklich allein gehen.

Sayed hatte drei Kinder, eines im Teenageralter, die beiden anderen waren zehn beziehungsweise sechs Jahre alt. Sie waren an dem Abend bereits im Bett, weil sie am nächsten Tag zur Schule mussten, aber Rahil versicherte May, sie wäre bei ihr gut aufgehoben und ich wäre so schnell wie möglich wieder zurück. Zögernd erklärte sich May bereit, in der Wohnung zu bleiben. Ich zog eine Strickjacke über, die Rahil mir geliehen hatte und die ich zu dunklen Hosen und dem Hijab trug. Ich war also züchtig bedeckt, für den Fall, dass unterwegs etwas passierte.

Auf der Fahrt zum Hotel kamen wir an keinem einzigen Wachposten vorbei. Als wir ankamen, bestellte der Vertreter des Konsulats Kaffee für uns. Er sagte, ich müsse jetzt sehr vorsichtig sein und sie würden überprüfen müssen, ob Mostafa in der Zwischenzeit nicht etwa zur Polizei gegangen sei und May und mich als vermisst gemeldet hätte. Wäre das der Fall, dann hätten wir ein riesiges Problem. Als ich fragte, ob ich am nächsten Tag nach Hause dürfte, sagte er: »Auf gar keinen Fall. Da muss noch Etliches geklärt werden, ehe Sie irgendwohin fahren können.«

Irgendwie hatte ich mit der Antwort gerechnet, aber ich regte mich trotzdem auf. Er entschuldigte sich, weil er nicht nach Idlib kommen und uns hatte helfen können, und meinte, ich sei sehr mutig gewesen und hätte großes Glück gehabt. Er sagte tatsächlich, dass sie nicht gedacht hätten, mir würde je die Flucht gelingen, als sie gehört hatten, wo ich war. Sie hatten versucht, Kontakt mit der Polizei in Idlib aufzunehmen und denen meine Lage zu schildern, aber es sei unmöglich gewesen, jemanden ans Telefon zu bekommen; sie glaubten also, sie hätten dort keine gesetzliche Handhabe. Er versicherte mir, er würde sich bei mir melden, sobald er mehr wüsste, und das Konsulat würde sich etwas ausdenken, um mir zu helfen. Sayed fuhr mich wieder in die Wohnung und versuchte, mich davon zu überzeugen, dass sich alles schon bald zum Besten wenden würde.

Auf dem Rückweg hielten wir an einer Stelle in den Bergen, wo Leute aus der Gegend Stände aufgebaut hatten und ihre Waren verkauften. Die Aussicht war absolut spektakulär. Ich schaute in den Himmel hoch, an dem eine Million Sterne funkelten, und ich weiß noch, dass ich dachte, wie schön Damaskus sein könnte, wenn nur die Umstände anders wären. Es war atemberaubend dort oben, und wenn man in die Stadt hinabsah, konnte man sich kaum vorstellen, welches Chaos dort unten wütete.

May war total überdreht, als wir zurückkamen, und drückte mich so, dass ich kaum atmen konnte. Sie drängte, ich solle ihr versprechen, dass ich sie nie wieder allein lassen würde. Doch ich erklärte, ich müsste manchmal weg, um dafür zu sorgen, dass wir zurück nach Irland konnten, und es wäre ein zu großes Risiko, sie mitzunehmen. Sie nickte – sie wusste selbst nur zu gut, was auf den Straßen los war, trotz ihres zarten Alters.

In der Nacht schliefen wir auf zwei aneinandergeschobenen Matratzen zusammen und hielten uns eng umschlungen. Den meisten Leuten wäre das wohl kaum ideal erschienen, aber für mich war es das reinste Paradies. Ungefähr eine Stunde lang weinte ich vor lauter Erleichterung, und dann dankte ich Gott dafür, dass er mich sicher hierher geführt hatte, und ich bat ihn, uns jetzt schnell und ebenso sicher nach Haus zu bringen. Mir war klar, dass wir höchstwahrscheinlich immer noch eine lange und beschwerliche Reise vor uns hatten, aber wenigstens waren wir der Heimat schon einen Schritt näher gekommen. Dann schlief ich friedlich ein.

Am Dienstagvormittag bekam ich einen Anruf von der irischen Botschaft in Kairo; man bat mich zu bestätigen, dass ich in Damaskus sei. Sie wollten wissen, ob ich mich meiner Meinung nach in einem Haus befand, das sicher genug war. Am Abend zuvor hatte mir der Konsulatsbeamte, den ich gerade kennengelernt hatte, gesagt, er wolle gar nicht wissen, wo ich mich aufhielt, denn das könnte sowohl ihn als auch uns in Gefahr bringen. Also sagte ich den Botschaftsleuten einfach, ich sei entspannt und glücklich dort, wo ich war. Ich lehnte ihr Angebot ab, mich anderswo unterzubringen, denn ich ging fest davon aus, dass May und ich nur vierundzwanzig, maximal achtundvierzig Stunden bleiben würden, und das war für mich in Ordnung. Ich hoffte bloß, dass der ganze Papierkram schnell erledigt wäre und wir uns auf den Weg machen könnten. Ich betete, dass Mostafa nicht so übel drauf wäre, dass er mich als vermisst meldete. Ich hoffte, er hätte ein schlechtes Gewissen und ein wenig Mitleid mit uns. Ganz tief im Innern wusste ich, dass das nicht der Fall sein konnte, aber das hielt mich nicht davon ab, darum zu beten.

Die Tage vergingen, einer nach dem anderen; Neuigkeiten gab es keine. Ich saß wie auf glühenden Kohlen und achtete immer darauf, dass mein Handy stets voll aufgeladen war. Mandy rief ständig an, oder ich meldete mich bei ihr, aber es gab nichts Neues. Es war, als wäre alles einfach stehen geblieben.

Jeden Tag gingen Sayed und Rahil zur Arbeit, die drei Kinder gingen zur Schule, und May und ich blieben in der Wohnung und schauten im Fernsehen die englischen Nachrichtensender. May hatte ihre Barbiepuppen, DVDs und Bücher in Idlib zurückgelassen, sie konnte sich nur mit ihrem Nintendo

DS beschäftigen. Wir langweilten uns fast zu Tode, aber mehr als alles andere hatte ich Angst, dass irgendetwas schiefgegangen war und die Botschaft sich nicht traute, mir Bescheid zu sagen. Aus den Nachrichten erfuhr ich, dass die Lage in Syrien stündlich schlimmer wurde, was mich sehr ängstigte. Wir konnten nicht nach draußen, nicht nur, weil Mostafa da draußen in einem Auto sitzen und sich auf uns stürzen könnte, sondern auch, weil sich die Lage auf den Straßen ständig zuspitzte. Es gab inzwischen immer mehr Demonstrationen, und mehr Leute denn je wurden am helllichten Tag erschossen. Das konnten wir alles im Fernsehen sehen, und es war höchst beängstigend. Ich wusste, dass die Konsulatsbeamten daran dachten, sich ganz aus Syrien zurückzuziehen, weil sie um ihr Leben fürchteten und Angst hatten, dass keine Journalisten mehr ins Land gelassen würden, die über die Lage berichten könnten. Es war der reinste Albtraum.

Übers Handy konnte Mostafa mich nicht erreichen, weil ich meine alte zypriotische SIM-Karte am Abend meiner Ankunft weggeworfen und Sayed mir als Ersatz eine syrische Karte besorgt hatte, aber trotzdem machte ich mir immer noch große Sorgen, dass Mostafa mich aufspüren könnte. Ich wusste, er hatte überall Freunde und Bekannte, und deshalb war irgendwie alles möglich.

Die Tage vergingen, und ich erhielt inzwischen von den Konsulatsbeamten oder den Botschaftsleuten das, was sie »obligatorische« Anrufe nannten, bei denen sie mir nichts weiter mitteilten, als dass es nichts Neues gebe. Dann sagte mir eines Tages ein Mädchen aus der Botschaft, sie hätten Schwierigkeiten, das Einreisevisum zu finden, mit dem ich nach Syrien eingereist war. Und wenn es kein Einreisevisum gäbe, könnte ich auch kein Ausreisevisum bekommen. Es war eine Katastrophe. Ich sagte, es müsste sogar zwei Einreisevisa geben, da ich eines bei der eigentlichen Einreise ausgefüllt hätte und ein weiteres an dem Tag, an dem ich vor Mostafa flüchtete, in meinen Pass gestempelt wurde, um das ursprüngliche Visum zu verlängern. Trotzdem konnten sie die entsprechenden Dokumente weder für mich noch für May auffinden. Als der Freitag kam, wusste ich, dass ich endgültig in Schwierigkeiten steckte, denn Freitag und Samstag sind Feiertage in Syrien und alles hat geschlossen. Geschäfte und Behörden öffnen wieder am Sonntag, aber am Sonntag ist in Irland alles geschlossen. Während der nächsten drei Tage würde also nichts passieren, und obwohl ich ganz verzweifelt war, konnte ich nichts tun. Ich war vollkommen machtlos.

Am Montag hatten Mandy und meine Tante Kathy eine Unterredung mit Leuten vom Außenministerium in Dublin, also wartete ich den ganzen Tag auf Neuigkeiten. Am Abend rief Mandy an. Aus ihrer Stimme hörte ich sofort heraus, dass etwas Schwerwiegendes vorgefallen war. Sie sagte: »Ich weiß nicht, wie ich dir das sagen soll, Louise, aber es gibt schlechte Nachrichten. Das ist jetzt das schlimmste Telefongespräch, das ich in meinem Leben führen musste.« Mein Herz setzte kurz aus. »Die vom Außenministerium sagen, sie hätten Informationen von der syrischen Regierung, denen zufolge du wegen der Entführung von May gesucht wirst.« Mir wurde schwindlig.

Sie sagte weiter, das sei eine schwerwiegende Anschuldigung, und sollte man mich fassen, würde ich eine lebenslange Freiheitsstrafe bekommen oder nach dem islamischen Gesetz, der Scharia, zu Tode gesteinigt. Ich hatte keine Ahnung, was ich dazu sagen sollte. Mir fehlten die Worte. Mandy meinte: »Du bist ernsthaft in Gefahr. Verlass auf keinen Fall die Wohnung. Das ist wirklich sehr ernst, Louise. Dein Leben steht auf dem Spiel.«

Doch obwohl ich die Dringlichkeit verstanden hatte, kam es mir irgendwie nicht glaubhaft vor. Ich wusste, da stimmte etwas nicht. Ich sagte zu Mandy, sie solle sich keine Sorgen machen, rief die Botschaft an und bat sie, mir zu bestätigen, was ich gehört hatte. Die Botschafterin rief mich zurück und musste Mandy tatsächlich Recht geben. Sie empfahl mir, keine Aufmerksamkeit zu erregen und das Haus nicht zu verlassen. Allerdings sagte sie auch, es liege nichts Schriftliches vor, und ich bat sie, irgendetwas Schwarz auf Weiß zu finden, weil ich immer noch nicht überzeugt war.

Am nächsten Tag sprach ich mit einem anderen Beamten in der Botschaft, und der sagte, sie warteten immer noch auf die schriftliche Bestätigung des Haftbefehls, aber es sähe ganz klar so aus, als ob ein solcher Haftbefehl tatsächlich ausgestellt worden sei. Ich fragte, ob sie mir und May nicht einen Diplomatenwagen schicken konnten, damit ich zu ihnen ins Konsulat kommen könnte, aber sie antworteten, der Wagen befinde sich in Ägypten und es sei zu gefährlich, nach Syrien zu fahren, denn der Wagen würde an der Grenze durchsucht und die Botschaft habe keine Machtbefugnisse in Syrien.

Sie teilten mir mit, die zypriotische Botschaft befinde sich im Gespräch sowohl mit dem Innen- als auch mit dem Außenminister in Damaskus. Es gehe um den internationalen Haftbefehl, der auf Mostafa wegen der Entführung von May ausgestellt worden war. Sie hofften, das würde ihnen helfen,

Ausreisevisa für May und für mich zu bekommen. Garantieren könnten sie das jedoch nicht.

Gerade als ich so weit war, mich wirklich von Gott und der Welt im Stich gelassen zu fühlen, erhielt ich völlig überraschend von zu Hause etwas, was sie ein »Trostpaket« nannten. Das Außenministerium hatte bei Mandy angefragt, ob sie mir etwas schicken wollte, denn sie könnten alles über die Diplomatenpost zustellen, ein Paket würde mich also schneller und unproblematischer erreichen als mit der normalen Post. Nie im Leben war ich so froh darüber gewesen, etwas zu bekommen. Eine Verbindung mit den Lieben zu Hause! Kaum öffnete ich das Paket, purzelte Mays Lieblingsspielzeug heraus, ihre Puppe Justin, die sie als Baby bekommen hatte. Ich konnte es kaum fassen. Diese Puppe war für May so etwas wie für andere Kinder ihre Schmusedecke, und als Mostafa sie entführt hatte, war ich ganz besonders entsetzt darüber gewesen, dass er nicht an Justin gedacht hatte. Er wusste doch ganz genau, wie sehr sie an der Puppe hing! Aber jetzt war sie endlich wieder vereint mit Justin. Sie hüpfte auf und ab, umarmte und küsste ihn, und es machte mir richtig Mut, sie so glücklich zu sehen, und sei es auch nur für einen Augenblick.

Auch mir hatte Mandy etwas geschickt – neue Unterwäsche und zwei Bücher, eines über einen Kolumbianer namens Pablo, den meistgesuchten Mann der Welt, das ich innerhalb weniger Tage auslas, und *Verdammnis* von Stieg Larsson; auch Make-up von Mac und Lancôme hatte sie mir geschickt, und das freute mich besonders, denn ich kam mir inzwischen schon ganz unweiblich vor.

Sie hatte Bücher und Malbücher für May geschickt und eine niedliche Barbiepuppe im Badeanzug mit kleinen Hunden drauf. Und ich war total begeistert von dem Kleid, das sie mir geschickt hatte, goldfarben mit schwarzem Top darunter, dazu blickdichte schwarze Strumpfhosen. Ich weiß noch, wie ich lachen musste, als ich die Kleidungsstücke sah, und dass ich dachte, wie wenig Mandy doch über die Bekleidungsregeln in Syrien wusste. Trotzdem freute ich mich riesig über das ganze Paket. Auch für May hatte sie etwas zum Anziehen geschickt, darunter ein weißes T-Shirt, lila Leggins, einen lila Pullover und Haarklämmerchen. Diese Kleinigkeiten, die wir im Alltag normalerweise für selbstverständlich halten, erschienen mir plötzlich wie ein großer Schatz. Ich war entzückt. Und irgendwann half mir das alles, die Tage, die folgen sollten, zu überstehen.

Am Dienstag darauf gab es immer noch keine Neuigkeiten. Der Botschaft lag immer noch nichts Schriftliches vor, was bestätigt hätte, dass tatsächlich ein Haftbefehl auf mich ausgestellt war. Ich wurde immer ungeduldiger. Es war sehr warm in der Wohnung, denn draußen war es stickig schwül, aber aus Angst, dass Mostafa uns finden könnte, ging ich nicht einmal auf den Balkon hinaus, um eine Zigarette zu rauchen. Es war die Hölle. Aber Sayed und Rahil waren bei all dem eine immense Stütze; sie waren unverändert reizende Gastgeber und ließen keinerlei Verärgerung darüber erkennen, dass wir immer noch bei ihnen waren, obwohl wir alle gedacht hatten, die ganze Sache würde zwei oder drei Tage dauern, nicht beinahe zwei Wochen.

Sayed sah, wie erschöpft ich war, und am Mittwochabend hängte er sich ans Telefon und rief einige Bekannte in hohen Positionen an. Er bat sie, alle ausgestellten Haftbefehle zu überprüfen und zu sehen, ob mein Name auf einem stand.

Am Tag darauf rief mich Sayed von der Arbeit aus an, volle elf Tage nach meiner Ankunft in seinem Haus, und sagte, er könne jetzt nicht richtig reden, sei aber sehr wütend. Er meinte, ich würde schon wissen, weshalb, und er würde mir alles später erklären. Mir war klar, was er erzählen wollte. Am Abend erklärte er uns, es gebe keinerlei Hinweise darauf, dass ein Haftbefehl auf mich ausgestellt worden sei, weder unter dem Namen Monaghan, noch unter dem Namen Assad. Er sagte, seine Freunde hätten das bei der Einwanderungsbehörde überprüft und dabei den Verantwortlichen alle Einzelheiten sowohl meines Ausweises als auch des Ausweises von May genannt, und es gebe absolut keinerlei Anhaltspunkte dafür, dass die Polizei nach mir suchte. Ich war fuchsteufelswild.

Am Morgen darauf, es war Freitag, also ein Feiertag, teilte mir Sayed mit, aus irgendeinem Grund seien die Regierungsgebäude geöffnet, und er wolle sofort hinfahren. Er meinte, er wolle May und mich mitnehmen, und wir könnten in einer anderen Wohnung, die einem Freund gehörte, auf ihn warten, bis er mit den Beamten alles geklärt hätte.

Zunächst rief ich das irische Konsulat an, und dabei stellte sich heraus, dass Mostafa in Damaskus gewesen war, sich zum Konsulat begeben und die Mitarbeiter bedroht hatte. Er hatte ihnen erklärt, er wisse, dass sie mich beschützten, und einen Mitarbeiter hatte er auf üble Weise beleidigt und dessen Mutter verflucht. Das Konsulatspersonal war wegen Mostafas Benehmen sehr besorgt, denn er machte auf sie einen gewalttätigen Eindruck. Ich konnte kaum glauben, was ich da hörte; dass er einfach so aufs irische Konsulat spaziert war und niemand ihn verhaftet hatte, obwohl Interpol einen internationalen Haftbefehl auf ihn wegen Kindesentführung ausgestellt hatte. Als ich die Leute darauf ansprach, erfuhr ich, dass sie besagten Haftbefehl nicht schriftlich vor sich liegen hatten; sie warteten nämlich immer noch darauf, dass er ihnen zugeschickt werde, und seien deshalb ohne Handhabe. Das musste doch wohl ein Scherz sein, dachte ich. Aber natürlich war meine größte Sorge die Tatsache, dass Mostafa nun wirklich in Damaskus war. Jetzt musste ich besonders vorsichtig sein, noch mehr als vorher. Ich machte mir keinerlei Illusionen mehr, und an diesem Tag war ich wohl zum ersten Mal ganz ohne Hoffnung.

Um sieben Uhr an dem Freitagmorgen hatte Sayed ein Treffen mit den Konsulatsbeamten, bei dem er ihnen ins Gesicht sagte, er habe über eigene Kontaktpersonen die Information erhalten, es gebe zweifellos keinen Haftbefehl gegen mich. Sie baten ihn, später am Abend noch einmal wiederzukommen, damit sie in der Zwischenzeit Gelegenheit hätten, sich von dem zu überzeugen, was er ihnen gerade gesagt hatte.

An dem Abend kletterten wir alle in den Van – Sayed, Rahil, ihre Kinder, May und ich. Wir hatten Gartenstühle aus Kunststoff hinuntergetragen und hinten im Van aufgereiht. In jeder anderen Situation wäre das komisch gewesen. In Syrien war das völlig legal, wenn es auch in jedem anderen Teil der Welt als höchst unsicher angesehen wurde. May saß in der einen Ecke, und ich wies sie an, sich nicht auch nur einen Zentimeter zu rühren. Ich hatte eine Heidenangst, dass Sayed unvermittelt auf die Bremse treten müsste und wir alle durch die Windschutzscheibe fliegen würden.

Zum Glück hatte ich den Hijab angelegt, denn nur Minuten später wurden wir an einem Wachposten angehalten. Die Männer wollten Sayeds Ausweis sehen und starrten uns, die wir hinten im Van saßen, durchdringend an. Ich weiß noch, dass ich dachte, wie besonnen und schlau sich Sayed an dem Tag verhielt. Er holte sogar ein paar Nüsse heraus, die er vorn im Van liegen hatte, und bot dem Soldaten eine Handvoll an. Das schien den Typen sofort zu beruhigen, und wir durften weiterfahren. Es war stockdunkel, und Sayed setzte uns alle in einem Park mit Brunnen ab und verlangte, wir sollten warten, bis er zurück wäre.

Ich machte mir Sorgen, dass mich jemand entdecken könnte, aber May amüsierte sich prächtig; endlich kam sie mal ein bisschen an die frische Luft. Ich weiß noch, dass ich Rahil ansah und dachte, wie ruhig und gelassen sie doch war und was für eine schreckliche Angst ich hatte. Ich sagte zu ihr, ich sei überzeugt davon, Mostafa müsse in der Nähe sein und mich beobachten. Diese Angst war einfach dumm, das begreife ich jetzt, schließlich war ich nur ein einzelner Mensch in einer Großstadt mit Millionen von Menschen, doch damals war diese Angst real und ließ sich nicht unterdrücken. Ein paar Stunden müssen wir uns in diesem Park aufgehalten haben, und ich war vor Angst wie gelähmt.

Schließlich rief Rahil ihren Mann an und fragte ihn, ob er möglichst schnell zurückkommen könne. Kaum eine halbe Stunde nach dem Anruf war er wieder bei uns. Und als er kam, war er richtig wütend. Nachdem er sich beruhigt hatte, meinte er, er habe keinerlei Vertrauen zu den Iren. Er nannte sie sogar Esel, auf Arabisch.

Er erklärte, er habe um neun Uhr abends einen Termin mit dem Beamten vom irischen Konsulat gehabt, aber der sei nicht erschienen. Sayed sei dann zu einem Bekannten von der syrischen Regierung gegangen, der erneut bestätigte, es liege nichts über mich oder May vor. Dann hatte Sayed den Beamten vom irischen Konsulat angerufen, der zufällig gerade mit dem syrischen Innenminister zu Abend aß, und Sayed reichte das Telefon an seinen Bekannten weiter, der dem Beamten gegenüber bestätigte, dass kein Haftbefehl vorliege.

Daraufhin entschuldigte sich der Beamte bei Sayed. Er fragte, ob er ihn sofort treffen könne. Sayed war stinksauer. Er wusste, die irische Regierung hatte am vergangenen Sonntag, sechs Tage zuvor, fünf Ausweisexemplare für mich und May, dringende Ersatzausweise, an irische Beamte in Jordanien, im Libanon, in Ägypten, in der Türkei und in Syrien geschickt. Aber die hätten sich geweigert, mir die Ausweispapiere zu geben, weil sie meinten, es sei zu gefährlich, wenn ich diese Papiere bei mir hatte, falls ich angehalten würde oder mir etwas passierte.

Ich war fassungslos. Sayed sagte, ich müsste mit ihm kommen und persönlich mit den irischen Beamten reden. Wir fuhren zu einem angenehmen, sehr wohlhabend wirkenden Stadtteil mit vielen Bäumen. Es war das erste Mal, dass ich selbst ins Konsulat ging, und ich empfand eine gewisse Erleichterung, als ich die irische Flagge sah. Aber gleichzeitig war ich wahnsinnig verärgert darüber, dass sie unverantwortlicherweise ein paar simple Überprüfungen unterlassen hatten, um sich vom Vorliegen der sogenannten Haftbefehle zu überzeugen, während es Sayed, der kein Regierungsbeamter war, geschafft hatte, die entsprechenden Antworten zu bekommen.

Wir stiegen aus dem Van, und ich sagte May, sie solle bei

Rahil warten. Als wir auf das Konsulat zugingen, kam der Beamte auf Sayed zu. Er breitete die Arme aus, näherte sich ihm und küsste ihn auf beide Wangen, wie es unter arabischen Männern Brauch war. In der Hand hielt der Beamte unsere Pässe. Auf Arabisch sagte er: »Es tut mir so leid, mein Freund. Jetzt übernehmen Sie. Organisieren Sie das mit den Ausreisevisa; wir vertrauen Ihnen.«

Der Beamte meinte, niemand könne mich daran hindern, das Land zu verlassen, aber May stehe auf einer Stoppliste. Die sei am vorigen Sonntagnachmittag um 16.10 Uhr in Kraft getreten. Das hieß, wir hätten vor diesem Zeitpunkt flüchten können, da die Pässe am Sonntagvormittag eingetroffen waren.

Ich weiß noch, ich dachte, wir hätten wahrscheinlich auch später noch flüchten können, obwohl May auf einer Stoppliste stand, denn schließlich hatte es ja ihr Vater auch geschafft, sie mit einem für ungültig erklärten Pass über insgesamt zwei Staatsgrenzen zu bringen. Aber mir war klar, ich musste jetzt die Ruhe bewahren, wenn wir überhaupt herauskommen wollten.

Während sich der Beamte noch mit Sayed unterhielt, klingelte sein Telefon: die irische Botschafterin in Kairo. Sie sprach mit dem Beamten und verlangte dann, dass ich an den Apparat kam. Sofort fragte ich sie, was da vorgefallen sei. Wieso hatte man mir gesagt, es sei ein Haftbefehl auf mich ausgestellt, wenn das gar nicht stimmte? Sie entschuldigte sich wortreich bei mir. Während unseres Gesprächs bewachten sechs Sicherheitsleute den Audi des Beamten, und daneben stand noch ein starkmotoriger Jeep, an dem die irische Flagge zu sehen war. Die Botschafterin erklärte, sie hätten einen Anruf von einem Anschluss in Idlib erhalten, und der Anrufer hätte behauptet, Louise Monaghan werde wegen Kindesentführung gesucht. Sie gab zu, sie hätten sich die Behauptung nicht schriftlich bestätigen lassen; stattdessen gingen sie einfach davon aus, es sei wahr, und seien sehr besorgt gewesen, denn der Anschluss schien zu einer offiziellen Regierungsstelle zu gehören. Dann erklärte sie, es könne jetzt nichts mehr getan werden, denn Tatsache sei, dass May jetzt auf der Stoppliste stand.

Die Botschafterin behauptete, die Pässe seien erst an dem Tag eingetroffen, als die Stoppliste in Kraft trat. Es war sinnlos, das zu bestreiten. Der Fairness halber sei erwähnt, dass die Botschafterin erklärte, ein derartiger Fall komme nicht jeden Tag vor und mit einer so ungewöhnlichen Situation hätten sie nur selten zu tun. Außerdem sagte sie, sie komme am Sonntag persönlich nach Damaskus und wolle mich dann treffen. Das war am Freitag.

Auf der Rückfahrt im Van zur Wohnung rief ich Mandy an. Von Anfang an hatte ich versucht, das irische Konsulat davon zu überzeugen, dass kein Haftbefehl gegen mich vorlag. Doch da hatte keiner auf mich gehört, und nun hatte sich erwiesen, dass ich recht gehabt hatte. Wenigstens hatte ich jetzt das Gefühl, sie würden sich ein bisschen mehr anstrengen, um uns herauszuholen. Ich erzählte Mandy, dass wir jetzt unsere Pässe hätten und dass ich das Gefühl hätte, alles könnte jetzt ganz schnell gehen. Ich sagte ihr, Sayed und ich wollten zum Polizeirevier, um zu sehen, ob wir meinen alten Pass als verloren melden und uns einen Ausreisestempel auf die Ersatzpapiere holen könnten.

Doch als wir zur Polizei kamen, sagte man uns, wir müssten ein andermal wiederkommen, weil sie den entsprechenden Stempel gerade nicht da hatten. Tun konnten wir also nichts; wir mussten warten, bis wir den Stempel bekamen.

Der Sonntag kam, der Tag, an dem wir uns mit der Botschafterin treffen sollten, also fuhren wir am Abend in die Altstadt, den historischen Teil von Damaskus, der ein bisschen weltstädtischer war als der Rest der Stadt. Sayed meinte, ich sollte den Hijab mitnehmen, nur für den Fall, dass wir angehalten würden, aber er erklärte mir auch, dieser Stadtteil sei normalerweise, in weniger gefährlichen Zeiten, eine Gegend, in der junge Leute herumspazierten, wo Journalisten Kaffee tranken und die schicken, angesagten Bewohner von Damaskus sich trafen.

Ich trug einen kürzeren Rock mit dunklen Strumpfhosen und einem dunklen Top. Auf der Fahrt im Van trug ich den Hijab nicht, denn mit dem irischen Pass in der Tasche fühlte ich mich etwas mutiger. Zum Glück wurden wir auf dem ganzen Weg nicht angehalten.

Ich weiß noch, als wir durch die Altstadt fuhren, dachte ich, wie schön es doch hier war. Überall sah man Leute, die mit Zahnstochern Maiskolben mit Paprika aus kleinen feuerfesten Schälchen aßen, und der Geruch von arabischem Kaffee lag in der Luft.

Wir hielten Ausschau nach dem Hotel, einem wirklich luxuriösen Hotel, in dem die Botschafterin abgestiegen war. Während wir gingen, hielt Sayed meine Hand, damit ich nicht zu viel Aufmerksamkeit erregte. Er erklärte mir, dass die Menschen in diesem Stadtteil vor vielen Jahren in großen alten Stadthäusern gelebt hatten, in denen es wunderschöne Innenhöfe und exotische Pflanzen gab. In den Innenhöfen gab es Brunnen, und der Boden war mit Kopfsteinpflaster ausgelegt. Einige von diesen Häusern gab es noch, trotz der Probleme, aber allzu oft fand man sie nicht mehr.

Wir brauchten eine Weile, um das Hotel zu finden, aber als wir schließlich ankamen, näherten sich uns drei sehr kräftige Männer. Erst als ein Botschaftsbeamter erschien und bestätigte, dass wir zu ihm gehörten, ließen sie uns hinein.

Wir gingen durch eine breite Automatiktür und sahen uns drei weiteren kräftigen Männern gegenüber, die bewaffnet waren, wie mir schien. Die Sicherheitsanforderungen im Hotel waren ungewöhnlich hoch, und ich gewann den Eindruck, dass hier viele Würdenträger oder Botschaftsangestellte abstiegen, wenn sie sich in Damaskus aufhielten. Das Hotel richtete sich deutlich an die Elite. Außerdem stellte sich heraus, dass es eines dieser alten Häuser war, von denen Sayed mir auf dem Weg hierher erzählt hatte, und es war sehr beeindruckend. In der Mitte im Erdgeschoss gab es einen riesigen Brunnen, und die Einrichtung war überwältigend.

Wir gingen weiter, und dann wurde ich der Botschafterin der irischen Gesandtschaft in Ägypten vorgestellt; sie hieß Isolde. Ich freute mich sehr, sie persönlich kennenzulernen, und als ich mich setzte, überreichte sie mir ein Geschenk, das sie auf dem Weg zu unserem Treffen im Duty-Free-Shop für mich gekauft hatte.

Wir begannen unser Gespräch, und sie beglückwünschte mich zu meiner Flucht aus Idlib. Sie sagte, sie würde sich lieber allein mit mir unterhalten, ohne Sayed, und erklärte, es sei besser für ihn und diene seiner eigenen Sicherheit, wenn er nicht wüsste, worüber wir sprachen.

Ich setzte mich zu der Botschafterin und einem weiteren

Beamten, und Sayed setzte sich mit einem zweiten Beamten ganz in unsere Nähe. Isolde entschuldigte sich für die Fehler, die passiert waren, und erklärte, sie wollten sich am folgenden Tag mit dem syrischen Justizminister und dem Innenminister treffen und ihnen den von Interpol auf Mostafa ausgestellten Haftbefehl präsentieren. Ich übergab ihnen alle Papiere, die ich zusammengerollt in der Handtasche bei mir hatte. Sie erklärten mir, sie wollten sich an jedes einzelne Ministerium wenden und sich erkundigen, was zu tun sei, damit May und ich Syrien mit einem Ausreisevisum verlassen könnten. Sie meinten, sie müssten akzeptieren, dass May auf einer Stoppliste stand, doch wenn dieser Plan nicht funktionierte, würden sie sich später, noch am selben Nachmittag, an einen Richter wenden und ihm den ganzen Fall vorlegen.

Ich fragte den Beamten, wie die Chancen stünden, dass man uns ein Ausreisevisum bewilligte, und er antwortete, dass es fünfzig zu fünfzig stände, obwohl er die zuständigen Minister und den Richter kannte. Er könne einfach nicht vorhersagen, wie es laufen würde, ehe er nicht von Angesicht zu Angesicht mit ihnen gesprochen und ihnen die Akte präsentiert hätte.

Isolde erklärte, die Lage in Syrien spitze sich dramatisch zu und sie habe den Eindruck, jeden Augenblick könne ein Bürgerkrieg ausbrechen. Es sähe so aus, als ob auch das irische Konsulat geräumt würde, denn der Aufenthalt dort sei nicht mehr sicher. Es werde alles schlimmer, nicht besser. Das irische Konsulat beobachte die britische und die amerikanische Botschaft, und sobald sie wüssten, was man dort vorhabe, würde die irische Botschaft nachziehen.

Als wir unser Treffen beendeten, war ich sehr optimistisch

gestimmt. Immer wieder bedankte ich mich bei Sayed dafür, dass er sich bis zu diesem Tag so gut um uns gekümmert hatte. Ich weiß noch, dass ich ihm sagte, ich würde ein paar Sachen zusammenpacken, sobald wir wieder in der Wohnung wären, denn ich hätte das Gefühl, dass wir am nächsten Tag nach Hause abreisen würden. Er war immer noch skeptisch und meinte mehrfach, ich solle mir nicht allzu viele Hoffnungen machen. »Warten Sie einfach ab, Louise, warten Sie ab, bis Sie Bescheid bekommen«, sagte er. Er hatte gewisse Zweifel, aber davon ließ ich mich nicht beirren. Am nächsten Tag würde ich nach Hause reisen, und dann wäre es geschafft. Ich musste einfach weiterhin positiv denken.

Ich rief Mandy an und erzählte ihr, wie aufgeregt ich sei. Doch auch Mandy war skeptisch. Die ganze Zeit hatte es so viele Enttäuschungen gegeben, und sie wollte sich einfach nicht zu große Hoffnungen machen. Trotzdem ging ich an dem Abend glücklich zu Bett.

Am nächsten Tag wachte ich auf und war ganz aufgeregt vor lauter Vorfreude. Ich erzählte May, dass wir uns mit viel Glück sehr bald auf den Nachhauseweg machen könnten, und da war auch sie ganz aufgeregt. Aber ich wartete den ganzen Vormittag und auch noch den ganzen Nachmittag, ohne dass ein Anruf kam. In einer SMS schrieb ich Mandy, dass ich immer noch wartete und wir alle ganz aufgelöst seien.

Gegen 17.30 Uhr rief mich Isolde an und fragte, ob ich ins Büro kommen könne, denn ich müsste ein Formular unterzeichnen, mit dem ich dem Konsulat die Vollmacht erteilte, in meinem Namen tätig zu werden. Sie meinte, sie hätten inzwischen jeden nur möglichen Aspekt erforscht, den sie am Vorabend angesprochen hätten. Doch als Honorarkonsulat hätten sie keine Möglichkeit, sich an irgendwelche offiziellen Personen in Syrien zu wenden. Deshalb hatten sie vorgeschlagen, dass ich ihrem Anwalt eine Vollmacht erteilte, damit er in meinem Namen die nötigen Papiere in Empfang nehmen könnte. Das machte mich ganz wütend; ich begriff nicht, wieso ich das nicht schon bei unserem Treffen am Abend zuvor hätte machen können. Ich hatte das Gefühl, als türmte sich ein Hindernis nach dem anderen auf.

Sayed war bei der Arbeit, aber er besorgte ein Taxi, mit dem ich zum Büro fahren konnte. Dieser Taxifahrer war ein weiterer Engel, denn er wusste, dass ich keine gültigen Papiere hatte – ich hatte einen Pass, aber kein Einreisevisum, der Pass war also nutzlos, sollten wir angehalten werden. Doch er chauffierte mich über eine Strecke, auf der es, wie er wusste, keine Wachposten geben würde. Wir fuhren um den kompletten Hügel herum und kamen an Militärstützpunkten vorbei, wo man Schilder sah mit Aufschriften wie: »Keine Kameras in diesem Gebiet« oder: »Keine Medien in diesem Gebiet«. In der Ferne sah ich einen Mann mit Gewehr, der auf und ab patrouillierte, und ich weiß noch, dass ich mich fragte: »Wie kann ein Mensch nur so leben?«

Anderthalb Stunden brauchten wir bis zu dem Büro. Als ich ankam, war Sayed bereits eingetroffen, und er brachte mich hinein. Ich sprach mit dem Anwalt, unterschrieb die Formulare und ging wieder. Und war überzeugt, dass wir am Dienstag grünes Licht für die Ausreise bekämen.

Wieder einmal war ich krank vor Sorge, wenn ich an das dachte, was am nächsten Morgen passieren sollte, und ich schlief sehr schlecht. Am Dienstag gegen 17.30 Uhr erhielt ich schließlich einen Anruf von Isolde, die mich bat, zu ihr zu kommen und Passfotos mitzubringen. Ich fragte sie, was passiert sei, aber sie sagte nur: »Es ist alles schiefgegangen. Ich brauche Sie hier.« Ich hatte keine Ahnung, was ich davon halten sollte.

Rahil brachte mich zu einem alten Laden nicht allzu weit weg von der Wohnung, und dort ließen wir die Fotos machen. Ich weiß noch, dass ich an diesem Tag etwas genauer auf die Armut in diesem Stadtviertel schaute. Die ganze Gegend war mit Müll übersät, der Abwassergestank war furchtbar, und überall bettelten die Menschen. Es war erschütternd anzusehen, dass Menschen so leben mussten. Szenen wie diese hatte ich auf dem Weg nach Damaskus überall gesehen. Die Regierung schien sich um ihre Bürger einfach nicht zu kümmern. Als ich draußen vor dem Laden auf meine Fotos wartete und eine Zigarette rauchte, kam ein kleines Mädchen auf mich zu. Die Kleine sprach kein Wort, aber ihr Gesichtchen und ihre flehenden Augen sagten alles, als sie sacht die Hand ausstreckte und mir vors Gesicht hielt, auf der Suche nach irgendetwas, das ich ihr geben könnte. Ich fühlte mich so schuldig, denn ich hatte kein Kleingeld bei mir, und ich war total schockiert, dass dieses kleine Kind, nicht viel älter als May, auf der Straße betteln musste, um sich etwas zu essen kaufen zu können. Es war wirklich entsetzlich.

Als die Fotos fertig waren, fuhren wir aus den Bergen hinunter und zum Honorarkonsulat. Inzwischen war ich so wütend, dass ich am liebsten alle zusammengeschrien hätte. Diese Bürokratie in ihrer, wie ich es sah, schlimmsten Form war ich einfach leid.

Ich entschloss mich, May mit ins Büro zu nehmen. Es wäre das erste Mal, dass die Beamten sie zu sehen bekämen; sie sollten sehen, für wen ich mein Leben riskierte – ein wunderhübsches kleines Mädchen, ein irisches Mädchen mit einem irischen Pass, das unschuldig an all dem Chaos war, aber eine Chance verdiente. Sie sollten wissen, dass ich, wenn sie mir nicht helfen konnten oder wollten, bereit wäre, für mein Kind zu sterben. Sie sollten wissen, dass ich, wenn es keinen legalen Weg gab, bereitwillig mein Leben aufs Spiel setzen würde, um meine Tochter in Sicherheit zu bringen. Ich weiß noch, wie verärgert ich war, als sie mich fragten, ob das May sei, und ich sagte: »Ich muss fort aus diesem Land. Hier geht es um ihr Leben und um meins, und wir verlieren gerade wertvolle Zeit.« Dann brach ich in Tränen aus und zog May ganz eng an mich, als ich sah, wie sie mit ihrem traurigen kleinen Gesicht zu mir hochstarrte. Ich hatte mich immer bemüht, meine Gefühle vor meiner Tochter zu verbergen, denn in meinen Augen war sie noch viel zu klein dafür, aber allmählich wurde es mir wirklich zu viel.

Die Konsulatsangestellten führten mich in ein Büro und erklärten mir, sie brauchten die zusätzlichen Passfotos für Ersatzreisedokumente. Ich fragte sie, weshalb sie das denn nicht schon zwei Wochen früher in die Wege geleitet hätten – wieso um alles in der Welt war ich nicht schon zweieinhalb Wochen zuvor aus dem Land herausgekommen, wenn diese Fotos das Einzige waren, was fehlte? Ich sagte: »Sie haben mir erzählt, ich würde wegen Kindesentführung gesucht. Und meiner Familie haben Sie dasselbe erzählt. Wieso bin ich immer noch hier? Haben Sie denn als irisches Konsulat nicht die Machtbefugnis, einem irischen Staatsbürger zu helfen?« Ich konnte und wollte mich einfach nicht mehr beherrschen.

Sayed und Rahil warteten draußen. Die Botschafterin

sagte: »Louise, wir müssen Sie an einen sicheren Ort bringen. Alle unsere Bemühungen sind gescheitert, Sie sind nicht mehr sicher da, wo Sie im Moment sind.«

Die Leute vom Konsulat verlangten von mir, mich von Sayed und Rahil zu verabschieden. Ich wusste nicht, was ich dazu sagen sollte. Ich war dieser Familie so nahegekommen, einer Familie, die ich vor knapp drei Wochen noch nicht einmal gekannt hatte. Jetzt bedankte ich mich in aller Eile bei ihnen für alles, was sie für mich getan hatten, und ohne noch einmal mit ihnen in ihre Wohnung zu gehen, verließ ich sie, einfach so. Ich war froh und gleichzeitig traurig, denn obwohl ich meinem eigenen Zuhause immer näher kam (so dachte ich wenigstens), gab es doch keine Garantie dafür, dass ich das tatsächlich schaffen würde.

Sayed und Rahil waren sehr traurig. Sie baten mich, wenigstens noch für eine Nacht zu ihnen nach Hause zu kommen, damit wir richtig Abschied voneinander nehmen könnten. Aber die Entscheidung war mir aus der Hand genommen. Auf Gedeih und Verderb war ich den irischen Beamten ausgeliefert, und in diesem Stadium war ich bereit, alles zu tun, was sie von mir verlangten, wenn es mich nur endlich hier herausbrachte.

Rahil nahm der Abschied ziemlich mit. Während der letzten Wochen hatten wir gemeinsam geputzt und gekocht, hatten Rezepte ausgetauscht und alles im Haus zusammen getan. Ihr Englisch war besser geworden, und sie hatte sich gefreut, dass sie ein wenig Zeit mit einer anderen Frau verbringen konnte. So schnell hatte ich noch nie Freundschaft geschlossen, aber diese Frau würde ich nie vergessen. Zwischen uns war eine enge Verbindung entstanden; sie hatte mich getröstet, und sie hatte sich mir ihrerseits geöffnet, und ich hatte sie getröstet. Sie hatte mir erklärt, dass aufrechte, ehrliche Syrer sähen, wie Ausländer, vor allem aus dem Westen, in ihrem Land behandelt wurden, und dass sie sich schämte, Syrerin zu sein. Und sie als Mutter machte es ganz unglücklich, zu sehen, wie man mich behandelte, wo ich doch nur das Beste für mein Kind wollte. Sie und Sayed und viele andere auf meinem Weg hatten mir bewiesen, dass die meisten Syrer reizende Menschen waren. Sogar Rahils Eltern machten sich Sorgen um mich und riefen Rahil jeden Tag an, um sich zu erkundigen, ob es mir und May gut ginge. Solch eine schöne Geste von Menschen, die mir völlig fremd waren und denen auch ich fremd war!

Doch trotz all ihrer Bitten blieb mir gar nichts anderes übrig, als mich an Ort und Stelle von ihnen zu verabschieden. Das machte sie traurig, aber sie hatten Verständnis für meine Lage. Sayed sagte, er wolle zurück in die Wohnung, meine Sachen zusammenpacken und sie im Konsulatsbüro abgeben. Er war wunderbar.

Wir gingen nach draußen zu ihrem Van, und May musste sich von den Kindern verabschieden, mit denen sie sich in den letzten Wochen angefreundet hatte. Ich weiß noch, dass Rahils älteste Tochter May immer wieder auf die Stirn küsste, dabei weinte und sagte: »Es tut mir so leid, das ist alles unsere Schuld«, obwohl das nun wirklich nicht stimmte. Alle Syrer, denen ich begegnete, gaben sich selbst die Schuld dafür, wie die Regierung ihres Landes arbeitete; dabei gehörten sie zu den nettesten Menschen, die man kennenlernen konnte. Ich weiß noch, die beiden Kleineren riefen May in den Van und baten sie zu bleiben, und dann hörte ich Sayeds

Worte: »Nein, Kinder. Ihr werdet May nicht wiedersehen.« Diese Worte werden mir ewig in den Ohren widerhallen, und noch immer kommen mir die Tränen, wenn ich an sie denke und an die kleinen, unschuldigen Gesichter der Kinder. Die Zwölfjährige vergoss bittere Tränen, als wir weggingen, und alle drei Kinder versicherten May, dass sie sie sehr lieb hatten.

Rahil liefen die Tränen übers Gesicht, und sie sagte zu mir: »Versprich mir, dass wir immer Schwestern bleiben.« Und das tat ich, denn sie wird immer einen ganz besonderen Platz in meinem Herzen haben. Sich von May zu verabschieden brachte sie nicht übers Herz; sie tätschelte ihr nur den Kopf und hatte ihr dabei den Rücken zugedreht. Uns allen war schwer ums Herz.

Sayed nahm mich beiseite und sagte: »Ich weiß, Louise, du darfst mir nicht sagen, wo man dich unterbringt, aber bitte ruf mich an oder schreib mir eine SMS, wenn du an diesem sicheren Ort angekommen bist, und lass mich wissen, ob es dir gut geht. Bitte.« Das versprach ich ihm, wenn ich auch wusste, wie gefährlich solch eine Kommunikation sein konnte. Bis zu diesem Tag hätten sie alles tun können, damit ich ihr Haus verließ, aber sie hatten es nicht getan, und das bedeutete mir ungeheuer viel. Ihnen hätte ich jederzeit mein Leben anvertraut.

Ich antwortete Sayed, dass ich ihn ebenfalls ganz besonders gern hatte und in seiner Schuld stehe. Und dann fuhren sie davon.

Ich ging wieder ins Gebäude zurück und wartete auf das, was kommen würde. Ich hatte keine Ahnung, wohin ich gehen oder ob ich je aus diesem gottverlassenen Land herauskommen sollte, aber ich musste von jetzt an alles tun, was man mir sagte, wenn ich überhaupt eine Chance zur Flucht haben wollte.

Während ich da saß, fühlte ich mich entsetzlich einsam. Kurz darauf fuhr ein Wagen vor, und die Botschafterin und ein weiterer Beamter sagten, wir würden zu einem katholischen Kloster fahren, wo wir in Sicherheit wären. Das Kloster beherbergte sowohl ein Waisenhaus für Kinder, die ihre Eltern im Krieg verloren hatten, als auch ein Altenheim für Leute ohne Verwandte und eigenes Zuhause. Ich war höchst verblüfft darüber, dass es so etwas tatsächlich in einem muslimischen Land geben sollte.

Als wir vor dem Kloster vorfuhren, sah ich massive Mauern; sie müssen gut zwölf Meter hoch gewesen sein. Es gab ein riesiges schmiedeeisernes Tor, das sich automatisch öffnete, als wir vorfuhren. Über eine lange Auffahrt fuhren wir auf ein riesiges, viergeschossiges Kloster zu, vor dem eine große Treppe zur Eingangspforte führte. Als wir aus dem Auto stiegen, kam eine bezaubernde kleine Nonne heraus und umarmte den Beamten. Offenbar kannte sie ihn gut und freute sich sehr, ihn zu sehen.

Die kleine Nonne führte uns in einen Speisesaal, in dem die Waisenkinder, Mädchen im Alter von etwa acht Jahren aufwärts bis hin zu jungen Erwachsenen Anfang zwanzig, beim Essen saßen. Leise sagte die Nonne etwas auf Französisch und Arabisch. Ich sah, dass die zweiundzwanzig Mädchen, die gerade mit dem Essen fertig geworden waren, auf einmal ganz still dasaßen und dann das *Gegrüßet seist du, Maria* auf Französisch rezitierten. May fragte mich, was sie da sagten, und ich erklärte: »Erinnerst du dich noch an das Gebet, May, das wir den ganzen Weg in dem Taxi gesagt haben, das *Ge-*

grüßet seist du, Maria? Das sagen diese Mädchen jetzt auch, nur in einer anderen Sprache.«

Als die Mädchen den Saal verließen, sagten sie alle »Bonjour«, und dann gingen sie hinaus und zu Bett. Uns wurden auch noch weitere Räume gezeigt, die für mich wie Gefängniszellen aussahen, und ich glaube, meine Reaktion muss man mir deutlich angesehen haben. Nur ungern wollte ich eine dieser Zellen nehmen, denn ich wusste ja nicht, wie lange wir bleiben würden. Fairerweise muss ich sagen, dass nun die Botschafterin eingriff und fragte, ob es denn auch Zimmer mit Fernsehen gebe, und die Nonnen meinte, die gebe es, allerdings oben auf der Etage bei den alten Leuten. Wenn ich da hinaufwollte … da gebe es die schönsten Zimmer, die sie anzubieten hätten.

Ich war absolut begeistert. Auf dem Weg begegneten wir einer alten Dame, die wohl in den Neunzigern gewesen sein muss, doch als sie uns erblickte, sprang sie förmlich aus dem Bett und umarmte den Beamten, der sich in unserer Begleitung befand. Offensichtlich kannten sie sich gut. Als die alte Dame May sah, packte sie meine Tochter, drückte sie und nannte sie »Baby«. Sie zog drei Schokoladenriegel aus ihrer Nachttischschublade und gab sie der begeisterten May. Später fanden wir heraus, dass diese Dame sechs oder sieben Sprachen beherrschte.

Als wir zu unserem Zimmer kamen, war ich richtig entzückt. Wir hatten zwei große Betten, ein Bad mit richtiger Dusche direkt beim Zimmer, es gab einen Kühlschrank, einen Fernseher und jetzt auch etwas Schokolade. Die Nonnen erklärten uns, wir könnten entweder im Zimmer oder unten im Speisesaal essen. Die Botschafterin ging zum Fernseher und stellte für uns zwei englischsprachige Sender ein. Ich wusste, sie würde Damaskus am nächsten Tag, einem Dienstag, verlassen, um sich mit Mary McAleese, der irischen Staatspräsidentin, zu treffen, die auf dem Weg nach Beirut im Libanon war. »Hören Sie, erhoffen Sie sich lieber nicht allzu viel«, sagte sie, »aber wir wollen noch eine Sache versuchen. Wir werden uns an den höchsten Richter der Scharia in diesem Land wenden und ihn bitten, den Eintrag auf der Stoppliste für ungültig zu erklären. Wir können Ihnen nichts versprechen, aber wir geben Ihnen morgen Bescheid, sobald wir etwas Neues für Sie haben.«

Ich war froh, dass sie überhaupt noch etwas versuchten, entspannte mich etwas und ging mit May zum Essen in den Speisesaal hinunter. Die kleine Nonne setzte sich zu uns, und wir tranken eine Tasse Tee, aßen beide ein Stückchen Käse, arabisches Brot, das ähnlich wie Pita-Brot schmeckte, ein Omelett und einen Joghurt. Als Nachtisch nahmen wir beide einen kleinen Schokoriegel. Es war nicht viel, aber es schmeckte alles himmlisch.

Als wir in unser Zimmer zurückgingen, war ich wirklich guter Dinge. Ich fand ein Kartenspiel, und wir setzten uns hin und spielten Schnippschnapp. May fand das toll und wollte immer wieder spielen. Auch sie war jetzt sehr viel ruhiger und entspannter.

Wir duschten mit dem herrlichen Duschgel, das die Botschafterin für mich im Duty-Free-Shop gekauft hatte, und ich fühlte mich so richtig erfrischt. Ehe wir uns schlafen legten, gingen wir noch kurz in den Klosterhof hinunter; ich setzte mich auf eine Bank und las ein bisschen, während May mit den vielen Katzen herumtollte, die verspielt um uns herumliefen.

Ich weiß noch, als wir zu unserem Zimmer im dritten Stock des Klostergebäudes zurückkamen, schaute ich durch die vergitterten Fenster und sah auf der anderen Seite der hohen Mauer einen Imbiss, der gebratene Hühner anbot. Ich konnte kaum glauben, was ich da sah: so nah und doch so fern. An dem Abend hätte ich Gott weiß was dafür gegeben, hätte ich durch dieses Tor hinausspazieren und uns ein gebratenes Hühnchen kaufen können, aber mir war klar, dass wir das auf keinen Fall riskieren durften, ganz gleich wie sehr May das westliche Essen auch mochte. Es machte mich ganz traurig zu wissen, dass die westliche Lebensart in Reichweite war, wir aber trotzdem nicht dorthin konnten.

An dem Abend war ich vollkommen entspannt und absolut sicher, dass wir, wenn wir nach erholsamem Schlaf aufstanden, am nächsten Morgen frisch und munter und bereit für die Heimreise wären. Ich war felsenfest davon überzeugt, dass dies unsere erste und letzte Nacht in dem wunderhübschen, aber auch sehr einsamen kleinen Kloster wäre, und vor dem Einschlafen betete ich darum, dass sich am nächsten Morgen alles zum Guten wenden würde.

7

Die Flucht

*I*ch hatte eine sehr unruhige Nacht. Wir befanden uns in einer ungewohnten Umgebung, und die ganze Nacht hörte ich das Weinen und Rufen alter Leute, denen es eindeutig nicht gut ging. Ich hörte Türen schlagen und Leute herumschlurfen. Das Kloster war kein Haus und auch keine Wohnung; es war eher wie ein Krankenhaus, und die ganze Nacht über fühlte ich mich einfach unwohl.

Am nächsten Morgen gegen halb sieben klopfte die Nonne an unsere Tür und brachte uns eine ungewöhnliche Speisenfolge bestehend aus zwei Bechern Joghurt mit einer Art Öl oben drauf und einige Oliven. Für mich hatte sie Tee dabei und für May heiße Milch. Ich weiß noch, wie ich dachte, dass May entsetzt sein würde, wenn sie aufwachte und sah, was es zum Frühstück gab. Für ein kleines Mädchen hatte sie einen wirklich großen Appetit, und sie aß für ihr Leben gern. Mir war klar, sie würde regelrecht ausgehungert sein, wenn sie erwachte. Ihre Essgewohnheiten waren in den letzten Wochen total auf den Kopf gestellt worden, und ich sah, wie sie Tag für Tag mehr Gewicht verlor.

Nur Minuten, nachdem das Frühstück gebracht worden war, klopfte es erneut an der Tür. Diesmal war es eine junge Frau, der man mich am Abend zuvor vorgestellt hatte. Sie sprach sehr gut Englisch, und man hatte ihr gesagt, sie solle

293

zu uns hinaufgehen und sehen, ob wir irgendetwas brauchten. Sie erzählte mir, sie sei Syrerin, aus dem Norden des Landes, und sie sei fünfundzwanzig Jahre alt. Seit ihrem zweiten Lebensjahr war sie in dem Kloster, und auch ihre jüngere Schwester lebte hier. Jeden Tag ging sie aufs College. Ich fand es faszinierend, dass sie und ihre Schwester, zwei muslimische Mädchen, in einem christlichen Kloster gelandet waren, aber ich traute mich nicht nachzufragen. Ihre große Hoffnung, so erzählte sie mir, sei es, einen Mann kennenzulernen und sich häuslich niederzulassen. »Ich will einfach nur heiraten, und ich hoffe, er lässt mich arbeiten«, waren ihre Worte. Sogar hier im Kloster hatte sie akzeptiert, dass dies ihr Leben als syrische Frau sein würde; ganz gleich, was für einen Mann sie treffen sollte, sie war bereit, sich ihm zu unterwerfen, sie hoffte bloß, er würde ihr die Freiheit zugestehen, einen Beruf auszuüben. Sie war ein reizendes Mädchen, und ich war froh, dass sie zu uns gekommen war, denn ich wusste, dass May einen Anfall bekäme, wenn sie aufwachte und sah, dass es Oliven zum Frühstück gab. Das junge Mädchen wäre eine sehr willkommene Abwechslung für sie.

Sayed hatte unsere Koffer am Abend zuvor bei der Botschaft abgegeben, und der Taxifahrer warf sie uns über das Tor des Klosters herüber. Aber einiges fehlte, und so bat ich das junge Mädchen, uns Zahnpasta und Zahnbürsten zu besorgen, und fragte, ob es wohl möglich wäre, dass May etwas Obst bekam.

Während wir auf sie warteten, spielten wir ein paar Runden Schnippschnapp mit den Spielkarten, die ich am Vorabend gefunden hatte. Die Zeit verging, und wir sahen uns im Fernsehen *King of the Hill* an, eine amerikanische Comicserie; ich war einigermaßen erstaunt, dass sie im syrischen Fernsehen gesendet wurde. Nach etwa einer Stunde kam das Mädchen mit einem hübschen Korb zurück, in dem zwei Bananen, eine Orange und eine Lotosfrucht lagen, und May aß das ganze Obst auf. Ich sah ihr dabei zu, wie sie jeden Bissen genoss, und war froh, dass wir etwas hatten bekommen können, was sie tatsächlich mochte.

Es war Mittwochmorgen, und die Arbeit beginnt in Syrien sehr früh. Ich war nur noch ein Nervenbündel, denn mir war bewusst, dass die Botschaftsangehörigen sich mit dem obersten Richter in Damaskus treffen und ihn um Hilfe bitten wollten. Sie hatten mir gesagt, dass sie all ihre Hoffnungen an dieses Treffen hängten, also wusste ich, dass dieser Tag über den Rest meines Lebens entschied, zum Guten oder zum Schlechten. Der Beamte hatte zugesagt, er würde mich anrufen, sobald er etwas Neues für mich hätte, und ich weiß noch genau, dass ich den ganzen Vormittag auf die Uhr schaute und angstvoll auf das Resultat dieses Treffens wartete.

Dann klingelte auf einmal das Telefon; hastig fischte ich danach und ging ran. Es war der Anruf, den ich erwartet hatte. Der Beamte erklärte, er und die Botschafterin seien sofort in den Libanon gereist, da Mary McAleese, die damalige irische Staatspräsidentin, am nächsten Morgen dort eintreffen würde. Die Botschaftsangehörigen müssten vor Ort sein, um alles vorzubreiten. Dann erzählte er mir, was es Neues gab.

»Ich bedaure, aber ich habe keine guten Neuigkeiten für Sie, Louise. Der Richter meinte, wir hätten zwar stichhaltige Argumente, aber er könne May nicht gestatten, Syrien zu verlassen, da sie es sich nicht leisten könnten, eine junge Muslimin zu verlieren.«

Ich glaubte, ich würde jeden Moment zusammenbrechen. »Eine junge Muslimin zu verlieren …« So eine Dreistigkeit! Seine Gefühllosigkeit widerte mich an. Sein einziges Interesse galt seiner Religion, nicht der Zukunft eines unschuldigen Kindes, noch dazu eines irischen Kindes. May hatte immer noch keinen syrischen Pass. Sie war Irin. Ich verabscheute Syrien, die religiösen Überzeugungen des Landes, die politische Bürokratie und alles, wofür das Land in diesem einen Moment stand.

Ich war am Boden zerstört. Ich konnte einfach nicht fassen, was ich da hörte. Ich antwortete: »Bitte sagen Sie mir jetzt nicht, dass ich bis in alle Ewigkeit hier bleiben muss.« Aber der Beamte meinte bloß, dass ich mich weiterhin ruhig verhalten und fürs Erste bleiben sollte, wo ich war, es sei der sicherste Ort für mich. Ich flehte: »Bitte lassen Sie mich nicht hier. Ich weiß, Sie waren immer gut zu mir, aber ich muss einfach hier raus. Wie lange soll ich denn noch hier bleiben?« Zu meinem Entsetzen sagte er: »Bis Sonntag.« Ich wollte eigentlich nicht laut werden, aber ich stand unter Schock, und so schrie ich: »Bis Sonntag? Sonntag?«

»Ja«, erwiderte er. »Bleiben Sie einfach da, Louise. Erst am Sonntag können wir wieder bei Ihnen sein, aber bis dahin sind Sie dort sicher. Ich hätte keine ruhige Minute, wenn Sie irgendwo anders wären. Gott schütze Sie.« Und damit beendete er das Gespräch.

Als ich mich umdrehte und der armen kleinen May ins Gesicht sah, wusste sie sofort, dass wir hier festsaßen. Jede Hoffnung war uns genommen. Ich setzte mich aufs Bett, und mir kamen die Tränen. Ich konnte meine Gefühle nicht mehr verbergen, nicht einmal vor May, die ich so lange zu beschützen versucht hatte. So lange hatte ich sie davor bewahren wollen, verletzt zu werden, indem ich sie nicht sehen ließ, wie verletzt ich selbst war. Aber hier saß ich nun in einem Kloster, hinter dicken Mauern, ohne Freunde und ohne Möglichkeit wegzukommen, so weit ich das sah. Ich wäre viel lieber in Sayeds Wohnung eingeschlossen gewesen, immerhin bei Leuten, die ich kannte, statt wochenlang, womöglich monatelang, hier festzusitzen. Im schlimmsten Fall könnte ich enden wie das junge Mädchen, das seit dreiundzwanzig Jahren hier war. In dem Augenblick fühlte ich mich vollkommen verlassen, ohne alle Hoffnung. May stand auf einer Stoppliste, und ich wusste, dass die irischen Beamten im Moment nicht einmal hier im Land waren und es mindestens drei weitere Tage dauern würde, ehe ich wieder von ihnen hörte. Ich hatte keine Kraft mehr, ich saß einfach nur auf dem Bett und hätte mich am liebsten bis in alle Ewigkeit in diesem Zimmer verkrochen.

Dann nahm ich mein Telefon und rief Mandy an. Ich erzählte ihr, die Bemühungen der Botschaft seien fehlgeschlagen und ich sei kurz davor, endgültig aufzugeben. Ich wusste einfach nicht, was ich noch tun sollte.

Wir beide kannten die einzige andere Möglichkeit, die uns noch offen stand, und wir wussten auch, dass wir, sollten wir diesen Weg gehen, die volle Unterstützung des irischen Außenministeriums brauchten. Mandy hatte alle Möglichkeiten erkundet, und nachdem es mit der türkischen Truppe von Menschenschmugglern nicht geklappt hatte, stand uns noch das zweitbeste Szenario zur Verfügung. Es gab eine Gruppe von Syrern, die uns gegen entsprechende Bezahlung helfen wollten, und sie warteten nur darauf, dass wir ihnen grünes

Licht gaben. Wir wussten, wir hatten keine Wahl. Mandy meinte, ich solle mich bereithalten, sie würde jetzt die nötigen Anrufe tätigen.

Und innerhalb von fünf Minuten war alles anders. Das Telefon in unserem Zimmer klingelte, es war die kleine Nonne über den Hausanschluss. Sie fragte mich, ob es mir gut ginge, und sagte, es sei ein Anruf für mich von der Botschafterin gekommen. Ich hatte keine Ahnung, was mich erwartete. Ich blieb am Apparat, während sie die Botschafterin durchstellte. Es war wunderbar, Isoldes Stimme zu hören, und es kam noch besser, als ich endlich verdaut hatte, was sie mir sagte: »Packen Sie alles zusammen, Louise, Sie fahren heute nach Hause. Sie haben fünf Minuten. Ein Wagen holt Sie ab, er ist schon auf dem Weg.« Sie hatte mit Mandy geredet, und obwohl Mandy und ich alles selbst organisiert hatten, was die Bezahlung der Syrer anging, die uns rausholen sollten, hatte sich die irische Botschaft bereit erklärt, uns zu helfen, wenn wir erst im Libanon wären.

Ich hatte keine Ahnung, wie weit der Libanon entfernt war oder wie wir dort hinkommen würden, aber es gab offenbar eine Verabredung, und wir mussten das Kloster verlassen und uns sofort zum Treffpunkt begeben. Ich konnte es gar nicht fassen, ich stand total unter Schock. Es war, als hätte das Gespräch, das ich vor wenigen Minuten mit dem Konsulatsbeamten geführt hatte, gar nicht stattgefunden. Ich fragte: »Kann ich noch schnell duschen?«

»Auf gar keinen Fall«, kam prompt Isoldes Antwort. »Machen Sie schnell, dass Sie dahin kommen, wohin immer Sie kommen müssen. Der Wagen ist jeden Moment da.« Sie erklärte mir, Mandy hätte alles organisiert und die Beamten seien nur da, um sicherzustellen, dass May und ich in unserer Eigenschaft als irische Staatsbürger in Sicherheit waren, was auch immer passierte.

Ich zog May hoch, die gerade mit einem kleinen Drachen spielte, den ich aus Knete für sie geformt hatte, und ich sagte: »Schnell, May, wir fahren nach Hause. Pack deine Sachen zusammen.«

»Nach Hause nach Irland?«, fragte sie.

»Ja, Liebes, und jetzt beeil dich, such alles so schnell zusammen, wie du kannst.« Und noch nie hatte ich ein derart organisiertes Kind gesehen. Sie packte so rasend schnell, dass sie schließlich sogar die Sachen aus meinen Schubladen zog und auch noch meinen Koffer packte. Sie rannte herum, steckte Kleider ein und sang: »Ja, ja, hurra, wir fahren nach Hause, wir fahren nach Hause.« All die kleinen Kosmetikfläschchen aus dem Bad schleuderte sie aufs Bett und warf sie dann in die Tasche, und ich griff zum Handy und wählte Mandys Nummer. Als ich nach dem vorherigen Gespräch aufgelegt hatte, war ich ohne alle Hoffnung gewesen, wie ich ihr gesagt hatte. Nur Minuten zuvor hatte ich zu ihr gesagt: »Ich werde hierbleiben müssen. Ich komme nie mehr nach Hause. Der Richter lässt uns nicht ausreisen, es gibt keine Hoffnung mehr.« Und nur Minuten später war ich wieder am Telefon und sagte: »Es geht los.« Und das alles hatte ich ihr zu verdanken.

Mandy schwieg am anderen Ende der Leitung, aber ich wusste, dass sie weinte. Dann sagte sie, gleich nach Beendigung unseres vorigen Telefonats hätte sie sich an das Außenministerium in Dublin gewandt, fünf Minuten sei das her, und die hätten zurückgerufen und ihr gesagt, sie müsse sich sofort im Stadtzentrum mit ihnen treffen. Sie sagte, sie hätte ein Schriftstück in Dublin unterzeichnen müssen, und unter Tränen konnte sie nur noch sagen: »Gott sei mit dir, Louise, viel Glück und gute Reise.« Ich sagte, ich würde sie anrufen, sobald ich könnte, und dann hörte ich auch schon einen Wagen draußen vorfahren.

Wir rannten auf den Hof, auf dem wir am Abend zuvor gesessen hatten; unsere Taschen zogen wir hinter uns her. Es war weit und breit kein Mensch zu sehen, und ich wusste, ich würde es nie im Leben schaffen, das Tor aufzubekommen, das wohl gut dreieinhalb Meter hoch war, also warf ich die Taschen über das Tor dem Fahrer zu, der draußen geparkt hatte, und May kletterte hinüber. Gerade als ich ihr folgen wollte, kam das englisch sprechende Mädchen aus dem Haus und lachte schallend, als sie sah, dass ich in meinem Alter über ein massives schmiedeeisernes Tor klettern wollte. Sie rief mir zu, ich solle stehen bleiben, und sie wolle den Knopf drücken und so für mich das Tor öffnen.

Sie kam zu mir gelaufen, wir verabschiedeten uns, und sie wünschte mir viel Glück. Wir waren total aus dem Häuschen vor lauter Begeisterung, als wir in den Wagen stiegen, und May hielt meine Hand und lächelte den ganzen Weg bis zum Treffpunkt.

Wir hatten keine Ahnung, wie wir nach Hause kommen würden, aber wir rechneten damit, dass man uns zu einem Flughafen bringen und in ein Flugzeug setzen würde, das über den Umweg eines anderen Landes nach Irland fliegen würde, denn von Syrien aus gab es keine Direktflüge. Zu dem Zeitpunkt wussten wir wirklich überhaupt nichts. Es hing noch alles in der Luft, und keiner schien uns irgendetwas sagen zu wollen.

Wir gelangten zu der verabredeten Stelle, an der wir die Männer treffen sollten, denen wir unser Leben anvertrauen mussten. Wir hatten keine Ahnung, wer diese Männer waren oder was sie mit uns vorhatten, und die Männer sprachen kaum oder gar kein Englisch. Aber sie waren zu diesem Zeitpunkt alles, was wir noch hatten. Mich in den Händen dieser Fremden zu befinden war für mich nicht schlimmer, als die Situation ohnehin schon war, in diesem vom Krieg verwüsteten Land, in dem mir der Tod drohte, wenn ich gefangen wurde. Ich hatte keine Wahl, ich musste ihnen vertrauen.

Ich wusste, die irischen Botschafts- und Konsulatsangehörigen fürchteten in Syrien um ihr Leben und die Lage wurde täglich schlimmer. Und ich wusste auch, sie machten sich Sorgen um May und mich, aber ihnen waren die Hände gebunden. Sie hatten keine andere Wahl, sie mussten sich zurückziehen. Der Fairness halber muss ich sagen, sie boten an, mit diesen Syrern zu reden, sollten wir irgendwelche Probleme haben, und sie versprachen, sie seien im Libanon für uns da, wenn wir ankämen, und würden uns helfen. Nur solange wir in Syrien waren, konnten sie nichts für uns tun.

Ich rief einen Beamten vom Konsulatsbüro an, und er meinte, sie würden uns in Beirut in Empfang nehmen. Er wünschte uns viel Glück und sagte, alle würden für uns beten, dass wir heil ankamen. In meinem Magen krampfte sich alles zusammen, aber May gegenüber wollte ich mir nichts anmerken lassen, also lächelte ich tapfer, denn ich hatte gesehen, dass May Angst vor den Männern hatte.

Als ich mein Telefonat mit dem Beamten beendet hatte, kam ein sehr kurz angebundener Mann auf mich zu, streckte die Hand aus, um uns die Richtung zu weisen, und sagte auf

Arabisch: »Hier lang.« Mir war sehr unbehaglich zumute. Die arme May hatte eine Heidenangst; mit weit aufgerissenen Augen schaute sie zu mir hoch.

Hastig drängte man uns in einen dunklen Audi, und der Mann, der überhaupt kein Englisch sprach, redete über Handy mit irgendjemandem, während wir schon fuhren. Offenbar organisierte er einen Treffpunkt auf unserer Strecke, denn etwas später hielten wir an einer Hauptstraße und ließen einen weiteren Mann zusteigen.

Ich war mir sehr bewusst, dass ich an dem Tag keinen Hijab trug. Ich trug ein goldfarbenes Kleid und Strumpfhosen und Schuhe mit Keilabsatz, denn als ich den Anruf mit der Nachricht erhalten hatte, wir würden nach Irland gebracht, war ich fest davon überzeugt gewesen, wir würden entweder fliegen oder mit einem Taxi fahren. Mein Aufzug war für die Strecke, die vor uns lag, definitiv nicht besonders passend.

Der Mann, der zugestiegen war, sprach ein wenig Englisch, und er drehte sich zu uns um und fragte, woher wir kämen. Er verlangte unsere Pässe, und ich gab sie ihm. Ich musste diesen Männern vertrauen, das war mir klar, egal wie viel Angst ich vor ihnen hatte.

Etwa eine Stunde fuhren wir, und die Männer unterhielten sich. Bruchstücke der Unterhaltung verstand ich, und so wurde mir klar, dass sie darüber redeten, sie wollten ein anderes Fahrzeug nehmen, aber wieso, das verstand ich nicht.

Noch eine ganze Weile fuhren wir durch einen sehr heruntergekommenen Stadtteil von Damaskus, wo die Straßen einfach aus Sandboden bestanden und die Häuser zerfielen und einen schäbigen Anblick boten. Überall lag Abfall herum, dazu Steine, die aussahen, als stammten sie von ei-

nem Baugelände und seien alle paar Meter abgeworfen worden. Wenig später kamen wir zu einem Wohngebiet, das
nur durch große eiserne Tore zugänglich war. Es gab Häuser und Wohnungen, die aussahen, als seien sie erst in den
letzten Jahren erbaut worden. Viele solche Wohngebiete sah
man in Syrien nicht. Ich hatte keine Ahnung, was jetzt passieren würde.

Der Mann auf dem Beifahrersitz drehte sich zu mir um und
meinte, wir müssten jetzt in eines der Häuser. Er sagte es auf
Arabisch, aber ich geriet in Panik. Über Handy rief ich den
Beamten bei der Botschaft an und sagte, ich wisse, es sei natürlich nicht sein Problem, aber ich sei ein wenig besorgt. Ich
bat ihn, uns zu helfen, indem er mit dem Typen auf dem Beifahrersitz sprach, aber nach einer kurzen Unterhaltung zwischen den beiden wurde mir das Handy zurückgegeben, und
der Beamte sagte einfach nur: »Geht es Ihnen gut, Louise?«
Ich erwiderte, ich hätte keine Ahnung, was hier los sei, aber
mir sei klar, dass sie nichts tun könnten. Er bat mich, ihn in
einer Stunde noch einmal anzurufen und ihn auf den neuesten Stand zu bringen.

Dann beendeten wir das Gespräch, und ich schaltete das
Handy komplett aus, um die Batterie zu schonen, denn ich
wusste ja, ich würde später am Tag noch einmal einen Anruf
machen müssen.

Der Mann auf dem Beifahrersitz stieg aus, näherte sich
zwei verschiedenen Häusern und kam dann wieder zum
Auto zurück, und wir fuhren weiter. Zum Fahrer sagte er ein
paar Worte, die ich nicht verstand, und ich dachte, alles sei in
Ordnung und wir würden uns wieder auf den Weg machen,
aber nach ein paar Minuten hielten wir erneut. Diesmal sagte

er zu mir: »Wir werden das Fahrzeug wechseln. Sie bleiben in einem der Häuser.«

Mir war ganz übel. Ich wollte den Beamten nicht noch einmal anrufen, ihm womöglich auf die Nerven fallen. Aber dann fuhren wir wieder los, ohne an irgendeinem Haus zu halten, und schließlich fuhren wir in eine Garage. Wir hielten neben einem Jeep mit Allradantrieb, und die Männer wiesen uns an, aus dem Audi aus- und in den Jeep einzusteigen.

Wir taten, was man von uns verlangte. Mir fiel auf, dass in dem Jeep alle Fensterscheiben verdunkelt waren, also dachte ich, dies wäre das Fahrzeug, das uns endgültig in Sicherheit bringen würde, und entspannte mich etwas. May war mucksmäuschenstill. Mir war klar, dass sie eine Riesenangst hatte, aber sie hielt sich sehr tapfer. Sie war wirklich fantastisch; sie achtete nur einfach darauf, dass sie sich an mich kuscheln und die ganze Zeit meine Hand halten konnte.

Als wir in den Jeep einstiegen, fiel mir auf, dass alle Männer in der Garage mich anstarrten. Ich hatte den Kopf nicht bedeckt und war mit meinem blonden Haar und dem kurzen Kleid hier völlig fehl am Platz. Die meisten hatten vorher wahrscheinlich nie eine Frau wie mich gesehen. Ich muss diesen Männern total exotisch vorgekommen sein. Aber wir blieben nicht lange; nur ein paar Minuten später waren wir wieder auf der Straße.

Etwa eine halbe Stunde lang fuhren wir durch winzige Seitensträßchen, die kaum passierbar waren. Die Häuser in diesem Viertel wirkten extrem heruntergekommen. Der Gestank des Abwassers war übermächtig, und die Straßen waren völlig verdreckt. Wo auch immer wir hier waren, das war nun wirklich das Ende der zivilisierten Welt. Kleine Kinder rannten barfuß und in schmutziger Kleidung herum; sie sahen aus, als hätten sie schon eine ganze Weile nichts Ordentliches mehr zu essen bekommen. Das hier war Armut in ihrer schlimmsten Form.

In dieser Gegend hielten wir vor einem weiteren Haus und ließen noch einen Mann zusteigen, der sich nach hinten zu mir und zu May setzte. Er sagte nichts, und wir fuhren wieder los. Dann hielten wir erneut vor einem Haus, und der Mann hinten bei uns im Jeep sagte zu mir und May, wir sollten aussteigen und ins Haus gehen. Er meinte, ich müsse dort eine Weile warten. Eine Frau kam zur Tür heraus, und der Mann rief ihr auf Arabisch zu, sie solle sich eine Weile um May und um mich kümmern. Sie bat uns ins Haus, aber wir konnten uns kaum mit ihr verständigen, denn sie sprach kein Wort Englisch.

Ich weiß noch, sie hatte einen kleinen Garten, in dem ein paar Sträucher und Bäume wuchsen, und sie führte uns in den hinteren Bereich des Hauses und die Treppe hinauf in ihr Wohnzimmer. Es war ein typisch arabisches Haus, in dem überall an den Wänden entlang Kissen auf dem Boden lagen. Sie sah, dass wir sehr aufgeregt und nervös waren, und sie machte Tee für mich und für May. Ich sagte zu May, sie solle mit dem kleinen Kind spielen, das ich für die Tochter der Frau hielt. Ich wusste, das würde May eine Weile beschäftigen, während ich herausfinden könnte, was hier los war.

Ich fragte die Frau, ob sie mir sagen könne, wo wir uns befänden. Auf Arabisch fragte ich, ob wir immer noch in Damaskus seien, und sie antwortete, wir seien in einem Vorort von Damaskus, aber sie war sehr bedacht darauf, mir nicht allzu viel zu erzählen. Mir wurde klar, dass sie in dieser Situation schon einmal gewesen sein musste. Dieses Haus war offensichtlich schon bei anderen Gelegenheiten als Zufluchtsort für Menschen benutzt worden, höchstwahrscheinlich für Ausländer, die fliehen wollten.

Die Zeit zog sich endlos dahin, und May wurde es allmählich langweilig, und Hunger bekam sie auch, außerdem machte sie sich genauso viel Sorgen wie ich. Ich schaute auf die Uhr und stellte fest, dass wir schon seit fast vier Stunden hier waren. Das hatte nichts Gutes zu bedeuten, soweit ich das beurteilen konnte. Ich fragte mich, was um alles in der Welt denn los sein mochte. Hielten sie uns hier gefangen, wollten sie mehr Geld für unsere Freilassung? Kannten sie Mostafa irgendwie, und wollten sie womöglich Kontakt mit ihm aufnehmen und ihm verraten, wo wir waren? Meine Gedanken rasten nur so.

May sprach viel besser Arabisch als ich, also bat ich sie, die Dame zu fragen, ob sie die Männer anrufen und sich erkundigen könne, was hier los war. Tatsächlich verstand sie May und wählte eine Nummer. Nach etwa einer Minute hörte ich sie sagen: »Gut, gut, ihr werdet in ein paar Minuten hier sein.«

Ich holte mein Handy heraus und rief noch einmal den Konsulatsbeamten an. Als er ans Telefon ging, fragte er sofort: »Wo sind Sie, Louise? Sind Sie schon da?«

Ich sagte: »Nein. Ich habe keine Ahnung, was hier los ist. Ich bin in einem Haus mit einer Frau. Wir sind schon seit gut vier Stunden hier, und die Männer sind einfach verschwunden.«

Er wollte die Frau sprechen, und als ich ihr das Telefon gab, sah ich, dass sie auf einmal sehr nervös war und sich sehr in Acht nahm, was sie sagte. Sie teilte ihm nur mit, wir seien bei ihr in einem Haus und es gehe uns gut. Mehr wollte sie ihm nicht sagen.

Der Beamte wollte wieder mit mir sprechen und sagte dann: »Das kommt mir alles sehr seltsam vor, Louise. Wissen Sie, wie der Mann heißt, oder können Sie mir beschreiben, wie er aussieht?«

Ich antwortete, ich wisse nichts über den Mann. Ich hätte ihn beschreiben können, aber meine Beschreibung hätte auf viele arabische Männer gepasst, sie würde also nichts nützen. Ich fragte den Beamten, was wir jetzt tun sollten. Sollten wir weglaufen? Er bat mich, am Telefon zu bleiben, und verlangte, ich solle die Ruhe bewahren. Mir war klar, er konnte nichts tun, solange wir in Syrien waren; trotzdem versuchte ich, so entspannt wie möglich zu bleiben. Er meinte, er sei nicht eingeweiht in das, was hier vor sich ging, denn das würde ihn, aber auch May und mich in Gefahr bringen; ich sollte die Botschafterin anrufen und sie um Rat fragen.

Ich ging meine eingespeicherten Telefonnummern durch und wählte noch im selben Moment ihre Nummer. Fast sofort ging sie an den Apparat und fragte aufgelöst: »Wo sind Sie denn, Louise? Wir warten auf Sie.«

Ich antwortete: »Wir befinden uns in einem Haus, Exzellenz, und wir haben keine Ahnung, was hier eigentlich los ist. Seit Stunden sind wir schon hier; ich weiß nicht, ob die uns wegen Lösegeld gefangen halten oder was sonst. Bitte helfen Sie uns.«

Sie sagte, sie würde mich in fünf Minuten zurückrufen, aber sie rief fast sofort an. Sie hatte den Fahrer erreicht, und der hatte ihr erklärt, sie hätten mit dem Jeep wegfahren und sich neue Reifen besorgen müssen, da sie uns mit den alten Reifen nicht über die Berge bekommen hätten. Ich hatte keine Ahnung, von welchen Bergen die Rede war, aber ich hörte Isolde einfach zu. »Sie werden also viel länger brauchen, als wir ursprünglich angenommen hatten, Louise. Ich bete zu Gott, dass Sie bald in Sicherheit sind, versuchen Sie einfach, an nichts anderes zu denken als an Ihre Freiheit.«

Eine weitere Stunde verging. Ich wurde allmählich sehr nervös. Immer wieder sagte ich zu May, es werde alles gut und wir müssten Vertrauen haben. Sie nickte nur.

Plötzlich fuhr der Jeep draußen vor, und der Mann kam herein und sagte: »*Yalla, yalla.*« Ich dankte der Frau für ihre Gastfreundschaft, denn mir war klar, dass sie in der ganzen Sache überhaupt keine Wahl gehabt hatte; sie wurde einfach von den Männern benutzt und hatte keine Macht über die Situation. Sie fing an zu weinen. Ich glaube, sie machte sich wohl Sorgen um unsere Sicherheit auf dem Weg, der vor uns lag, Sorgen vor allem um May, weil sie noch so klein und an dem Ganzen völlig unschuldig war.

Wir verließen das Haus und stiegen in den Jeep. Der Mann fragte May, ob ich in der Lage sei, zehn Minuten lang zu Fuß zu gehen. Ihm musste aufgefallen sein, dass ich hinkte, als ich aus dem Jeep stieg. May gab die Frage an mich weiter, und ich sagte: »Natürlich. Zehn Minuten ist in Ordnung.« Und wir fuhren wieder los.

Der Mann, der auch vorher schon hinten im Auto bei uns gesessen hatte, setzte sich auch jetzt wieder neben uns. Nicht ein einziges Mal passierten wir einen Wachposten, was mich erstaunte, denn normalerweise waren diese Posten allgegenwärtig, aber bald begriff ich, dass diese Männer die Strecke wie ihre Westentasche kannten und ganz genau wussten, wo sie lieber nicht entlangfuhren. Deshalb hatte man sie für diese Aktion wohl auch ausgesucht.

Nach etwa einer halben Stunde ging es hinauf in die Berge. Es dämmerte bereits, und wegen der verdunkelten Fenster war es sehr schwierig, draußen etwas zu erkennen, aber ich spürte, wie der Motor sich mühte, und so wusste ich, dass es aufwärts ging – ziemlich weit aufwärts. Die Straßen wurden steiniger und immer noch steiniger, und es war ziemlich beängstigend. Aber nicht ein einziges Mal sah ich, dass andere Autos hinter uns fuhren oder uns entgegenkamen. Mir war klar, dass wir mitten im Nirgendwo waren.

Der Mann bei uns hinten im Wagen hatte sich ein Tuch um den Kopf gebunden, und ich sah, dass er eine Waffe an der Hüfte trug. Ich versuchte, mir deshalb keine Sorgen zu machen, und ich wusste, dass er die Waffe genauso gut zu unserer wie zur Sicherheit der Männer bei sich trug. Das tröstete mich irgendwie, aber trotzdem betete ich, wir würden die Waffe nie sehen und sie würde nie benutzt werden.

Der Mann versuchte, mit May ins Gespräch zu kommen, und ich verstand, dass er ihr sagte, sie sei ein reizendes kleines Mädchen, aber ihrer Körpersprache entnahm ich, dass sie ihn nicht mochte und sich alle Mühe gab, ihn gar nicht zu beachten. Ich hoffte, er würde sich darüber nicht ärgern und verstehen, dass sie einfach nur ein verängstigtes kleines Kind war.

Je weiter wir fuhren, desto deutlicher war zu sehen, dass die Straßen immer enger wurden und wir uns die meiste Zeit am Rand eines steilen Abhangs hielten. Es war deutlich zu spüren, wie sich der Jeep die Straße hinaufquälte, und mehr als einmal umklammerte ich den Sitz vor lauter Angst, dass wir den Abhang hinunterstürzen würden. Leise, nur in meinen Gedanken, betete ich immer wieder und bat meine Mama, uns sicher diese Quälerei durchstehen zu lassen und uns zu meinem Dad und zu Mandy zurückzubringen. Wenn sie bei mir war, so wusste ich, würde sie alles in ihrer Macht Stehende tun, um uns zu helfen.

Einmal geriet der Jeep ins Rutschen, und ich packte May und umklammerte sie fest. Ich schaute zum Wagenfenster hinaus und sah, wie wir einen lang gezogenen Felsvorsprung umrundeten. Unter uns entdeckte ich ein weitläufiges Tal, und überall gab es kleinere Berge und Felsblöcke. Dann kamen wir ganz plötzlich zum Stehen. Ich schaute raus und sah, dass wir mit dem Auto nicht mehr weiterkommen würden. Das Gelände war einfach zu uneben und der Pfad zu schmal. Der Fahrer und sein Freund, der vorn gesessen hatte, stiegen aus, und auch uns gab man zu verstehen, wir sollten den Wagen verlassen.

Der Mann mit dem Bart nahm meine Tasche, und der andere, sein Freund, der etwas Englisch sprach, sagte bloß: »Okay. Wiedersehen. Sie gehen jetzt.«

Ich sah sie alle an und fragte: »Was?« Ich konnte nicht fassen, was hier gerade passierte. Ich umklammerte Mays Hand und sah, wie sich ihre Augen mit Tränen füllten. Es wurde immer dunkler, und wir standen mitten im Gebirge, und überall um uns herum gab es nur Sand und Felsen. Wir hatten keine Ahnung, wo wir waren. Die Männer streckten einfach die Hand aus und zeigten uns die Richtung, in die wir gehen sollten. Und dann gingen wir tatsächlich los. Was hätten wir auch sonst tun sollen?

Die ersten etwa hundert Meter Fußmarsch ging es über

beinahe ebenes Gelände, aber auch hier waren überall Steine und Felsbrocken, und sogar hier spürte ich, wie meine Füße wegrutschten. May beschwerte sich kein einziges Mal. Sie sagte immer nur: »Komm, Mami, du schaffst das.« Ich fand es ganz unglaublich, wie mutig mein kleines Mädchen die ganze Zeit war. So klein und so jung sie auch war, ich wusste, sie wollte unbedingt aus Syrien heraus, wollte nach Hause zu ihrem Großvater und ihrer Tante und ihrem Cousin, und ich musste mich sehr anstrengen, um dieselbe Stärke aufzubringen wie dieses sechsjährige Kind. Sie war wirklich fantastisch.

Als ich mich umschaute, sah ich, dass einer der Männer uns folgte, und nach ein paar Minuten hatte er uns eingeholt. Er überholte uns, und wir hielten uns nahe bei ihm und folgten ihm, so gut wir konnten, immer darauf bedacht, nicht das Gleichgewicht zu verlieren und genau hinzusehen, wohin wir traten. Wir kletterten einen steilen Hügel hinauf, der von kleinen Steinen und Felsbrocken übersät war, und wir gaben uns große Mühe, nicht das Gleichgewicht zu verlieren und uns auf dem unebenen Gelände nicht die Fußknöchel zu verstauchen. Dann wurde das Gelände flacher, aber als ich mich umschaute, sah ich, soweit das Auge reichte, nichts anderes als Berge. Eine unglaubliche Situation.

Immer wieder musste ich daran denken, dass wir jeden Moment erschossen werden konnten, denn offensichtlich war dies die Strecke, auf der Syrer versuchten, aus dem Land zu flüchten. Aber wohin ihre Flucht sie führte, wusste ich nicht, denn das hatte mir niemand gesagt. Ich musste auf Gott und diese Männer vertrauen, offenbar die Einzigen, die uns hier lebend herausbringen konnten.

Während ich mich durch das Gelände mühte, dachte ich,

hier zu sterben wäre immer noch besser als die Aussicht, zu Tode gesteinigt zu werden, was die eine Alternative war. Oder für den Rest meines Lebens in einem syrischen Gefängnis zu vegetieren, und das für ein Verbrechen, das die syrischen Behörden mir unterstellten, einfach weil es ihr Gesetz und nicht europäisches Gesetz war. Ich weiß noch, dass ich dachte: »Wieso um alles in der Welt kann man sie nicht zwingen, die Haager Konvention einzuhalten? Ist ihre Religion so mächtig, dass sie das verweigern können, was die meisten anderen Staaten als eines der grundlegenden Menschenrechte ansehen? Das Recht eines Kindes, bei dem Elternteil zu sein, der nach einem rechtskräftigen Urteilsspruch das gesetzlich verbriefte Recht hat, für dieses Kind die Verantwortung zu übernehmen? Gerichte geben nicht ohne stichhaltigen Grund einem bestimmten Elternteil das Sorgerecht, nur die Syrer wollen davon nichts wissen.« Ich begriff das einfach nicht. Und ich dachte immer wieder: »Wenn sie mich jetzt erwischen, und ich habe nicht nur May bei mir, sondern bin auch noch dabei, mit ihr aus dem Land zu fliehen – dann bin ich verloren.«

Ich schaute mich um und sah einen wunderschönen orangefarbenen Sonnenuntergang, der in jeder anderen Situation absolut atemberaubend gewesen wäre. Aber an diesem Tag sagte er mir nur, dass es sehr bald um uns herum stockfinster sein würde und dass wir sehr bald große Mühe haben würden, zu sehen, wohin wir traten.

Überall um uns herum nur Stille. Ich hörte nicht einmal Tiere, die sich raschelnd in unserer Nähe bewegten, und das allein war schon sonderbar. Nichts als tödliche Stille. Das einzige Geräusch, das wir vernahmen, war das Schlurfen unserer eigenen Füße, wenn wir unter Mühen versuchten, auf festen Boden zu treten.

Einmal schrak ich zusammen, als ich vor uns in der Ferne ganz plötzlich zwei Männer sah. Ich rief unserem Führer auf Arabisch zu, dass ich zwei Männer entdeckt hätte, aber er sagte nur: »Seien Sie ruhig. Ist schon okay. Die gehören zu uns.« Die Erleichterung, die ich in diesem Augenblick empfand, war unbeschreiblich. Ich wusste, wenn Guerillatrupps oder Soldaten uns beim Überqueren der Berge entdeckten, wären wir tot. Daran hatte ich nicht den leisesten Zweifel.

Und so marschierten wir immer weiter, und nach etwa einer halben Stunde kam uns ein Mann entgegen, einer der beiden, die ich schon entdeckt hatte. Er hatte das Gesicht vollkommen mit einem Tuch bedeckt und trug einen Schal um den Hals. In der einen Hand hielt er ein wuchtiges Gewehr in der Art einer AK-47 und eine Flasche Wasser in der anderen. Sowohl mir als auch May bot er etwas zu trinken an, aber ich lehnte ab, und obwohl ich dachte, May müsse ausgehungert und sehr durstig sein, lehnte auch sie das Angebot ab. Wir hatten einfach zu viel Angst, um etwas zu riskieren, und sei es auch nur, etwas von einem Unbekannten anzunehmen. Schließlich wussten wir immer noch nicht, wohin die Männer uns brachten oder zu was sie fähig waren. Uns war klar, diese Männer waren Banditen, und nicht einmal die irische Botschaft wusste etwas Näheres über sie.

Als es stockfinster war, setzten die Männer etwas ein, das wie Feuerzeuge mit kleinen LED-Lampen am Ende aussah, und sie redeten miteinander, während wir den Berghang entlangmarschierten. Immer wieder wechselten sie sich ab, und der Mann von vorn kam nach hinten und begleitete May und mich, während der andere zum Aufpassen und als Führer nach vorn ging. Bald begriffen wir, dass die Lichter ein Signal dafür waren, dass alles in Ordnung war und wir weitergehen konnten. Mir wurde bewusst, dass wir bis jetzt großes Glück gehabt hatten, denn es handelte sich offenbar um eine Strecke, die auch andere benutzten, und jederzeit hätten wir anderen Leuten begegnen können, vielleicht sogar Sicherheitskräften, die in der Gegend patrouillierten, und wenn das geschah, waren wir erledigt.

Ich fand es schrecklich, wenn der Mann mit dem Bart uns verlassen musste, denn er hatte etwas an sich, was mir Vertrauen einflößte. Immer wenn ich fiel, was ziemlich oft vorkam, war er sofort zur Stelle und hielt mir die Hand hin, damit ich mich wieder aufrappeln und weitermarschieren konnte. Bei mehreren Gelegenheiten, wenn es steil bergab ging, trat er vor mich und erlaubte mir, ihm den Arm auf die Schulter zu legen, sodass er mich hinuntergeleiten konnte.

Der zweite Mann war bei Weitem nicht so nett. Er sah einfach böse aus. Ich glaube, May hatte große Angst vor ihm, aber zu keinem Zeitpunkt während unserer Reise zeigte sie ihre Angst. Tatsächlich sorgte sie sich vor allem um mich, nahm immer wieder meine Hand und sagte den Männern, ihre Mami könne im Dunkeln nichts sehen – das gute Kind. In jener Nacht war sie wieder einmal ein wahrer Fels in der Brandung.

Einmal versuchten wir, diesen steilen, mit Dornenranken und stechenden Pflanzen überwucherten Pfad hinunterzukommen, und meine und Mays Arme und Beine waren vollkommen zerkratzt, als wir diesen Abschnitt des Weges zurückgelegt hatten. Wir dachten, dieser Marsch würde niemals ein Ende nehmen, und wir sahen vor uns kein Ziel, nur finsterste Schwärze. Als schließlich der Mond aufging, sahen wir kilometerweit nur Berge über Berge. Kein Lichtstrahl aus einer Stadt oder einem Dorf, der uns Hoffnung gemacht hätte. Doch wir hatten keine andere Wahl, wir mussten immer weiter, egal was passierte.

Die Minuten fühlten sich an wie Stunden, und die Stunden kamen mir vor wie Tage. Immer weiter, ohne Pause, kletterten wir hinauf oder hinunter, immer entlang an den Hängen der höheren Berge.

Gerade kletterten wir an einem Berghang hinunter, als sich die Männer mit den Feuerzeugen plötzlich Signale gaben. Ich dachte mir sofort, dass etwas nicht stimmte. Der Führer flüsterte auf Arabisch: »Runter auf den Boden, sofort runter.« Aber es war alles andere als leicht, auf den Boden zu kommen, da wir uns auf einem steil abfallenden Pfad befanden und uns nirgends festhalten konnten.

May legte sich neben mich, so gut es ging. Sie flüsterte dem Mann etwas zu, aber er sagte: »Ruhig. Kein Wort.« Da wusste ich endgültig, dass wir in Gefahr waren.

Ich reckte den Kopf, wollte nicht entdeckt werden, aber gleichzeitig doch sehen, was die Ursache des Problems war. In der Ferne konnte ich die Scheinwerfer von drei oder vier Fahrzeugen ausmachen, die auf uns zukamen, und ich hörte das leise Summen der Motoren. Wir verhielten uns vollkommen still. Es müssen wohl Fahrzeuge der syrischen Armee gewesen sein, jedenfalls lagen wir alle regungslos da. Etwa drei Minuten warteten wir an diesem Berghang, drei Minuten, die sich wie eine ganze Stunde anfühlten, und nicht einen Moment lang dachte ich daran, wegzulaufen. Diese Männer waren unsere Lebensretter. Ich musste mein ganzes Vertrauen in diese beiden Menschen legen, von denen ich nichts wusste und die ich vorher nie getroffen hatte, aber wenn ich nicht tat, was sie uns befahlen, wären wir verloren. Ich verlangte von May, auf alles zu hören, was sie sagten, und ihnen zu gehorchen. Das versprach sie, und obwohl sie offensichtlich Angst vor ihnen hatte, gehorchte sie ihnen immer sofort. Sie tat ganz genau, was sie sagten.

Nach ein paar Minuten sagte der Mann: »*Yalla, yalla*«, und wir machten uns wieder auf den Weg. Ich weiß noch, wir kletterten weiter und kamen an eine besonders schwierige Stelle, und ich schaute hoch und dachte: »Das schaffe ich nicht.« Ich war wirklich verzweifelt. Ich hielt ständig Ausschau nach Felsstücken, auf denen ich mich mit meinen Schuhen mit den Keilabsätzen halten konnte, aber ich rutschte immer wieder ab. Ich dachte: »Bis ganz nach oben schaffe ich es bestimmt nicht, keine Chance. Ich brauche ein Seil, an dem sie mich hochziehen können.« Aber trotz meiner Befürchtungen war mir klar, dass ich es immer weiter versuchen musste. Ich hatte keine andere Wahl. Ich war schließlich nicht allein in dieser Situation; ich musste auch an mein Kind denken.

Mit aller Kraft packte ich die Felsspitze, und der Mann, der es bereits bis nach oben geschafft hatte, streckte die Hand aus und zog mich praktisch auf den Felsvorsprung hinauf, wo ich mich verzweifelt an ihn klammerte.

Ich sah, dass May in Ordnung war, und bat sie, auf mich zu warten, aber sie sagte nur: »Ist schon okay, Mami, mir geht's gut.« Und zu dem Führer sagte sie: »Bitte helfen Sie meiner Mami, sie hat sehr schlimme Beine.« Ich sah, wie sie ihre Kleidung abklopfte, um den ganzen Schmutz loszuwerden. Als ich mich hochrappelte, sah ich, dass May sich schon daranmachte, an der anderen Seite des Berges wieder hinunterzuklettern. Sie war einfach nicht aufzuhalten.

Irgendwann kamen wir zu einem Gelände mit einem sehr hohen Felsblock in der Mitte. Es war klar, dass die Männer genau wussten, wohin sie gingen, und es war ebenso offensichtlich, dass dieser Fels immer der Punkt war, an dem sie eine Pause einlegten. Sie boten uns etwas Wasser an, aber wieder lehnten wir ab, obwohl wir großen Durst hatten. Dann wandte sich der Mann, der ein bisschen Englisch sprach, der mit dem Bart, an mich und sagte: »Geld. Ich brauche Geld.« Ich widersprach nicht. Ich hätte meine Seele dem Teufel verkauft, um mit meinem kleinen Mädchen sicher von diesen Bergen herunterzukommen.

Ich wusste, wie man syrische Männer besänftigte. Hauptsache ist, dass man sich ihnen gegenüber nicht respektlos verhält und dass man sie nicht anlügt. Wenn ich log, würde ich alles nur noch schlimmer für mich machen. Ich wusste, ich musste sie respektieren, denn wenn man jemanden anlog, wurde das als persönliche Kränkung gesehen. Ich wusste nur zu gut aus meinen Erfahrungen mit Mostafa, dass ich das lieber nicht tat. Ich musste sie respektieren, ganz gleich, wie die Situation war. Also holte ich mein Portemonnaie vor und zeigte ihnen, dass ich weiter nichts besaß als einhundertundfünfzig Euro. Der Bärtige sagte: »Dollar, Dollar?« Ich antwortete, ich hätte keine Dollar, nur Euro. Da sagte er: »Telefon, Telefon.« Und ich erwiderte, ich müsse mein Telefon behalten. Es war mein Telefon und ich brauchte es. Darauf sagte er nur: »Okay, *yalla*.« Ich war ungeheuer erleichtert, denn mein Telefon zu verlieren wäre das Schlimmste gewesen, was mir unter diesen Umständen passieren konnte. Dort waren alle Telefonnummern gespeichert, die ich brauchte, und auch wenn ich hier in den Bergen keinen Empfang hatte, war mir klar, ich würde das Handy brauchen, sobald wir an unserem Ziel angekommen wären – wo immer das sein mochte.

Ich machte mir ein bisschen Sorgen darüber, ob das Geld reichen würde, das ich ihnen gegeben hatte. Wir saßen da, und ich betete zu Gott, dass sie mich nicht vor Mays Augen vergewaltigen würden. Ich hoffte, wenn das ihr Plan sein sollte, würden sie es außer Sichtweite meiner Tochter tun. Um nichts in der Welt durfte sie so etwas mit ansehen. Meine Angst war durchaus nicht grundlos, denn ich war mir bewusst, dass diese Männer mich den ganzen Weg über angestarrt hatten. Ich war nicht bedeckt wie ihre eigenen Frauen; ich trug einen kurzen Rock, und mein Haar war offen zu sehen. Das war in Syrien nicht üblich. Ich gab mir Mühe, den Gedanken vollständig zu verdrängen, aber dann ging mir durch den Kopf, sie könnten womöglich May vergewaltigen. Und das wäre für mich nun wirklich das Allerschlimmste gewesen, was hätte passieren können. Ich hatte mir schon vorgenommen, mich ihnen anzubieten, sollte ich auch nur für eine Sekunde den Eindruck gewinnen, dass sie so etwas im Sinn hatten. Ich hoffte nur und betete, sie wären anständige Männer und hätten eigene Kinder, sodass ihnen solch ein Gedanke gar nicht erst kam. Aber ich musste auf alles vorbereitet sein. Ich hatte keine Macht über die Lage hier.

Jede Angst, die ich überhaupt nur haben konnte, ging mir durch den Kopf. Ich machte mir auch Sorgen, dass die Männer uns schlicht und einfach in den Bergen im Stich lassen würden. Ich hatte keine Ahnung, wie ihre Vorgehensweise war, und ich hoffte, dass uns keine weitere Fahrzeugkolonne entgegenkäme, denn unter Umständen könnten sie dann in Panik geraten und beschließen, es sei ein zu großes Risiko, mit uns weiterzumarschieren. Ich weiß noch, ich dachte, wenn das passierte, würden wir eben allein weitergehen, nur May und ich; eine andere Wahl hatten wir ja gar nicht. Aber ich betete, dass es so weit gar nicht erst kam.

Nach etwa einer Viertelstunde gingen die Signale mit den Feuerzeugen wieder los, aber es stellte sich heraus, dass die Lichtsignale diesmal unserem Führer nur sagen sollten, dass alles in Ordnung wäre. Wir machten uns wieder an den Abstieg, und wieder einmal war der Boden extrem steinig. Es war stockfinster, und der Mond schickte uns nur spärliches Licht, was es uns schwer machte zu sehen, wohin wir unsere Füße setzen sollten.

Ich fiel ein paar Mal hin, versuchte, mich an einem Felsbrocken oder am lockeren Erdboden festzuhalten, und dann plötzlich trat ich mit dem Fuß in ein Loch, rutschte zur Seite weg und verlor das Gleichgewicht. Schreien durfte ich nicht, denn Lärm zu machen wäre zu gefährlich gewesen, aber der Schmerz war unerträglich. Ich war überzeugt, ich hätte mir den Knöchel oder, schlimmer noch, das Bein gebrochen.

May packte meine Hand, und der Mann kam zurück und fragte, ob ich verletzt sei. Ich antwortete ihm, ich hätte mir möglicherweise einen Knochen gebrochen, denn sofort waren der Fuß und auch das ganze Bein angeschwollen. Ich spürte, wie mein Schuh auf einmal ganz eng saß. Aber ich sagte ihm, ich müsse weiter, und obwohl die Schmerzen unglaublich waren, marschierte ich wieder los, wobei ich versuchte, nicht zu viel Gewicht auf die lädierte Körperseite zu legen. Fairerweise muss ich sagen, dass der Führer mir auf diesem Abschnitt unseres Weges sogar noch mehr half als vorher schon; er gestattete mir, mich bei den steilen Abstiegen mit dem ganzen Gewicht auf ihn zu stützen. Ich sah, dass May sich Sorgen um mich machte, aber ich sagte ihr, mit mir sei alles in Ordnung und sie solle weitergehen.

Nach ungefähr weiteren zwanzig Minuten eines wirklich steilen Abstiegs entdeckten wir in der Ferne winzige blinkende Lichter. Ich hatte keine Ahnung, wo wir waren und ob diese Lichter ein gutes oder schlechtes Zeichen waren, aber es zeigte wenigstens, dass wir uns wieder in der Nähe der Zivilisation befanden. Der Führer drehte sich zu mir um, deutete nach unten und zeigte uns, dass das eine Dorf im Libanon lag und das andere in Syrien. Ich war unglaublich erleichtert, denn plötzlich begriff ich, dass sie uns in den Libanon brachten. Sie führten uns tatsächlich in den Libanon, wie sie es versprochen hatten.

Als ich noch mit Mandy in der Türkei zusammen gewesen war, hatte ich im Internet gelesen, dass der Libanon ein viel sichereres Ziel für eine Flucht war. Ich wusste, im Libanon waren irische Soldaten und irische UN-Truppen stationiert, wenn ich sie denn nur fand. Mir war klar, dass unsere Reise noch keineswegs zu Ende war, aber wir waren der Freiheit näher als je zuvor.

Der Weg den Berg hinunter war extrem steil. Ich sah, dass May vor mir den felsigen Hang auf dem Hintern hinunterrutschte, also machte ich es ihr nach. Ganz langsam arbeiteten wir uns nach unten vor, denn diese Art der Fortbewegung war alles andere als bequem. Und obwohl ich

Schmerzen im Rücken und in dem verletzten Fuß hatte, weiß ich noch, wie seltsam ich es fand, dass ich trotz all der Mühsal auf dem Weg durch die Berge kein einziges Mal Schmerzen in den Hüften gehabt hatte. Dabei hatten mir die Hüften doch jahrelang Qualen bereitet. Das war ziemlich merkwürdig, aber ich war dankbar dafür. Alle möglichen anderen Dinge bereiteten uns schon genug Schmerzen.

Als wir uns diesen Berg hinunterkämpften, mal aufrecht gehend und mal auf dem Hintern rutschend, sagte ich zu May: »Ich bin unheimlich stolz auf dich, mein Liebling. Du bist einfach unglaublich, und ich habe dich so lieb! Du bist das beste Kind von der ganzen Welt.«

Sie sagte immer wieder nur: »Mir geht es gut, Mami, mir geht es gut.« Wir arbeiteten uns weiter voran, durch Felsbrocken und Gestein, und ich hörte sie die seltsamsten Geräusche machen, lauter Ohs und Ahs, wenn sie am dornigen Gestrüpp hängen blieb oder das Gleichgewicht verlor, aber nichts konnte sie aufhalten. Sie hatte ihr Ziel ebenso klar vor Augen wie ich, und sie würde nicht eher ruhen, bis sie es erreicht hätte.

Irgendwann gelangten wir an einen Tümpel, und ich war total erschöpft. Immer wieder musste ich mir sagen, dass ich weiter musste; so weit waren wir nun schon gekommen, jetzt durfte ich nicht aufgeben.

Der Mann, der lange Zeit an der Spitze gewesen war, kam jetzt nach hinten zu uns und wollte May helfen, die mit dem Abstieg zu kämpfen hatte. Es war ein extrem unsicheres Gelände, und wir beide rutschten und schlitterten andauernd. Als ich ihn zurückkommen sah, nachdem er uns so lange geführt hatte, wusste ich, dass wir in der Nähe der Stelle sein mussten, die wir hatten erreichen wollen.

Plötzlich verschwand May, und ich hörte sie lachen und juchzen: »Huiiii!« Offenbar rutschte sie den Berg hinunter. Der Mann wandte sich an mich und fragte auf Arabisch: »Können Sie das auch?« Ich wusste nicht genau, was er mit »das« meinte, aber ich nahm an, dass es schlimmer werden würde als alles, was wir zuvor durchgemacht hatten. Ich sagte einfach nur: »Ja. Ja.«

Als ich hinunterschaute, sah ich, wie steil es tatsächlich war. Ich rutschte los, und der Mann war vor mir. Er würde sich mit dem Stiefel gegen mich stemmen, sollte ich zu weit rutschen; sein Stiefel wäre wie eine Bremse für mich. Das ging etwa zehn Minuten so, als ich plötzlich ein ganzes Stück weiter weg einen Geländewagen mit aufblinkenden Scheinwerfern sah, und die kleine May stand daneben, bis hoch zum Hals bedeckt mit Schmutz. Ich kann gar nicht sagen, wie erleichtert ich bei ihrem Anblick war. Ich lächelte einfach nur. Als ich auf der anderen Seite eines weiteren, aber noch kleineren Tümpels landete, versuchte ich aufzustehen, aber meine Füße fühlten sich an, als steckten sie in Zement, der gerade trocknete. Sie fühlten sich unglaublich schwer an.

Ein Mann half May, dann kam er zu mir und zog mich hoch. Ich blickte auf und sah einen Suzuki-Jeep mit offenem Verdeck und einen großen, sehr schlanken Mann, der kurz mit dem bärtigen Führer sprach. Zu uns sagte man kein Wort; sie setzten May einfach nur nach hinten in den Jeep und mich nach vorn. Dann kam der Mann mit dem Bart, der irgendwie Gefühle für uns zu haben schien, zu mir rüber. Er griff nach meiner Hand, zog mich aus dem Jeep und führte mich um den Wagen herum nach hinten, und ich schwöre, ich dachte in dem Moment, er wolle mich vergewaltigen. Ich kann gar nicht sagen, wie erleichtert ich war, als er einfach nur auf das libanesische Nummernschild zeigte. Ich war so glücklich, dass ich japsend Luft holte und in Tränen ausbrach. Ich war ihm so dankbar, und ich nahm seine Hand, wollte sie küssen, aber er zog die Hand zurück und sagte ganz ernst: »Nein.« Ich wusste, er wollte nicht, dass ich mich erniedrigte, indem ich ihm die Hand küsste, obwohl es für mich keine Erniedrigung gewesen wäre. Ich war ihm einfach nur dankbar für alles, was er und die anderen Männer für uns getan hatten.

Wir gingen zum Jeep zurück, und der Bärtige redete mit dem Fahrer. Dann drehte er sich wieder zu mir um und verlangte mein Handy. Ich holte tief Luft, ich brauchte mein Handy nämlich jetzt mehr denn je, aber ich gab es ihm. Ich hatte keine andere Wahl. Die ganze Nacht über hatte ich diesen Männern vertraut und wusste, dass sie für May und mich ihr eigenes Leben aufs Spiel gesetzt hatten. Er machte das Handy auf, holte die SIM-Karte heraus und brach sie mitten durch. Ich saß da und starrte ihn mit offenem Mund an, total schockiert, dass er so etwas machte, denn jetzt waren alle eingespeicherten Telefonnummern weg, und ich konnte niemanden mehr anrufen. Ich weiß noch, dass ich urplötzlich in Panik geriet. Jetzt konnte ich die Botschafterin nicht mehr anrufen und ich war auch für sie nicht mehr erreichbar.

Erst später begriff ich, dass sie das tun mussten, um sich zu schützen, für den Fall, dass ich einige ihrer Nummern in meinem Handy gespeichert hatte, oder für den Fall, dass man meine Gespräche zurückverfolgen könnte, wenn ich erst einmal in Sicherheit war, denn in einem ihrer sicheren Häuser hatte ich Telefonate geführt, und so könnte man herausfinden, wo sie wohnten. Daran dachte ich damals natürlich nicht, ich war einfach nur verzweifelt.

Wir setzten uns in Bewegung, fuhren durch eine immer noch gebirgige Region mit schmalen Straßen und Felsbrocken überall. May sagte bloß: »Mami«, und als ich mich umsah, gab sie mir mit Blicken zu verstehen, ich sollte auf den Boden des Wagens schauen. Zu meinem Entsetzen sah ich, dass der Wagen mit Waffen regelrecht vollgestopft war; auch das hier schienen Gewehre vom Typ AK-47 zu sein, dazu noch eine ganze Sammlung Handfeuerwaffen. Ich sagte, sie solle so tun, als wären die Waffen gar nicht da, und ermahnte sie, nur ja nichts anzufassen. Ich schaute auf den Fahrer, der offensichtlich verstand, worüber wir gesprochen hatten, und der nur lächelte.

Ich saß in dem Jeep und spürte irrsinnige Schmerzen in jedem einzelnen Muskel; vom Hals an bis hinunter zu den Zehen tat mir alles weh. Es waren höllische Schmerzen, und ich wusste, dass sich May genauso fühlen musste und dass sie außerdem völlig ausgehungert war und ganz bestimmt großen Durst hatte. Auf der ganzen vier Stunden oder länger dauernden Bergtour hatten wir nur einmal eine Pipipause eingelegt, und das war hinter Dornengestrüpp und ohne Toilettenpapier gewesen, was uns total peinlich gewesen war und wobei wir uns sehr verletzlich gefühlt hatten. Mir war klar, May musste sich nach einem Ort sehnen, an dem wir eine Toilette benutzen und uns Hände und Gesicht waschen und uns frisch machen konnten. Ich betete, dass es jetzt nicht mehr weit wäre. Der Fahrer wandte sich zu mir um und bot mir eine Zigarette an. Ich war total aus dem Häuschen, wieder etwas Tabak zu bekommen. Dankbar nahm ich eine, zündete sie an und verspürte sofortige Erleichterung.

Wir fuhren auf zwei Wachposten zu, und es war offensichtlich, dass der Fahrer alle kannte und die Wachen wahrscheinlich dafür bezahlt hatte, dass sie ihn unbehelligt durchließen, denn beide winkten uns einfach durch. Inzwischen war ich sehr viel ruhiger, denn ich hatte begriffen, dass wir so sicher waren, wie wir nur sein konnten.

Während wir im Dunkeln durch ein kleines Dorf fuhren, paffte ich meine Zigarette. Auf einmal sah ich ein Auto uns entgegenkommen, es war viel zu nah an unserem Wagen, und im Vorbeifahren riss es den Außenspiegel vom Jeep ab. Was dann passierte, war geradezu unwirklich.

Der Fahrer des anderen Wagens ließ die Bremsen kreischen, und unser Fahrer schlitterte an den Straßenrand, sprang aus dem Jeep und überschüttete den anderen Fahrer auf Arabisch mit Flüchen. Der andere brüllte zurück, und in Nullkommanichts hatte unser Fahrer eines der Gewehre herausgeholt, fuchtelte in der Luft damit herum und brüllte weiter auf den anderen Typen ein.

Ich verbot May, sich umzuschauen. Ich hatte keine Ahnung, was jetzt passieren würde, und fürchtete, er würde jetzt wild in der Gegend herumballern. Inzwischen war ein alter Mann aus einem nahegelegenen Haus gekommen und versuchte, die beiden Männer zu beruhigen. Die beiden Fahrer waren fuchsteufelswild, sie schrien und brüllten trotz der Anwesenheit des alten Mannes, und unser Mann fuchtelte immer noch mit dem Gewehr in der Luft herum. Aber das muss ich dem alten Herrn lassen, irgendwie gelang es ihm, die beiden zu beruhigen, und wenige Minuten später tauschten sie Papierfetzen mit den nötigen Angaben aus. Ich war ungeheuer erleichtert.

Und als wäre nichts geschehen, kletterte unser Fahrer einfach wieder in den Jeep und ließ den Motor an. Ich weiß noch, wie ich dachte, dass er ganz schön was riskiert hatte, als er nur wegen eines zerbrochenen Außenspiegels ein Gewehr herausgeholt hatte, obwohl er zwei illegale Einwanderer in seinem Fahrzeug schmuggelte. Es war wie eine Szene aus einem Film.

Wir fuhren noch etwa eine halbe Stunde und kamen schließlich bei einer Wohnung an. Als wir hineingingen, war sofort zu erkennen, dass es keinen Strom gab, aber es gab Anzeichen dafür, dass irgendwann einmal Kinder hier gelebt hatten, denn an den Wänden hingen Bilder vom Weihnachtsmann, und überall verstreut lagen Teddys, in Weihnachtsmann-Tracht. In einer Ecke stand sogar ein mannshoher Weihnachtsmann, den die Familie offenbar an die Steckdose anschloss, wenn es Strom gab. Irgendwie erschien es mir merkwürdig, dass auch in den muslimischen Gemeinden in manchen Teilen Syriens Weihnachtsmannfiguren derart beliebt waren, wo doch Mostafa alles hasste, was mit Weihnachten zu tun hatte. Ich wünschte, er hätte May zuliebe dieses Fest mit mehr Wohlwollen betrachtet, aber inzwischen war es viel zu spät, daran etwas ändern zu wollen.

Man sagte uns, wir sollten uns setzen und ein paar Minuten warten. Der Fahrer verlangte mein Handy, und ich erzählte ihm, es funktioniere nicht, weil der Mann, der uns hergebracht hatte, die SIM-Karte entfernt und zerstört hatte. Damit schien er sich zufriedenzugeben, aber dann wollte er die Telefonnummer meines Kontakts bei der Botschaft. Ich sagte ihm, ich wüsste die Nummer nicht auswendig; sie sei auf der SIM-Karte gewesen. Darüber regte er sich sehr auf, denn er wollte die Botschafterin anrufen. Ich bat ihn, mir sein Handy zu geben, denn zum Glück wusste ich die Nummer meiner Schwester auswendig, und ich sagte ihm, sie könne das Außenministerium anrufen, und dort würde man dann den Kontakt mit der Botschafterin herstellen.

Als er nach seinem Handy fischte, schaute ich hinunter auf meinen Fuß und mein Bein; beide waren geschwollen und dick wie Ballons. Ich schickte May in die Küche; sie sollte mir kaltes Wasser holen, damit ich versuchen könnte, die Schwellung wegzubringen.

Während sie in der Küche war, nahm ich das Handy des Mannes und rief Mandy an. Sie ging ran und fragte sofort in blanker Panik: »Wo bist du, Louise?«

Ich antwortete: »Ich bin im Libanon, Mandy.« Sie fing an zu kreischen und zu jubeln, aber ich schrie die Ärmste an: »Sei still, sei still. Du musst mir unbedingt helfen. Ich bin im Libanon, und mein verdammtes Bein, den Knöchel erwähne ich erst gar nicht, ist wahrscheinlich gebrochen, und ich habe die verdammten Telefonnummern nicht im Handy und kann die Botschafterin nicht anrufen, also halt den Mund, hör auf mit dem Gebrüll und hilf mir. Ich bin hier mit einem Typen, der verdammt gestört ist, in einer Wohnung ohne verdammten Strom, also hör auf mit dem Gekreische und sieh zu, dass ich Hilfe bekomme.«

Rückblickend denke ich, ich muss wohl selbst wie eine Irre gewirkt haben. Aber ich stand total unter Stress, und ich wusste, dass dies wohl meine einzige Gelegenheit war, Mandy wissen zu lassen, wie die Lage hier war. Ich hoffte bei Gott, sie würde uns Hilfe besorgen. Ich hatte eine Heidenangst, dass das Handy von dem Typen den Geist aufgeben könnte, weil die

Prepaid-Karte vielleicht abtelefoniert war oder so was, und ich wusste nur zu gut, dass ich keine Zeit verlieren durfte.

Die arme Mandy war sofort still. Sie hatte verstanden, dass ich ziemlich in Panik war, und sagte: »Okay, Louise, ich werde mit jemandem reden. Halt durch. Halt einfach durch.«

Zehn Minuten später klingelte das Handy von dem Mann, und die Vorkehrungen für das Treffen wurden durchgegeben. Mandy hatte dem Beamten die Nummer gegeben, die sie auf dem Display von ihrem Telefon gesehen hatte. Sie verabredeten sich für acht Uhr abends. Jetzt war es zehn Uhr abends, und auf einmal begriff ich, dass unser Marsch über die Berge dreieinhalb bis vier Stunden gedauert haben musste. Für mich fühlte es sich an, als wären wir viel länger unterwegs gewesen, aber ich war einfach nur dankbar, dass wir heil hier angekommen waren.

Dann sprach der Beamte mit mir, und er bat mich, noch ein bisschen durchzuhalten; wir hätten es fast geschafft. Die arme May kam um vor Hunger, und immer wieder sagte sie: »Ich hab solchen Hunger, Mami! Ich brauche was zu essen.« Ich fühlte mich ganz elend, weil ich nichts hatte, was ich ihr geben konnte. Ich erklärte ihr, wir wären bald in Sicherheit, und sobald wir an unserem nächsten Ziel ankämen, würde ich ihr was zu essen besorgen.

Wir stiegen wieder in den Jeep, und diesmal setzte ich May nach vorn und ging selbst auf den Rücksitz mit den Gewehren zu meinen Füßen. Erst da merkte ich, dass es sieben oder acht Gewehre sein mussten, dazu noch Teile von zerbrochenen Gewehren und Waffen mit Kaliber .22, und überall haufenweise Munition. Man musste kein Genie sein, um zu begreifen, dass diese Typen auch Waffenschmuggler waren, und ich dankte Gott dafür, dass wir heil und lebendig so weit gekommen waren.

Ich weiß noch, dass ich während der Fahrt nach draußen schaute und dachte, wie anders der Libanon doch war als Syrien, wie viel sauberer das Land war und dass die Leute sehr viel mehr zu besitzen schienen als in Syrien. Sogar die Landschaft war schöner: Es gab mehr Pflanzen und Bäume als in Syrien. Es war ein vollkommen anderes Land, obwohl beide Länder durch eine gemeinsame Grenze miteinander verbunden waren. Und der Libanon hatte ganz eigene Probleme, wenn es um Krieg und Armut ging. Es schien hier nur irgendwie zivilisierter zu sein.

Etwa anderthalb Stunden waren wir dann noch unterwegs, fuhren an weiteren Wachposten vorbei, und nicht einer machte sich auch nur die Mühe, einen Blick auf May oder mich zu werfen; sie schauten nur zum Fahrer rein und winkten uns dann durch. Dieser Mann redete kaum ein Wort mit uns, er konzentrierte sich einfach auf die Straße, die vor ihm lag, und doch wurde ich immer entspannter mit jeder Meile, die wir zurücklegten.

Ganz plötzlich tauchte vor uns eine sehr große Stadt auf, eine riesige Stadt mit vielen hohen Gebäuden, die zum großen Teil Büros zu beherbergen schienen. Als ich nach rechts schaute, dachte ich, ich hätte mittlerweile schon Halluzinationen. So stellte ich mir nämlich eine Fata Morgana in der Wüste vor. Ein großer McDonald's lag dort am Straßenrand, als wollte er uns etwas zurufen, als wollte er uns mit magnetischer Kraft zur Tür hereinziehen, uns, die wir so ausgehungert waren. Ich glaube, unbewusst leckte ich mir die Lippen beim Gedanken an das, was dort drin gegessen wurde, nur ein paar Meter von uns entfernt, und wie auf Kommando kam ein Schrei von May, die vor mir saß: »McDonald's! Mami, McDonald's!« May musste denken, alle ihre Geburtstage seien auf diesen einen Tag gefallen. So aufgeregt, was Essen anging, hatte ich sie noch nie gesehen. Aber wir hatten ja auch schließlich viele Stunden nichts gegessen, und beide hatten wir einen Bärenhunger.

In dem Moment sah ich außerdem, dass sich genau vor uns der letzte Wachposten befand, den wir noch passieren mussten, um endgültig in Sicherheit zu sein, und da stand – wie ein wahr gewordener Traum kam es mir vor – der irische Diplomatenwagen. Es war eine ungeheure Erleichterung, die irische Flagge wiederzusehen. Endlich wusste ich, dass wir gerettet waren.

Und da stand auch Isolde, die Botschafterin, und in der Hand hielt sie Pizzaschachteln, und ich weiß noch, dass ich dachte, wie aufmerksam sie doch war. Aber sie wirkte besorgt und sehr mitgenommen, und mir war klar, dass sie unseretwegen ganz krank vor Sorge gewesen sein musste. Als irische Staatsbeamtin im Ausland muss sie sich in gewisser Weise für unsere Sicherheit verantwortlich gefühlt haben. Sie wird nie erfahren, wie erleichtert auch ich bei ihrem Anblick war und wie viel Dankbarkeit ich empfand für alles, was sie für uns getan hatte.

Als wir vor dem Wachposten vorfuhren, kam einer der Beamten zu unserem Auto gerannt und zog May vom Beifahrersitz. Dann kam er nach hinten und packte mich, aber ich kam nur unter großen Schwierigkeiten aus dem Wagen, denn meine Beine waren inzwischen ganz steif und ich hatte Schmerzen überall. Als wir vom Auto weggingen, fragte er:

»Was ist denn nur mit Ihnen passiert?« Da wurde mir bewusst, dass May und ich beide ziemlich verdreckt waren. Er musste sich wohl fragen, wie um alles in der Welt wir in diesen Zustand geraten waren. Die irischen Beamten wussten höchstwahrscheinlich nichts über die Route, auf der diese Männer uns in die Freiheit geführt hatten.

Als ich zu dem Diplomatenwagen humpelte und einstieg, schoss mir der Schmerz durch mein verletztes Bein, aber ich weiß noch, die Sitze waren so bequem und sauber, dass ich hoch in den Himmel sah und still und leise Gott dankte. Er hatte uns lebend und wohlbehalten diese Reise überstehen lassen.

Isolde reichte May die Pizzaschachteln und sah freudig und amüsiert zu, wie May die Schachteln aufriss, um an die Pizza zu kommen. Als sie sich ein großes Stück in den Mund schob, reichte mir der Beamte ein Handy. Am anderen Ende war ein Mann, dem ich bestätigen sollte, dass ich mich im Libanon befand, was ich auch tat. Dann fragte er mich etwas in gebrochenem Englisch und in Arabisch, was ich nicht verstand, also gab ich dem Beamten das Handy zurück, damit er für mich dolmetschen sollte.

Der Mann hatte wissen wollen, ob einer der Syrer mir unterwegs irgendetwas abgenommen hätte. Es wäre mir lieber gewesen, darüber nicht sprechen zu müssen, denn ich war diesen fremden Männern wirklich sehr dankbar, dass sie uns sicher in den Libanon gebracht hatten. Aber ich wusste auch, ich hatte keine andere Wahl, denn es konnte ja in Zukunft einmal der Fall eintreten, dass andere Leute in eine ähnliche Lage gerieten und womöglich kein Geld bei sich hätten, das sie ihren Helfern geben könnten. Also antwortete ich: »Ja, einer der Männer hat mir in den Bergen einhundertundfünfzig Euro abgenommen.« Der Beamte wollte wissen, welcher von den Männern das gewesen war, und obwohl ich mir wirklich schlecht dabei vorkam, erklärte ich, es sei der Mann mit dem Bart gewesen. Dieser Mann hatte mir das Leben gerettet. Ich war mir bewusst, dass es richtig war, dem Beamten alles zu erzählen, aber genauso gut wusste ich, dass ich dem Bärtigen auch tausend Euro gegeben hätte, wenn ich sie in der Tasche gehabt hätte. Ich würde nie entgelten können, was diese Männer für uns getan hatten.

Doch der irische Beamte erklärte, dies müsse besprochen werden, damit man auch anderen helfen könnte, und das musste ich akzeptieren. Als der Anruf beendet war, fragten mich der Beamte und die Botschafterin, was mit meinem Bein beziehungsweise mit meinem Fuß passiert sei. Ich erklärte ihnen, wir seien stundenlang im Dunkeln auf rauen Wegen durch die Berge marschiert, und ich erinnere mich noch gut, was für ein Gesicht die zwei machten – ungläubig starrten sie mich an, konnten gar nicht fassen, welche gefährliche Route wir hatten nehmen müssen, um in den Libanon zu kommen. Aber für mich war das in dem Moment schon nur noch eine ferne Erinnerung. Die Freiheit und meine Familie warteten auf mich zu Hause in Dublin.

Die Beamten und die Botschafterin waren ganz außer sich. Sie waren sichtlich erschüttert, und ich glaube, sie waren sehr erleichtert, dass wir es geschafft hatten. Eine ganze Weile unterhielt sich die Botschafterin mit mir, und ich werde nie vergessen, wie viel Mut sie mir machte, als sie mir sagte, wie stolz meine Familie auf unsere Leistung wäre und wie tapfer wir diesen schweren Weg bewältigt hätten. Sie freute sich aufrichtig, uns zu sehen und nun die Gewissheit zu haben, dass wir in Sicherheit und endlich außer Gefahr waren.

Da saß ich nun in dem Auto, vollkommen verdreckt und am ganzen Körper zerkratzt von scharfem Dornengestrüpp und Steinsplittern. Und jetzt musste ich wieder an die Worte denken, die Mostafa tagaus, tagein immer wieder zu mir gesagt hatte, als ich noch seine Gefangene in Syrien gewesen war: »May wird Syrien nie verlassen. Krieg das endlich in deinen Schädel. May wird niemals, niemals Syrien verlassen; krieg das endlich in deinen Schädel!« Es war wie ein Mantra, mit dem er mindestens zehnmal am Tag eine Gehirnwäsche bei mir versucht hatte, während ich allein bei ihm zu Hause hinter vergitterten Fenstern und einer verriegelten Tür gesessen hatte. Ich schaute aus dem Autofenster und konnte immer noch nicht fassen, dass wir es geschafft hatten. Ich holte mehrmals tief Luft und umklammerte fest die Hand meiner Kleinen, küsste sie auf die Stirn und sagte ihr, wie doll ich sie lieb hatte. Die ganze furchtbare Quälerei war nun fast vorüber. Ich hatte mein kleines Mädchen wieder in den Armen. Ich empfand großen Stolz, weil ich meine Tochter in die Freiheit gebracht hatte, Stolz und eine ungeheure Erleichterung darüber, dass wir beinahe zu Hause waren.

Wir fuhren an einem weiteren Wachposten vorbei, wurden natürlich durchgewinkt, weil die irische Flagge stolz auf der Kühlerhaube unseres Wagens flatterte, und da sprach ich ein weiteres *Gegrüßet seist du, Maria* und dankte der Muttergottes und meiner Mami für all ihre Hilfe und Unterstützung während der vergangenen Tage und vor allem während der letzten Stunden.

Wir fuhren durch einen sehr schönen Stadtteil mit Holzhäusern, die über und über mit Blumenkästen behängt waren, wie ich es auf vielen Skiurlauben in Österreich und in der Schweiz gesehen hatte, und ich weiß noch, wie ich dachte: »Wie wunderschön ist doch der Libanon!« Es war ein herrliches Land mit vielen reizvollen Städten und beeindruckenden Landschaften. Mir war klar, dass es auch in diesem Land jede Menge Probleme gab, aber es war einfach atemberaubend.

Wir wurden zu einem sicheren Zufluchtsort gebracht, damit wir uns waschen und eine Weile ausruhen konnten. Eine wunderschöne Frau öffnete die Tür, eine Libanesin mit mattschwarzem Haar, das sie zu einem Knoten gebunden hatte; ihre Augen funkelten, und sie hatte ein bezauberndes Lächeln. Diese Frau, die schon die Sechzig überschritten hatte, aber immer noch ganz viel natürliche Schönheit ausstrahlte, bat uns hinein. Unser Aussehen kommentierte sie nicht, was mich überraschte, war ich doch überall am Körper völlig zerkratzt und von oben bis unten mit Schmutz bedeckt. Sie hieß uns einfach mit offenen Armen willkommen.

Ich erfuhr, dass diese Frau nichts von unserer Situation wusste und ich ihr auch nichts sagen sollte. Sie war einfach jemand, dem sie, wie sie meinten, vertrauen konnten. Auch vorher hatte man sie schon um Hilfe ersucht, und zum Glück hegte sie eine besondere Sympathie für die Iren. Um ehrlich zu sein, mir war es vollkommen egal, ob sie von den näheren Umständen unserer Lage erfuhr, denn sie schien wirklich zauberhaft zu sein. Ein ausgesprochen warmherziger Mensch.

Als ich ihr Haus betrat, wollte ich mir sofort die Schuhe ausziehen, aber sie sagte: »Was machen Sie denn da, Liebes? Sie müssen das nicht tun, wir sind Christen.« Ich glaube, in dem Moment begriff ich erst, dass wir wirklich in Sicherheit waren.

8

Nach Hause

Das Haus der libanesischen Dame war wunderschön. Sie hatte weiße Ledersessel und auch sonst ganz moderne Möbel, und ich war hochbegeistert, als ich mir ihre Fotos an den Wänden ansah und Bilder ihrer Nichten in den denkbar schönsten weißen Kommunionkleidchen entdeckte. So musste ich noch mehr an zu Hause denken.

Diese Dame, die sich so freundlich bereit erklärt hatte, uns zu helfen, obwohl sie nichts über uns wusste, kochte an jenem Abend für uns und gab uns das Gefühl, wirklich willkommen zu sein. Und als wir vor lauter Müdigkeit nicht mehr aufrecht sitzen konnten, führte sie uns in ein schönes Schlafzimmer und zu den Betten mit luxuriöser Bettwäsche und üppigen Kissen. Sie sorgte für warmes Wasser, damit wir duschen konnten, und zeigte uns den Fernseher, der Hunderte Kanäle hatte, die meisten englischsprachig. Es war einfach toll. Ganz fest umarmte ich May und sagte: »Ist das zu fassen, May, dass wir jetzt hier sind und bald zu Hause sein werden?« Und ich sah die Freude in ihrem kleinen Gesicht.

Ich empfand es fast wie einen Schock, als ich dachte, dass wir tatsächlich im Libanon waren, nachdem uns gelungen war, was nach den Aussagen so vieler Menschen gar nicht hätte gelingen können: die Flucht aus Syrien.

Die arme May sagte, sie sei zu müde, um zu duschen,

und legte sich aufs Bett, aber ich konnte es gar nicht erwarten, unter die heiße Dusche zu springen und mir den ganzen Schmutz vom Körper zu waschen.

Die reizende Dame reichte uns flauschige, pfirsichfarbene Handtücher und führte mich ins Bad, in dem zum Glück weit und breit kein Wasserschlauch zu sehen war. Sie hatte eine richtige Toilette und richtiges Toilettenpapier! Ich war total begeistert. Ich weiß noch, dass ich in dem Moment dachte, wie viel wir in unserer zivilisierten Welt doch für selbstverständlich hielten und wie viel dankbarer wir waren, wenn wir es verloren und dann zurückbekamen. An dem Abend nahm ich eine wunderbare Dusche mit richtigem Duschgel, mit Shampoo und Haarfestiger, aber als ich schon aus der Dusche rauswollte, klopfte May an die Tür und meinte: »Ich glaube, ich brauche doch eine Dusche, Mami.« Ganz fröhlich schaute sie dabei drein, denn als ihre Müdigkeit ein wenig nachgelassen hatte, begriff sie, wie schmutzig sie tatsächlich war. Zusammen standen wir unter der Dusche, lachten und machten Späße und waren dankbar für die wunderbare Gastfreundschaft und das behagliche, einladende Haus, in das wir einfach so hineingestolpert waren.

Am nächsten Morgen erwachte ich bei einem fast unwirklichen Geräusch: Ich hörte Vögel zwitschern. In Syrien hatte ich nie Vogelgezwitscher gehört, aber das wurde mir erst an diesem Morgen klar. Angeblich zwitschern Vögel, wenn sie glücklich sind, und so wusste ich, im Gegensatz zu meinem Aufenthalt in Syrien, dass ich an einem glücklichen Ort war.

Als ich mich im Bett umdrehte, dachte ich, ich hätte Halluzinationen. Der Geruch von Frühstück, das in der Küche zubereitet wurde, von Speck und Eiern, kam hereingeweht, und ich glaubte tatsächlich, ich müsse träumen. Allein schon der Gedanke, mich an einen solchen Frühstückstisch setzen zu können, war faszinierend; fast schon war ich überzeugt gewesen, ich würde so etwas nie wieder erleben. Ich wusste, May wäre entzückt, wenn ich ihr erzählte, dass wir zum Frühstück Eier und Speck und so weiter bekommen würden.

Ich sah mich in dem Schlafzimmer um und bemerkte eine zweiflügelige Balkontür mit weißen Jalousien davor, und als ich die Balkontür öffnete, musste ich mir kräftig die Augen reiben, um mich davon zu überzeugen, dass ich mir nicht etwa einbildete, was ich da sah. Vor dem Fenster lag das glitzernde blaue Meer, und ich sah kleine Boote, die am Horizont auf den Wellen auf und ab tanzten. Um das Haus herum standen die herrlichsten Kiefern, überall. Ich trat auf eine Veranda hinaus und entdeckte viele kleine, mit Blumenkästen geschmückte Holzhäuser. May folgte mir auf die Veranda hinaus, und als sie das Meer sah, das, was wir an Limassol am meisten geliebt hatten, sagte sie zu mir: »Das ist Zypern, Mama.« Ich musste über ihre Unwissenheit lachen und erklärte ihr, wo wir uns befanden, aber sie war einfach nur glücklich, dass sie an einem Ort sein durfte, der wie ein sicherer Hafen wirkte. Und sicher fühlten wir uns hier tatsächlich. Ich weiß noch, dass ich in dem Moment tief Luft holte und diesen Augenblick einfach genoss.

Schnell gingen wir wieder hinein, zogen uns an, und dann gingen wir ins Wohnzimmer. Ich sah, dass die Hausbesitzerin rauchte, und das machte mich ganz froh, denn ich sehnte mich nach einer Zigarette. Sie sagte zu mir: »Gehen Sie doch auf die Veranda hinaus, setzen Sie sich und entspannen Sie sich bei einer Zigarette. In ein paar Minuten ist dann das Frühstück draußen bei Ihnen.«

Während wir dort saßen und versuchten, diesen Moment zu genießen, diesen wunderbaren Moment, brachte sie nach und nach das Frühstück heraus, und es wurde ein richtiges Fest. Es gab eine große Kanne Kaffee, eine Platte mit ordentlich aufgerollten Schinkenscheiben, dicke Scheiben Käse, herrlich frische Muffins und Croissants und Riesenmengen fetten, dicken Bacon mit Eiern. Als May das Essen sah, sagte sie nur: »Oh, Mami.« Und ehe ich noch etwas tun konnte, fing sie an, richtig reinzuhauen.

Mitten während des Frühstücks trafen die Beamten ein, und als ich ihnen im Detail erklärte, was mit uns passiert war und was für einen Weg wir zurückgelegt hatten, waren sie einigermaßen schockiert. Sie hatten keine Ahnung gehabt, welche Fluchtroute wir nehmen müssten, und sie sagten mir, ich hätte großes Glück gehabt. Einer der Beamten sagte sogar, sie hätten große Angst gehabt, dass man nie wieder etwas von uns zu sehen bekäme, da manche dieser Schmuggler ihre ureigenen Pläne hatten und zuweilen die Leute, die sie aus dem Land schmuggeln sollten, einfach ausraubten oder aber sie entführten und saftige Lösegelder verlangten.

Wir wussten selbst, wie viel Glück wir gehabt hatten. Das brauchte uns niemand zu erzählen.

Eine Weile saßen wir noch zusammen, dann bat mich einer der Beamten ins Wohnzimmer. Ich hatte keine Ahnung, was er mir sagen wollte. Ich hoffte das Beste, hatte aber gelernt, mit dem Schlimmsten zu rechnen. Diesmal war ich auf Letzteres vorbereitet. Er drehte sich einfach zu mir um und sagte: »Regen Sie sich jetzt bloß nicht auf.« Und damit zog er

Flugtickets hervor. »Das sind Ihre Tickets für den Flug nach Hause. Aber ganz in sicheren Bahnen sind wir noch nicht.«

Er sagte, er habe Kontakt mit verschiedenen libanesischen Beamten aufgenommen, aber leider wollten die meisten mit der Sache nichts zu tun haben, und zwar wegen der Art der Einreise ins Land und wegen der Tatsache, dass May als syrisches Kind galt und auf einer Stoppliste stand. Aber der Beamte meinte, er habe es über andere Kanäle versucht und sich für meinen Fall eingesetzt. Schließlich hatte er sich mit einem Mann getroffen, der eine hohe Position bei der Einwanderungsbehörde innehatte, der aber berüchtigt dafür war, sehr intolerant und feindselig zu sein. Trotzdem hatte er diesem Mann sämtliche Unterlagen übergeben. Der brauchte beinahe eine halbe Stunde, um alles durchzulesen. Der Beamte erzählte, er habe mit angehaltenem Atem gewartet, denn dieser Mann habe kein einziges Wort gesprochen, habe immer nur weitergelesen. Zum Glück hatten die Beamten meine Unterlagen ins Arabische übersetzen lassen; das war der einzige Grund, weshalb sich der Mann überhaupt bereit erklärt hatte, alles zu lesen. Als er fertig war, hatte er dem Beamten erklärt, ich sei illegal ins Land eingereist und darüber sei er nicht gerade glücklich, aber er habe Verständnis für mein Dilemma. Er hatte um eine Stunde Zeit gebeten, um eine Entscheidung zu fällen.

Nun saßen wir also hier im Wohnzimmer und warteten auf seine Entscheidung, wie auch immer sie ausfallen mochte. Der Beamte war sichtlich besorgt, aber er meinte, er sei nach allem, was wir durchgemacht hatten, so erpicht darauf, uns nach Hause zu bekommen, dass er tatsächlich in ein Reisebüro gegangen sei und uns die Flugtickets gekauft habe. Der Flug sollte mit der Lufthansa gehen und uns von Beirut aus nach Frankfurt bringen und von da schließlich nach Dublin. Ich war total aus dem Häuschen.

Nun hielt ich die Tickets in den Händen, und da klingelte das Telefon des Beamten. Ich schaute auf seine deutlich zitternden Hände, als er das Gespräch annahm. Sein Gesicht verriet nichts, aber immer wieder sagte er auf Arabisch das Wort »Entschuldigung« zu demjenigen, mit dem er da redete, und sofort befürchtete ich das Schlimmste.

Aber dann sagte er: »Gut, dann komme ich also morgen Vormittag wegen der Papiere.« In dem Moment wusste ich, dass alles in Ordnung war. Und als der Beamte das Telefon wegsteckte, fing er an zu weinen, und wir weinten alle mit ihm, weinten Tränen der Freude und der absoluten, vollkommenen Erleichterung. Wir waren regelrecht verzückt.

Er schaute uns an und sagte: »Das Verdienst gebührt Ihnen. Wir haben nur den einfachen Teil erledigt. Hergekommen sind Sie ganz allein. Die Botschafterin meinte, ich sei jetzt hier auf einer Mission, und wenn ich heute den ganzen Tag nichts anderes mehr tue, muss ich doch unbedingt May Mandy Monaghan zu McDonald's bringen.«

Da leuchteten Mays Augen, auch wenn sie gerade erst mit dem Frühstück fertig geworden war. Sie hatte sich schon so lange nicht mehr richtig satt essen können, dass sie jedes kleine Stückchen herunterschlang, was sie in die Finger bekam. Man hatte den Eindruck, sie fürchtete, nie mehr im Leben etwas zu essen zu bekommen. Doch die Dame des Hauses bereitete schon das Mittagessen vor! Also erklärten wir, dass wir später am Nachmittag zu McDonald's wollten, denn es war ausgeschlossen, dass wir die Gastfreundschaft der Dame ausschlugen.

Zwei Stunden nach dem Frühstück aßen wir in einem riesigen Esszimmer zu Mittag, und wir bekamen sogar ein Glas Rotwein in wunderschönen Kristallgläsern. Beinahe unwirklich erschien uns das. Das Mittagessen war ein Fest, und nach dem ganzen Druck, der auf mir gelastet hatte, war ich nach nur einem Glas schon fast benommen. Aber es war ein herrliches Gefühl.

Nach dem Mittagessen fuhren wir nach Beirut, und auf dem Weg in die wunderschöne Stadt durchquerten wir eine atemberaubende Landschaft. Beirut war sehr weltstädtisch, überall helle Lichter und faszinierende Architektur. Es war ein regelrechter Schock für mich, die Restaurants von Fast-Food-Ketten zu sehen, genau wie bei uns zu Hause, und schließlich kamen wir zu einem McDonald's. May bestellte ein Happy Meal mit Chicken Nuggets. Sie hatte ein breites Lächeln im Gesicht, als sie die Schachtel öffnete. Wir saßen da und sahen ihr eine Dreiviertelstunde lang zu, wie sie ihre Nuggets aß und jedes kleinste Krümelchen knabberte, als hätte sie Angst, so etwas nie wieder zu bekommen. Ich sah, dass sie jeden Moment genoss. Da mussten wir alle lächeln, und um ehrlich zu sein, wir mussten auch alle weinen. Jetzt begriffen die Beamten erst so richtig, was für Entbehrungen dieses kleine Mädchen erlitten und wie sehr sie das alles mitgenommen hatte. Für sie war Essen inzwischen ein Luxus, und ich wusste, sie würde einige Zeit brauchen, bis sie begriff, dass sie sich um die Versorgung mit Lebensmitteln keine Sorgen mehr zu machen brauchte. Darum müssten wir uns von nun an nie mehr Sorgen machen.

Seit sie im September entführt worden war, hatte sie sehr viel abgenommen, und ich sah, dass sie in gewisser Weise in

Syrien systematisch an eine andere Lebensweise gewöhnt worden war. Man hatte ihr ein paar ganz grundlegende Dinge weggenommen, die sie von Zypern her kannte, alberne Kleinigkeiten wie Toilettenpapier, Shampoo, Seife und sogar Lebensmittel, und es würde eine Weile dauern, bis sie sich wieder an diese Dinge gewöhnte und begriff, dass diese Dinge von nun an immer da sein würden.

An dem Abend entspannten wir uns im Bett, sahen fern, dachten an die Reise nach Hause und fühlten uns wie im siebten Himmel. Wir waren voller Hoffnung, dass am nächsten Vormittag alle Formulare ausgefüllt wären, damit wir die gebuchten Flüge nicht verpassten. Eine halbe Ewigkeit telefonierte ich mit Mandy, und an ihrer Stimme hörte ich, wie aufgeregt sie war. Sie konnte es kaum noch erwarten, dass wir auch den letzten Teil der Reise sicher hinter uns brachten. Mir war klar, dass sie sich schon sehr auf das Wiedersehen freute, dass sie aber trotzdem noch befürchtete, etwas könne schiefgehen, wie schon so viele Male zuvor. Sie würde sich erst entspannen, wenn sie uns am Flughafen in Dublin in der Ankunftshalle sah.

Am nächsten Morgen holte uns wie verabredet der Beamte ab, und wir verabschiedeten uns von der reizenden Dame, die voller Freundlichkeit so viel getan hatte, um unsere Sicherheit und unsere Behaglichkeit zu gewährleisten.

Wir fuhren zur Einwanderungsbehörde, und May und ich sollten im Wagen sitzen bleiben. Die Aircondition lief auf höchster Stufe, denn es war ein sehr heißer Tag. Wir sahen dem Beamten nach, der sich nervös dem Gebäude der Einwanderungsbehörde näherte. Seine größte Sorge war, dass jemand über Nacht seine Meinung geändert hätte, denn sollte das der Fall sein, steckten wir in ernsthaften Schwierigkeiten. Dann gäbe es nur wenig Hoffnung für uns.

Wir warteten und warteten, und es fühlte sich wie eine Ewigkeit an. Mir war so übel, dass ich aus dem Auto aussteigen und eine Zigarette rauchen musste. May machte sich Sorgen um mich, denn sie wusste, ich stand unter großem Stress. Ich bat sie einfach, darum zu beten, dass alles in Ordnung käme. Man hatte uns bereits gesagt, wenn dieser Plan schiefginge, würden wir in ein katholisches Kloster müssen, und das, so wie es aussah, für einen unbestimmten Zeitraum. Das war eine Möglichkeit, die ich fürchtete, auf die ich aber vorbereitet sein musste. Davon hatte ich Mandy nichts erzählt, denn ich wollte nicht, dass sich meine Familie noch mehr Sorgen machte. Vor allem aber wollte ich nicht, dass mein Dad sich ängstigte.

Die Zeit verging, und mir fiel auf, dass sich der volle Parkplatz, auf den wir gefahren waren, schnell leerte, Zeichen dafür, dass wir schon ziemlich lange hier waren. Ich hatte keine Armbanduhr, aber ich wusste, dass dies nicht die kurze Stippvisite war, mit der ich gerechnet hatte. Ich weiß noch, dass ich auf den Dächern nach Heckenschützen Ausschau hielt und dann begriff, dass das hier im Libanon gar nicht nötig war. Allmählich glaubte ich, etwas müsse schiefgegangen sein, aber dann sah ich in der Ferne eine Gestalt, die sich uns näherte, und zwar von einem militärischen Wachposten her, an dem zwei Männer in voller Uniform standen. Ich konnte nicht erkennen, ob es unser Mann war, bis ich sah, dass der Mann die Hände in der Luft schwenkte, Hände, in denen er unsere zwei Pässe hielt. Ich war total aus dem Häuschen. Jetzt lief er auf uns zu, und ich brach weinend zusammen. Ich sprang auf den Beifahrersitz, und als er sich hinters Steuer setzte, beugte er sich rüber, umarmte mich fest und gab mir einen Kuss. Er freute sich wirklich für uns.

Er fing an zu lachen und sagte: »Sie werden das jetzt nicht glauben. Sie haben Ihnen ein Ausreisevisum ausgestellt, das Ihnen ermöglicht, hier noch zwei Wochen Urlaub zu machen.« Er drehte sich zu May um und fragte sie lachend: »Na, May, willst du hier Urlaub machen?« Und sie rief: »Nein!« Und dann fingen wir alle an zu lachen. Nach allem, was wir durchgemacht hatten, war es doch ziemlich komisch, dass die Libanesen, die guten Leute, uns einen Urlaub gestatteten, wo wir doch nichts anderes wollten, als sicher nach Hause in den Schoß unserer Familie zurückzukehren. Aber wer auch immer diese Formulare unterzeichnet hatte, die uns nach Hause bringen sollten – wir waren ihm unendlich dankbar. Uns war klar, dass wir den Leuten hier viel verdankten. Tatsächlich hatten wir eine Geldstrafe für die illegale Einreise in den Libanon bekommen, und so zahlten wir schließlich tausendfünfhundert Dollar; ein geringer Preis für unsere Freiheit.

Wir machten uns auf den Weg zum Flughafen, und über die Freisprecheinrichtung seines Handys rief der Beamte seine Kollegen bei der Botschaft an, um sie wissen zu lassen, dass May und ich jetzt praktisch auf dem Nachhauseweg seien. Die junge Frau im Büro, die ich inzwischen gut kannte, jubelte, als sie die Neuigkeit hörte. Er bat sie, Dublin anzurufen und allen zu sagen, dass wir unterwegs seien. Ich strahlte. Ich nahm ihm das Handy weg und entschuldigte mich bei der jungen Frau am anderen Ende der Leitung, die ich in den vergangenen Wochen so oft angeschrien hatte vor lauter Enttäuschung über den, so wie ich es sah, Mangel an Einsatzbereitschaft von Seiten der Botschaft. Nun dankte ich der jungen Frau für alle Bemühungen, die sie und ihre Kollegen unternommen hatten, um uns endlich nach Hause zu befördern. Sie war sehr verständnisvoll und wünschte mir alles Gute für die Zukunft.

Nach Beendigung des Gesprächs rief ich Mandy an, und bis zum heutigen Tag spüre ich noch die Aufregung, wenn ich an die Worte denke, die ich da sagte: »Wir kommen nach Hause, Mandy.« So oft schon hatte ich gedacht, ich bekäme nie die Gelegenheit, diese Worte zu sagen und gleichzeitig ohne einen Hauch des Zweifels zu wissen, dass sie wahr waren. Mandy schwieg einen Moment, und mir war klar, dass auch sie weinte. Es war ein bewegender Augenblick für uns beide. Nach allem, was wir durchgemacht hatten, sowohl gemeinsam als auch getrennt, sollten wir nun alle wiedervereint werden. Lebend und gesund.

Jetzt kann ich es ja zugeben: Es gab tatsächlich Momente, in denen ich dachte, ich würde diesen Tag nie erleben.

Als wir schließlich zum Flugplatz kamen, sah ich schon die Maschine, die uns nach Hause bringen sollte, und wieder kamen mir die Tränen. Die Gefühle gingen einfach mit mir durch. Das alles ließ sich wirklich nur schwer begreifen.

Ich war völlig verblüfft darüber, wie groß und modern der Flughafen war. Es gab jede nur denkbare Annehmlichkeit hier, genau wie auf großen europäischen Flughäfen. Es kam mir alles wohl deshalb höchst unwirklich vor, weil ich die Stadt Beirut wegen der Berichterstattung im Fernsehen immer mit Krieg in Verbindung gebracht hatte, doch nun war ich in dieser wunderschönen Großstadt und ihrem ultramodernen Flughafen. Es erschien mir alles sehr seltsam, aber auch sehr angenehm.

Ehe wir uns endgültig trennten, bedankte ich mich bei dem Beamten, einem Mann, der auf unserem schweren und oft furchtbaren Weg einer von vielen Lebensrettern gewesen war. Ich sagte ihm, wir würden ihn immer im Herzen behalten und für ihn beten, und das meinte ich auch so.

Wir stellten uns an, um durch die Sicherheitskontrolle zu gehen, und ich dachte, wie faszinierend es doch war, gleich mit Leuten in ein Flugzeug steigen zu können, die mich überhaupt nicht kannten, die keine Ahnung hatten, was May und ich alles durchgemacht hatten, um hierherzukommen. Ich schaute nach rechts, und ich sah etwas, was ich in einem Land mit so vielen Muslimen nie und nimmer für möglich gehalten hätte: Zwei bildhübsche junge Frauen posierten im Bikini, dekorativ auf einen Ferrari drapiert, und machten Reklame für eine Tombola, bei der man das Auto gewinnen konnte. Es war wirklich zu komisch.

Wir setzten uns in ein Bistro, und ich hatte hundert Dollar in der Tasche, die unser reizender Beamte mir gegeben hatte, damit ich uns im Flughafengebäude etwas zu essen kaufen könnte. Als ich mich umsah, entdeckte ich, dass ein Kaffee zehn Dollar kosten würde und ein Milchshake zwölf Dollar. Abartig. Ich konnte kaum fassen, wie teuer hier alles war. Aber da saßen wir nun in diesem höchst kostspieligen Bistro und sahen unglaublich schöne Frauen in den denkbar elegantesten Kleidern vorbeigehen. Diesen Anblick werde ich nie vergessen. Es war unfassbar, einfach hier sitzen und bestellen zu können, was wir wollten. So lange hatte ich dazu schon keine Gelegenheit mehr gehabt, und mir wurde klar, dass wir auch so etwas tagtäglich für selbstverständlich halten und dass wir gar nicht wissen, was manche Menschen nur ein paar tausend Meilen entfernt durchmachen.

Als unser Flug aufgerufen wurde und wir zum Abflugschalter gingen, gab ich dem Mann von der Einreisebehörde unsere Pässe, und ich weiß noch, dass er uns einen sehr merkwürdigen Blick zuwarf und fragte: »Ersatzreisedokumente? Sie haben hier ein Visum, das zwei Wochen gültig ist und das erst vor fünfundvierzig Minuten ausgestellt wurde.«

Ich sagte: »Ja.«

»Und Sie wollen nicht bleiben? Darf ich fragen, wieso nicht?«

Da lachte ich und antwortete: »Das ist eine sehr lange Geschichte, ich glaube kaum, dass Sie die hören wollen.«

Er lächelte verlegen und erwiderte: »Dann gehen Sie durch.«

Und wir gingen in den Abflugbereich und füllten unseren Vorrat an Vollmilchschokolade von Cadbury auf, ehe wir ins Flugzeug nach Frankfurt stiegen.

Wir fühlten uns richtig entspannt, als wir dasaßen und das Flugzeug auf die Startbahn rollte. Der Flug dauerte zweieinhalb Stunden, aber wir waren so aufgeregt, dass wir gar nicht merkten, wie die Zeit verging.

Als wir in Deutschland landeten, mussten wir rennen, um unseren Anschlussflug nach Dublin zu bekommen. Zu dem Zeitpunkt waren wir richtig aufgeregt, denn wir wussten, dass wir in noch nicht einmal zwei Stunden unsere Familie wiedersehen würden. Ich begriff, wie wichtig die Familie in Krisenzeiten sein kann – und meine Familie hatte uns ganz besonders unermüdlich geholfen.

Als wir in Dublin aus dem Flugzeug stiegen, kam eine Durchsage für Louise Monaghan mit der Bitte, sich beim Flughafenpersonal zu melden. Das tat ich, und da sah ich, dass ein Rollstuhl für mich bereitstand, nur für den Fall, dass ich ihn brauchte. Das Personal war auf meine schlechte Verfassung aufmerksam gemacht worden, und die Leute wussten ja nicht, wie schlimm es mir bei der Ankunft gehen würde, nach allem, was ich durchgemacht hatte. Aber ich dankte ihnen und sagte, ich könne gehen. So lange war ich gegangen, um hierherzukommen, dass ein paar weitere Schritte, meine letzten Schritte Richtung Freiheit, ein Kinderspiel wären.

Endlich war ich auf heimischem Boden.

Ein reizender irischer Beamter vom Außenministerium holte mich ab, mit dem Mandy während unserer Zeit in der Hölle zu tun gehabt hatte, und er sagte zu mir, man würde uns durch einen anderen Ausgang führen, wo die Familie mich erwarte. Ich war total aus dem Häuschen.

Mit dem Regierungsbeamten passierten wir die Passkontrolle in Dublin, und ich weiß noch, dass ein Polizist zu mir sagte: »Tut mir leid, aber ich muss Ihre Pässe kontrollieren; reine Formsache.«

Ich erwiderte: »Ich kann Ihnen gar nicht sagen, wie froh ich bin, dass Sie unsere Pässe kontrollieren, nach allem, was ich durchgemacht habe. Sie haben ja gar keine Ahnung.« Ich dachte, ich wäre gar nicht erst in diese Lage geraten, wenn anderswo dieselben »Formsachen« beachtet würden. Dass es wenigstens in meinem eigenen Land passierte, war eine große Erleichterung für mich.

Ich weiß noch, die erste Stimme, die ich beim Betreten der Ankunftshalle hörte, war die von Yvonne Kinsella, einer Journalistin und Fernsehproduzentin, die meiner Familie vom ersten Tag an geholfen hatte, meine Geschichte in der Öffentlichkeit bekannt zu machen. Obwohl ich Yvonne nie zuvor gesehen hatte, erkannte ich ihre Stimme sofort, denn ich hatte schon mit ihr telefoniert, und ich lief zu ihr hin, umarmte sie und bedankte mich bei ihr für alles. Yvonne ist uns allen inzwischen eine gute Freundin geworden, und sie hat mir auch geholfen, meine Geschichte in Buchform zu bringen.

Dann trennte ich mich von ihr und machte mich auf den Weg in einen separaten Raum, in dem ich endlich meine Familie wiedersehen sollte. Zwei Reporter standen da, einer vom *Irish Daily Mirror* und der andere von der *Irish Sun*, dazu noch zwei Fotografen. Mir war klar, sie hatten dazu beigetragen, Licht auf meine traurige Lage zu werfen, und dabei die ganze Zeit die Privatsphäre meiner Familie respektiert, und so dankte ich ihnen für ihr Kommen. Aber zuallererst wollte ich meine Familie sehen, und als ich durch die Tür zu dem separaten Raum schritt, begrüßten mich meine in Tränen aufgelöste Schwester, mein reichlich mitgenommener armer Vater, mein Neffe Josh, mein künftiger Schwager Sean, meine Tante Kathy und meine Cousine Elaine. Und noch nie war ich so glücklich gewesen, sie alle zu sehen.

Wir alle brachen in Tränen aus, und alle umarmten und küssten mich und May. Eine Woge des Glücks schwappte über mich hinweg, Gefühle, die ich nicht in Worte fassen konnte und kann. Das Herz schlug mir wie wild, und mein Mund war ganz trocken, aber ich wusste, ich würde mich zusammenreißen müssen. Mandy und ich starrten uns einfach nur ungläubig an.

Mein Dad kam zu mir, und als er mich umarmte, fühlte ich, dass er am ganzen Körper zitterte, und ich spürte seine Tränen auf meiner Schulter. Als dann meine Tante Kathy kam, hätte ich sie am liebsten umarmt und nie wieder gehen lassen, denn in diesem ganzen Elend war sie solch ein Fels in der Brandung gewesen und hatte uns jederzeit hilfreich zur Seite gestanden.

Meine Cousine Elaine stand einfach nur in der Ecke und weinte, und da musste ich an andere schwere Zeiten und Tragödien in der Familie denken und daran, dass Elaine immer in einer Ecke stand und weinte, und das war irgendwie auch komisch, denn dies war, Gott sei Dank, keine Tragödie geworden, obwohl es sehr leicht dazu hätte kommen können.

Der arme Josh war in Tränen aufgelöst, und ich weiß noch, ich musste mich recken, um ihn zu umarmen; fast ein Jahr hatte ich ihn nicht mehr gesehen, und er war inzwischen sehr gewachsen.

Ich schaute mich in diesem winzigen Raum um, überwältigt von Stolz und Liebe. Ich war so stolz, dass ich es geschafft hatte, May sicher nach Hause zu bringen, zurück zu einer Familie, deren Liebe zu meiner Tochter ohne jeden Zweifel unermesslich war. Ich weiß noch, ich dachte, auch wenn ich jetzt sterben müsste (denn ich wusste ja immer noch nicht, ob ich nicht vielleicht Krebs hatte), eines wüsste ich auf jeden Fall, nämlich dass May in Sicherheit war. Wenigstens das hatte ich vollbracht.

Erst später am Abend sprach ich das Thema Mandy gegenüber an, und sie zeigte mir die Arztberichte, die bestätigten, dass mit mir alles in Ordnung war. Das war für mich nun noch der krönende Abschluss, denn jetzt wusste ich, ich hätte noch viele Jahre vor mir, in denen ich May lieben und mich um sie kümmern konnte.

Etwa eine halbe Stunde verbrachte ich auf dem Flugplatz, dann wurde ich zu einer Willkommensparty in unserem nahegelegenen GAA-Stadion chauffiert, einem Stadion, in dem gälischer Fußball gespielt wurde. Als ich mit May durch die großen Türen trat, empfingen mich Jubelrufe und Beifall von all meinen Verwandten, meinen Tanten, Onkeln und Cousins sowie von Nachbarn und Freunden. Die Fotoreporter von der Zeitung waren uns gefolgt, um ein paar Schnappschüsse mit der Familie zu machen.

May war total begeistert von der Willkommensparty, und sie sah an diesem Abend sehr glücklich aus. Noch immer war es kaum zu glauben, dass wir endlich in Sicherheit und bei all den Menschen waren, die uns am meisten liebten.

9

Weiterleben

Als wir an dem Abend schließlich nach Hause kamen, zogen May und ich die hübschen neuen Schlafanzüge an, die Mandy uns gekauft hatte, und im Bett kuschelten wir uns aneinander. Ich weiß noch, dass ich May fragte, ob alles mit ihr in Ordnung sei, und ihre Antwort sagte alles: »Ja, Mami, ich glaube, ich träume wohl.«

Nichts kann besser ausdrücken, wie froh ich war, dass ich in Sicherheit und am Leben und mit meinem kleinen Mädchen zusammen war.

So viele Tage hatte es gegeben, an denen ich dachte, ich würde meine Familie nie wiedersehen, und in jeder einzelnen Stunde hatte mich die Angst verfolgt, nach dem Gesetz der Scharia zu Tode gesteinigt zu werden.

Jetzt verfolge ich jeden Tag die Fernsehnachrichten, sehe Menschen, die erschossen oder bei Minenwerferangriffen getötet wurden, und das in vielen Städten, durch die ich auf meiner Flucht in die Freiheit gefahren bin, auch in der Stadt, in der ich mit May gefangen gehalten wurde. Und ich bete für all die unschuldigen Kinder und Eltern, die brutal ermordet werden in einer Krise, die inzwischen, seit wir zu Hause sind, weiter eskaliert ist. Und wenn ich für die bete, die immer noch dort, in der Hölle auf Erden, festsitzen, danke ich Gott, dass uns die Flucht gelungen ist. Es fällt schwer zu glauben, dass die Gewalt so schnell so sehr eskaliert ist, doch ich weiß, wenn ich an dem Tag, an dem sich die Chance ergab, nicht geflohen wäre, wären May und ich entweder tot oder säßen für den Rest unseres Lebens in einem Land fest, in dem der Krieg wütet.

Ich liebe meine Familie und mein Zuhause in Dublin, und nach meiner Rückkehr aus Syrien versuchte ich, mich wieder einzuleben, aber May vermisste ihre Freunde, und ich vermisste die Sonne, das Meer und den Strand. Ich musste tief in mich gehen und viel nachdenken, ehe ich schließlich entschied, dass ich wieder nach Zypern zurück und uns dort noch einmal ein Leben aufbauen wollte. Der Entschluss ist mir keineswegs leichtgefallen, aber inzwischen weiß ich, dass es richtig war.

Ich nahm wieder Kontakt mit Freunden auf Zypern auf und erklärte meinem Vater und Mandy, dass ich überzeugt sei, Mostafa hätte gewonnen, wenn ich nicht dahin zurückkehrte, wo inzwischen mein Zuhause war. Zum Glück verstanden sie das. Und schließlich machte ich den großen Schritt, kehrte Anfang 2012 wieder zurück und stellte mich, in vielerlei Hinsicht, meinen Ängsten. Zum Glück ist alles gut gegangen.

Seit wir wieder auf Zypern sind, geht May in die Schule, und innerhalb kürzester Zeit habe ich einen Therapieplatz für sie bekommen, wo man sie wegen posttraumatischer Belastung behandelt. In Irland hatte man uns gesagt, wir müssten unter Umständen monatelang warten, ehe sie dort eine entsprechende Therapie beginnen könnte, und das fand ich sehr entmutigend, denn ich wusste, wie dringend sie die Therapie brauchte. Eine Therapie, die übrigens auch ich brauchte.

Aber inzwischen bin ich zufriedener als je zuvor, und May entwickelt sich langsam, aber sicher wieder zu dem fröhlichen kleinen Mädchen, das sie vor dem schrecklichen Tag war, an dem ihr Vater sie aus ihrem idyllischen Leben riss. Zum Glück sind wir fast wieder die, die wir einmal waren. Und was noch wichtiger ist: Ich fühle mich sicher. Anfangs machte ich mir Sorgen wegen der Entscheidung, die ich gefällt hatte, aber ich bin sehr glücklich hier, und May geht es genauso, und ich habe wunderbare Freunde, die Tag und Nacht für uns da sind. Ohne sie wäre es viel schwieriger.

Die Passkontrollen haben May und mich sicherlich im Stich gelassen, was mir immer noch große Sorgen macht und was ich gern ändern würde, wenn ich könnte, damit so etwas wie Mays Entführung nie wieder passiert. Nach dem jetzigen Stand der Dinge kann sich jeder ungehindert zwischen dem Süden und dem Norden Zyperns frei bewegen. Es gibt keine Grenzkontrollen, denn Zypern erkennt den Norden Zyperns nicht als unter türkischer Oberhoheit stehend an. Das stellt ein immenses Sicherheitsrisiko für Eltern von Kindern dar, die entweder dauerhaft auf Zypern leben oder sich als Touristen dort aufhalten; ein Risiko ist es immer dann, wenn es Streitigkeiten über das Sorgerecht gibt. Es ist eine Sache, die mit äußerster Dringlichkeit behandelt werden sollte. Ich setze mir jetzt als Aufgabe, auf jede nur denkbare Art anderen zu helfen, die sich in ähnlichen Situationen befinden. Nachdem ich diesen furchtbaren Weg gegangen bin, hoffe ich, dass ich in der Lage sein werde, vielen anderen Familien zu helfen, die eine Erfahrung durchmachen, die gemeinhin als das Erschreckendste und Erschütterndste beschrieben wird, was Eltern in ihrem Leben überhaupt durchmachen können.

Auf meinem Weg habe ich viel darüber gelernt, was man in dem unmittelbaren Chaos nach einer Kindesentführung tun sollte und was lieber nicht. Ich kenne Tipps und Tricks zum Umgang mit Botschaften und den verschiedenen Außenministerien. Seit meiner Rückkehr nach Hause habe ich Monate im Internet verbracht und Möglichkeiten erforscht, wie man anderen Eltern von entführten Kindern helfen kann. Mir wurde das wunderbare Geschenk zuteil, dass ich mein Kind zurückbekam, und deshalb will ich alles in meiner Macht Stehende tun, um so vielen wie möglich mit meinen Kenntnissen zu helfen.

Wenn die bürgerkriegsähnlichen Zustände in Syrien erst einmal beendet sind, hoffe ich, es wird mir gelingen, Syrien und auch ähnliche Länder dahingehend zu beeinflussen, dass sie die Haager Konvention unterzeichnen, auch wenn mir klar ist, dass dies eine große Herausforderung sein wird. Denn in den meisten, wenn nicht allen islamischen Ländern liegen fast alle Rechte beim Vater eines Kindes, und alles, was er tut, gilt in den Augen des Gesetzes als angemessen und richtig.

Die Worte des Scharia-Richters in Syrien, der sich weigerte, mir ein Ausreisevisum auszustellen, werden in meinem Gedächtnis bleiben, solange ich lebe. Er hatte May das Ausreisevisum mit der Begründung verweigert, das Land dürfe nicht noch eine junge Muslimin verlieren. Wenn ich daran denke, wird mir immer noch speiübel. Ich finde, die Staatsoberhäupter in aller Welt sollten darauf drängen, dass ein weltweit anerkannter Gerichtshof für Menschenrechte eingerichtet wird, der darüber wacht, dass die Menschen überall in der Welt Urteile anerkennen und befolgen, die gleiche Rechte für Männer und Frauen verlangen, ganz gleich, wie die jeweiligen religiösen Überzeugungen sein mögen. Jeder Fall sollte individuell betrachtet werden, unabhängig von der Frage, ob jemand Moslem oder Katholik oder Protestant oder Jude ist. Ungeachtet der jeweiligen Religion sollten Frauen den Männern gleichgestellt sein, und Schutz und Wohlergehen des Kindes sollten Vorrang haben, wenn es, wo auch immer, um die Entführung eines Kindes durch ein Elternteil geht.

Die Folgen der Entführung für May werden so richtig erst zum Vorschein kommen, wenn sie größer wird, und keiner weiß, wie diese Folgen aussehen werden. Ich sehe sie heute, wie sie mit ihrem Leben weitermacht, immer einen Schritt nach dem anderen geht. Sie ist immer noch sehr anhänglich und erträgt es kaum, dass wir einmal getrennt sind, auch wenn ich nur einkaufen gehe und sie zu Hause in der Obhut von Verwandten oder engen Freunden lasse. Ich weiß, es wird seine Zeit und viel professionelle Hilfe brauchen, bis May sich wieder sicher fühlt. Auch ich will eine Therapie machen, sobald ich sicher sein kann, dass mit May alles in Ordnung ist. Ich hoffe, sie wird sich wieder zu dem selbstbewussten kleinen Mädchen entwickeln, das sie vorher war. Daran habe ich auch überhaupt keinen Zweifel, denn sie hat die Unterstützung einer liebevollen, fürsorglichen Familie und eines engen Kreises von Freunden, die sie auf jedem Schritt des Weges begleiten.

Und was ihren Vater angeht: Wegen der Lage in Syrien weiß ich nicht genau, wo Mostafa sich gegenwärtig aufhält. In den Wochen nach unserer Flucht erfuhr ich, man habe ihn verhaftet und in Syrien inhaftiert. Sollte man ihn, wie geplant, nach Zypern ausweisen, wo er sich vor Gericht wegen Kindesentführung zu verantworten hätte, dann kann sehr wohl ein langwieriges Verfahren daraus werden, das große Aufmerksamkeit erregt, da man uns sagte, es wäre das erste Mal, dass dies mit einem muslimischen Vater passieren würde. Allerdings habe ich keine Möglichkeit, in Erfahrung zu bringen, was tatsächlich passieren wird, da die Angehörigen des irischen Konsulats aus Damaskus flüchten mussten, als sich die Lage dort zuspitzte. Man sagte mir, die Sache sei ihnen jetzt aus der Hand genommen; eine weitere Komplikation, zu der es kommen kann, wenn ein Elternteil ein Kind entführt und in ein Land bringt, in dem Krieg herrscht.

Ich muss einfach nur hoffen und beten, dass er endgültig aus unserem Leben verschwunden ist.

Ich wünschte bei Gott, Mostafa hätte unsere Tochter damals nicht von Zypern weg entführt, denn er ist Mays Vater, und ich finde, jedes Kind sollte, wenn möglich, beide Elternteile in seinem Leben haben. Doch dafür zu sorgen wurde mir aus der Hand genommen an dem Tag, an dem er May widerrechtlich fortbrachte. Ich habe ihn dafür gehasst, dass er sie entführt hatte, aber ich habe ihn noch mehr dafür gehasst, dass er sie in ein Kriegsgebiet brachte und ihr Leben aufs Spiel setzte.

Immer wieder werde ich gefragt: »Was hast du nur in ihm gesehen?« Aber es war nicht nur das, was *ich* in Mostafa sah; es war, was auch jede andere Frau, die ihm begegnete, in ihm sah. Er konnte ungeheuer charmant sein, wenn er gute Laune hatte. Er war ein unglaublich attraktiver Mann mit einer sehr großen Präsenz. Er hatte ein markantes Kinn, markige Gesichtszüge, große braune Augen, herrliches, glänzend schwarzes Haar, weiße Zähne und breite Schultern, und er war stets makellos gekleidet. Er sprach sehr leise, und er machte den

Eindruck eines Mannes mit guten Manieren und viel Ausstrahlung, nach dem sich jede Frau auf der Straße umsehen würde. Wenn wir zusammen ausgingen, stellte ich erschüttert fest, wie die Frauen auf ihn reagierten, sogar wenn ich neben ihm saß. Sie vergötterten ihn. Er hatte wirklich das gewisse Etwas, wenn es um die Damenwelt ging, und wenn er Gelegenheit dazu hatte, wickelte er sie alle die ganze Nacht lang um den Finger.

Ich weiß noch, dass wir kurz nach unserer Hochzeit über Manchester nach Dublin flogen, damit er meine Freunde und Verwandten kennenlernen konnte. Am Flugplatz von Manchester wurde mir bewusst, wie er in einem Raum sofort die Aufmerksamkeit aller auf sich zog; die Frauen starrten zu ihm hin, stupsten sich mit dem Ellenbogen an, zeigten verlegen auf ihn, wobei sie einander sicher zuraunten, wie attraktiv er doch sei. Weil ich an Zypern gewöhnt war, wo es viele Männer mit ganz ähnlichem Aussehen gab, machte ich mir nicht so viele Gedanken über den Unterschied zwischen Mostafa und den englischen Männern, aber als wir dann tatsächlich in England waren, wurde dieser Unterschied augenfällig. Einmal verlor May ihre Schmusedecke am Flughafen, und als ich mich hektisch danach umschaute, sah ich plötzlich eine Gruppe Frauen, die offensichtlich mit ihm flirteten – und er genoss es. Tatsächlich machten ihm im Flugzeug sogar die Flugbegleiterinnen schöne Augen. Man könnte meinen, er sei ein berühmtes männliches Model oder ein Schauspieler. Die Aufmerksamkeit, die ihm zuteil wurde, war sagenhaft.

In Dublin sagten Freundinnen von mir Mostafa doch tatsächlich ins Gesicht, er sei der attraktivste Typ, den sie je gesehen hätten. Er hatte ganz einfach das gewisse Etwas, um die

Damen zu erobern. Eines Abends während unseres Irland-Aufenthalts gingen wir in einen großen Nachtklub in Dublin mit Namen Wright Venue, und obwohl ich direkt neben ihm stand, kam ein Mädchen zu ihm herüber und fragte, ob er ihre Freundin küssen würde, wenn sie ihm zehn Euro gäbe, es sei nämlich ihr Geburtstag. Natürlich tat er das nicht, denn dafür hätte ich ihn umgebracht, aber mit so etwas rechnete ich schon, wenn wir ausgingen, ob nun auf Zypern oder in Irland, wenn auch weit mehr in Irland. Ich gewöhnte mich daran.

Heute lache ich darüber, aber als die Tortur vorüber war und wir wieder sicher zu Hause waren, kam doch tatsächlich eine Nachbarin auf mich zu und sagte: »Oh, Gott sei Dank, dass Sie nach dieser schrecklichen Zeit wieder zu Hause sind. Aber es ist doch wirklich jammerschade, oder, denn er hat ja so hinreißend ausgesehen.« Das sagt alles über Mostafa; er hatte die Gabe, mit seinem Charme zu verzaubern, und diese Gabe setzte er auch ein.

Ich glaube, wenn unsere Beziehung in schwere Krisen geriet, war es immer wieder dieser Charme, der mich zurück in seine Arme trieb. Ich war damals einfach total vernarrt in ihn und hoffte immer, Mostafa würde sich ändern und wäre dann wieder der nette Typ, den ich eines Abends in einer Bar kennengelernt hatte, als wir uns ineinander verliebten. Aber natürlich kommt es nie so, wie man es sich erhofft.

Tut mir Mostafa Assad leid, habe ich Mitleid mit ihm? Diese Frage stelle ich mir jeden Tag aufs Neue. In gewisser Weise habe ich tatsächlich Mitleid mit ihm, denn ich weiß, er muss seine Tochter ganz bestimmt lieben, auch wenn er das kaum je gezeigt hat. Schließlich ist sie sein eigen Fleisch und Blut. Er hatte ein Besuchsrecht, und ich habe ihn nie davon abgehalten, sie zu besuchen und einen Tag lang einen Ausflug mit ihr zu machen und Zeit mit ihr zu verbringen. May ist nie gern mitgegangen, aber ich habe ihr immer erklärt, sie müsse das tun, weil er ihr Papa war und sie liebte. Doch auf meine Rechte nahm Mostafa nicht die gleichen Rücksichten wie ich auf seine. Ich durfte May nicht von Zypern fortbringen, obwohl ich einen Ausweis für sie hatte, denn Mostafa hatte sie auf eine Stoppliste setzen lassen, die mich daran hinderte, sie ohne seine schriftliche Erlaubnis außer Landes zu bringen. Ich hätte seine Zustimmung gebraucht, um sie nach Dublin mitzunehmen, also brauchte er keine Angst zu haben, dass ich heimtückisch etwas gegen seinen Willen tat. Doch Mostafa selbst hatte keine derartigen Skrupel, als er sich vornahm, dafür zu sorgen, dass May alle ihre westlichen Gewohnheiten ablegte und er die totale Kontrolle über ihr Leben bekam. Das war die Ursache all unserer Probleme. Und das werde ich ihm nie verzeihen.

Natürlich wünschte ich, es wäre alles anders verlaufen. Die ganzen Jahre ertrug ich die sowohl physische als auch psychische Gewalt und war immer bereit, ihn in mein Haus zu lassen, damit er sein Kind sehen konnte, doch mich respektierte er definitiv kein bisschen.

Heute bin ich eine andere. Ich bin viel stärker, als ich es je für möglich gehalten hätte. Ich bin weit davon entfernt, die islamische Kultur zu hassen; tatsächlich habe ich auf meinem furchtbaren Weg viele anständige und liebevolle Menschen kennengelernt, die alles in ihrer Macht Stehende taten, um uns zu helfen, die sogar ihr eigenes Leben aufs Spiel setzten, und vor diesen Menschen habe ich den denkbar größten Respekt.

Dennoch muss ich gestehen, ich mache mir durchaus Sorgen um Ehen zwischen Moslems und Nicht-Moslems. Jedem, der in solch einer Beziehung lebt und vorhat, eine Familie zu gründen, würde ich dringend raten, alle derartigen Zukunftspläne genauestens anzuschauen und immer wieder darüber zu reden. Ich kenne viele westliche Frauen, die sich in einer gewalttätigen Beziehung mit einem fundamentalistischen Moslem befinden; Frauen, die wie ich lange in solch einer Beziehung ausgeharrt haben und es immer noch tun. Doch andererseits kenne ich auch viele verheiratete Paare, bei denen beide Partner dieselbe Religionszugehörigkeit haben und die ganz ähnliche Probleme durchmachen. So einfach ist die Sache also nicht. Aber ich bin überzeugt davon, dass es in Ehen zwischen Partnern, die aus unterschiedlichen Kulturen kommen, auch beträchtliche Unterschiede in Überzeugungen und Meinungen geben kann, und das sollten sich alle klarmachen, ehe sie in solch einer Situation eine Familie gründen.

Die egoistischen Handlungen meines Exmannes haben im Jahr 2011 zweifellos unsere Welt auf den Kopf gestellt. Er hat unser beider Leben erschüttert und uns vorsichtig werden lassen, was die Zukunft angeht. Aber er wird niemals das vertrauensvolle Band zerreißen, das zwischen May und mir besteht, jetzt noch weniger denn je. Ich schaue auf all das zurück, was wir durchmachen mussten, und ich weiß, dass er unser Leben hätte zerstören können. Aber unsere Liebe wird er nie zerstören.

Danksagung

Niemand geht einen schwierigen Weg ganz allein. Verwandte und enge Freunde spüren, auch wenn sie vielleicht nicht bei uns sind, was wir selbst durchmachen: Schmerz, Angst, Entsetzen und völlige Hoffnungslosigkeit. Weil ich das erkannte, war ich stets guten Mutes und verlor auf meinem Weg nie ganz die Hoffnung.

In der furchtbaren Zeit in Syrien galt meine schlimmste Sorge dem Anbruch der Nacht, und wenn ich mich in meinen finstersten Stunden in den Schlaf weinte, wusste ich, dass alle, die mich liebten, mit mir weinten. Meine Schwester Mandy ertrug die Qual meiner Gefangenschaft in Syrien, die gefährliche Reise nach Damaskus und jeden entsetzlichen Rückschlag, der mich und meine Tochter May traf. Für immer wird mir der Moment im Gedächtnis bleiben, als wir uns in der Türkei trennten. Auch wenn ich es nie aussprach, war ich doch fest davon überzeugt, dass ich sie nie wiedersehen würde. Das allein, abgesehen vom ungeheuren Ausmaß der vor mir liegenden Aufgabe, war schon erschütternd. Ich liebe sie bedingungslos. Kein anderer Mensch in meinem Leben ist so inspirierend und ermutigend.

Mein Vater Frank, überall nur Frankie genannt, marschierte endlos auf und ab, vergoss Tränen und betete für unsere sichere Rückkehr. Er ist sehr beliebt bei uns zu Hause und schaffte es, großes Interesse an unserer Geschichte zu wecken. Dass er die Aufmerksamkeit auf unseren Fall lenkte, trug weit mehr zu unserer Rückkehr bei, als ihm je bewusst werden wird. Du bist großartig, Dad, ein wunderbarer Mensch, und wir lieben dich sehr.

Mein kleiner Neffe Josh ist ein wahrhaft mutiger Junge. Tag für Tag lebt er mit seiner Krankheit, und trotz der vielen Medikamente, die er nehmen muss, beklagt er sich nie. Als Kind war er fröhlich und sorglos und für meine verstorbene Mutter und seine ganze Familie ein ständiger Quell der Freude. Als Teenager ist er selbstbewusst, sensibel, klug und ein echter Freund.

Mandys Verlobter Sean übernahm es, sich um Dad und Josh zu kümmern, was eine große Beruhigung für uns war.

Es gab viele Stunden, in denen ich zu endlosem Warten verurteilt war, und in dieser Zeit wanderten meine Gedanken zurück zu den sorglosen Tagen auf Zypern. Stundenlang konnten Janine und ich reden, debattieren und die Probleme der Welt lösen. Ihre Töchter und meine May waren wirklich wie Schwestern. Janine und ich teilten eine Leidenschaft: die Liebe zum »einfachen Leben«. Im Winter wanderten wir durch regenfeuchte Wälder, im Sommer sonnten wir uns an stillen Stränden. Wunderbar fand ich unser morgendliches Kaffeetrinken, unser ständiges Lachen. Ich mag sie sehr, und sie wird immer einen Platz in meinem Herzen und in meinen Gedanken haben.

Meine andere liebe und wundervolle Freundin Nicola lernte ich am ersten Arbeitstag bei Olympic Holidays kennen. In meinen besten und schlimmsten Zeiten war sie an meiner Seite. Immer ist Verlass auf sie, und sie ist der Inbegriff einer echten

Freundin. Ihre Mutter Irene, eine starke, wunderbare Schottin, war stets die Stimme der Vernunft, und ich will ihnen beiden danken; ihre Anteilnahme hat viel bewirkt.

Deirdre, meine »irische Freundin«, ließ alles stehen und liegen, als sie einen Anruf bekam. Sie ist großartig, so voller Leben, und sie machte sogar die schlimmsten Tage ein wenig heller.

Jeder braucht einen Helden im Leben, und von meiner lieben verstorbenen Mutter und von May abgesehen, ist meine Heldin meine Tante Kathy. Stets tritt sie ein für alle, die Hilfe brauchen, egal, um wen es sich handelt, und sie engagiert sich selbstlos, ohne Dank oder eine Gegenleistung zu erwarten. Für mich war sie ein starker Rückhalt und arbeitete unermüdlich mit meiner Schwester daran, mich und May nach Hause zu holen. In Zeiten schlimmster Verzweiflung war sie die Stimme der Hoffnung.

Kathys Tochter Elaine, meine Cousine und liebe Freundin, ließ mich bei allen Begegnungen ihre Liebe spüren, was mir ein großer Trost war. Ich habe sie von Herzen lieb und könnte mir ein Leben ohne sie gar nicht vorstellen.

Meine Cousine Tash kam mit meiner Schwester nach Zypern und stand den Albtraum mit uns durch, wofür ich ihr herzlich danke.

Unerwartet trat Yvonne Kinsella in unser Leben. Wie verblüffend, wenn man feststellt, dass man so viel gemeinsam hat mit einem Menschen, den man sechs Monate zuvor nicht einmal gekannt hat. Yvonne gewährte uns unermüdliche Hilfe bei unserem Kampf, und wir werden immer Freundinnen bleiben.

Voller Erstaunen registrierten May und ich die Hilfe, die uns in unserer schlimmen Zeit und bei unserer Rückkehr durch Verwandte, Freunde und Nachbarn zuteil wurde. Zu Hause ist es eben doch am besten.

Nicht unerwähnt lassen will ich die vielen guten Engel, die ich in Syrien traf und denen ich ewig dankbar sein werde. Sie retteten mir das Leben. Viele Namen musste ich ändern, um sie zu schützen, doch sie wissen, wer gemeint ist. Ihr alle seid mir eine riesige Hilfe gewesen in einer Zeit, in der ich Hilfe am meisten brauchte. Einige von euch kannten May und mich nicht einmal, ehe wir mitten im Krieg in einem seltsamen Land strandeten, doch ohne euch wären wir heute nicht hier. Das ist eine Tatsache, und diese Botschaft richte ich speziell an Sayed und Rahil.

Ich habe erfahren, dass alle Menschen ungeachtet ihrer Rasse, Religion und kulturellen Unterschiede gleich sind. Gut und Böse gibt es überall. Doch das merkt man manchmal erst, wenn man allein ist und sich auf dem Tiefpunkt seines Lebens befindet. Meine Lage öffnete mir definitiv die Augen. Und das werde ich nie vergessen.

Schließlich möchte ich mich beim Verlag Mainstream Publishing bedanken; dort gab man mir die Möglichkeit, meine Geschichte zu veröffentlichen, was hoffentlich anderen in ähnlicher Lage eine Hilfe sein wird. Ebenso danke ich den Beamten in den Außenministerien von Irland, Zypern, Syrien, Ägypten und der Türkei, vor allem Ihrer Exzellenz Isolde Moylan, der damaligen irischen Botschafterin in Kairo. Zeitweise war ich so wütend und verzweifelt über die Verzögerungen bei meiner und Mays Ausreise aus Syrien, dass ich schon alle Hoffnung auf Hilfe von Ihnen aufgeben wollte, aber schließlich schafften Sie uns außer Landes, und Sie können sich gar nicht vorstellen, wie dankbar wir Ihnen dafür sind. Viel zu zahlreich, als dass ich sie alle namentlich erwähnen könnte, sind all die anderen Politiker, die uns sowohl auf nationaler als auch auf internationaler Ebene halfen. Joe vom Amt für Pass-Angelegenheiten in Dublin war unermüdlich tätig, um sicherzustellen, dass wir die korrekten Reisedokumente bekamen. Außerdem möchte ich Mary Banotti danken, die mir bei meiner Rückkehr mit Rat und Tat zur Seite stand.

Und danken möchte ich an dieser, und bei Weitem nicht letzter Stelle meiner schönen und tapferen Tochter May, die mit gerade einmal sechs Jahren eine gewaltige und zuweilen beängstigende Aufgabe auf sich nahm und die ihrer Mutter bei der Flucht aus Syrien ein wahrer Fels in der Brandung war. Meine kleine May, du bist ganz bestimmt das beste Kind, das eine Mutter haben kann, und jede Minute unserer Reise mit dem Zweck, dich sicher nach Hause, nach Irland zu bringen, war die Anstrengung wert. Ohne auch nur einen Moment zu zögern, würde ich alles noch einmal auf mich nehmen, nur um die Gewissheit zu haben, dass du in Sicherheit bist. Du bist der wichtigste Mensch in meinem Leben.

Sollte ich vergessen haben, jemanden zu erwähnen, ist das ganz bestimmt nicht absichtlich geschehen. Wer vor und während unserer schlimmen Zeit in mein Leben trat, wird für immer in meinen Gedanken und Gebeten bleiben, was auch geschieht. Ich fühle mich gesegnet mit meinen Verwandten und Freunden und werde ewig in eurer Schuld stehen.

Auf immer in Liebe, Louise

Die beeindruckende Reise einer jungen Frau in die Freiheit

Meral Al-Mer
NICHT OHNE MEINE
MUTTER
Mein Vater entführte
mich als ich ein Jahr alt war.
Die Geschichte
meiner Befreiung
336 Seiten
mit zahlreichen
Abbildungen
ISBN 978-3-404-60706-8

Wo Merals Familie herkommt, da herrschen die Männer: stolze, auch kluge Männer, manchmal. Aber häufig brutal, ohne Respekt vor dem Körper einer Frau. Und ohne Angst davor, dass sie sich wehren könnte. Meral hat sich befreit, von ihrem Vater, der sie entführte, als sie ein Jahr alt war. Den sie anzeigte wegen seiner Gewalttätigkeit und grausamen Demütigungen, unter denen sie litt, solange sie bei ihm leben musste. Und sie hat wiedergefunden, was sie so lange entbehrte: ihre Mutter, die sie mehr als 25 Jahre nicht sehen durfte.

Bastei Lübbe Taschenbuch